Marianne Riermeier · Peter M. Steiner

Das philosophische Kochbuch

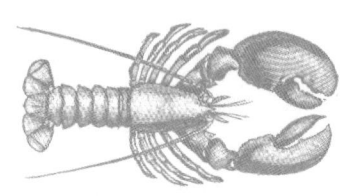  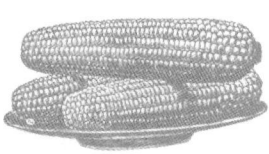 

Marianne Riermeier · Peter M. Steiner

Das philosophische Kochbuch

Zu Tisch mit großen Denkern

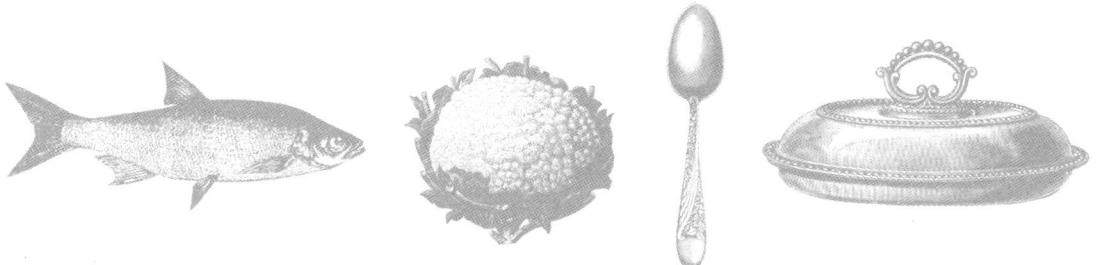

Vollständig überarbeitete und gekürzte Fassung des 2008 bei
Global Lectures erschienenen Titels Zu Tisch mit *großen Denkern*.

© 2010 by WBG (Wissenschaftliche Buchgesellschaft), Darmstadt
Die Herausgabe dieses Werks wurde durch die Vereinsmitglieder
der WBG ermöglicht.
Gedruckt auf säurefreiem und alterungsbeständigem Papier
Einbandgestaltung: Peter Lohse, Büttelborn
Typografie und Satz: Lohse Design, Büttelborn
Lektorat: Tina Koch

Printed in Germany

Besuchen Sie uns im Internet: www.wbg-wissenverbindet.de

ISBN 978-3-534-23681-7

Inhalt

Die Autoren

Marianne Riermeier, stud. Betriebswirtin, ist Redakteurin beim Bayerischen Rundfunk, Fernsehen. Sie hat redaktionell Magazin- und Gesprächssendungen betreut sowie verschiedene Filme und Serien zu zeitgeistlichen Themen, über Reisen, Kulinarisches und Kochen als Autorin gestaltet.

Dr. Peter M. Steiner, hat in Philosophie promoviert, war u. a. Assistent für Philosophie in Tübingen und Würzburg, arbeitet für die Max-Planck-Gesellschaft, Generalverwaltung, München

Aperitif

Sapere aude!

»Habe Mut, dich deines eigenen Verstandes zu bedienen« – so übersetzt der Philosoph Immanuel Kant das antike, vom römischen Dichter Horaz überlieferte Wort »Sapere aude« und beantwortet damit die Kernfrage seiner berühmten Streitschrift »Über die Beantwortung der Frage: Was ist Aufklärung?«.

Der weitere und ursprünglichere Sinn des Wortes »sapere« liegt allerdings im Umkreis des Wortes »Schmecken«. »Sapere aude« bedeutet also auch: »Habe Mut, dich deines eigenen Geschmacks zu bedienen!« – und mit dem französischen Philosophen Michel Serres ergänzen wir:

> Es wird ein wenig zu schnell vergessen, dass homo sapiens zunächst den
> bezeichnet, der sapor, Geschmack hat, der ihn schätzt und sucht, dem
> der Geschmackssinn wichtig ist, das schmeckende Tier, und erst dann den,
> der durch Urteilskraft, Verstand oder Weisheit zum Menschen geworden
> ist, den sprechenden Menschen.

In der Forderung des Sapere aude steckt also etwas, was ursprünglich mit der Entstehung von Philosophie und dem Philosophieren selbst verbunden ist. Der Mensch erfährt sich selbst als nicht einheitliches und anfälliges Wesen. Seine Anfälligkeit erlebt er nicht nur in seiner Sterblichkeit und darin, dass er seine Gesundheit verlieren kann, sondern vielmehr und schmerzlich auch darin, dass seine Pläne und hochfliegenden Ziele sich nicht verwirklichen lassen – trotz Exaktheit und gedanklicher Umfassendheit dieser Pläne.

Eine Folge aus dieser Einsicht ist die Enthaltsamkeit. Askese ist eine Form der ursprünglich religiösen und dann auch philosophischen Auseinandersetzung mit den körperlichen Bedürfnissen: die-

se nämlich zurückzudrängen, ja bisweilen zu ignorieren. Doch die Askese ist kein Rezept für alle, ja nicht einmal für viele. Und sie ist gewiss auch nicht der allein selig machende Weg zu Wissen und Weisheit. Enthaltung als geistige Haltung ist auch der Versuch, die Überlegenheit des Geistes über den Körper zu beweisen, doch sie enthält nicht selten ebenso Überheblichkeit und Ignoranz. Es ist kein Zufall, dass damit Weltflucht assoziiert wird, denn die Aufgabe, sich um den eigenen Körper zu sorgen, wird dabei bis zur Selbstaufgabe negiert. Askese hat daher zwar den Aspekt körperlich-geistiger Übung, sie kann manchmal aber zur (feigen) Flucht vor dem Körper und der Welt ausarten.

Demgegenüber wurde bereits früh das ungezügelte Großwerdenlassen der natürlichen Anlagen und Begierden gefordert. Diese Meinung vertritt in klassischer Weise der Sophist Gorgias und mehr noch die fiktive Figur des Kallikles in Platons Dialog »Gorgias«. Das führt bis zu einem neuzeitlichen Extrem, verkörpert von Marquis de Sade. Aus einer derartigen Haltung resultiert die Tyrannei, andere in den Dienst der eigenen Lust bis zur Vernichtung ihres Lebens zu stellen. Die für den zivilisierten Menschen größte Abscheulichkeit, den Kannibalismus, stellen wir hier beiseite. Wobei uns allerdings Michel de Montaigne in seinem Essay »Über die Menschenfresser« daran erinnert, dass die Barbarei keine Erfindung der so genannten »Wilden« sei, sondern dass die Grausamkeit und Verwahrlosung eine Kehrseite des menschlichen Lebens und der Kultur im Allgemeinen zu sein scheint.

Erst eine mittlere Position zwischen Askese und Gier versucht die Lust und alles, was mit ihr zusammenhängt, zu bewerten und eine Geschmacksbildung zu erzielen. Und mit der Geschmacksbildung einher geht die Erziehung des gesamten Menschen. Gerade heutzutage droht der eigene Geschmack zwar nicht abhanden zu kommen oder ganz zu verschwinden – nicht dem sicht-, riech- oder sonstwie fühlbaren Ergebnis nach –, aber als Fähigkeit, sich seiner zu bedienen. Gleichwohl ist zu bemerken, dass viele Menschen sich der Ausbildung ihres Geschmackssinns zu verweigern scheinen. Daher ist es naheliegend, verschiedene Angebote zu dessen Bildung bereit zu stellen. Und wir unternehmen einen weiteren solchen Versuch, indem wir hier im Speziellen nachfragen, ob verschiedenen Philosophien eine bestimmte Geschmacksrichtung zugeordnet werden kann.

Schmeckt man bei der Lektüre der Dialoge Platons Lorbeer und geharzten Wein? Steigt einem beim Gedanken an das Leben des Diogenes der Geruch von rohem Fisch in die Nase? Muss mit Rousseau lauwarme Milch und mit Kant fasriges Fleisch mit Senf assoziiert werden? Wenn Heidegger gerne Nudelsuppe aß, heißt das etwa, dass seine Philosophie wässrig und nach schaler Einlage »schmecken« muss? Wir wollen diese Annahmen präzisieren, indem wir verschiedenen Philosophien und den verschiedenen Philosophen Kochrezepte zuordnen, bisweilen auch unterschieben.

Was die Auswahl der Denker betrifft: Die allermeisten sind bekannte Philosophen, deren Leben relativ gut dokumentiert ist und daher oft einen Ansatzpunkt bietet, ihre Philosophie aus einem ungewöhnlichen Blickwinkel zu interpretieren. Wir schreiten dabei mit »Siebenmeilenstiefeln« durch die Geschichte und streben zwar historische Wahrhaftigkeit, aber weder Vollständigkeit noch systematische Stringenz an.

Jeder Philosoph, der überhaupt über das Essen nachgedacht hat, hat versucht eine eigene Diät aufzustellen, die die Wesenszüge seines Denkens in die Mittel des Magens übersetzt hat, um unsere Gedanken von unten her zu reformieren, sozusagen ohne das Problem einer rationalen Diskussion. Sie werden vielleicht nicht die Gedanken verstehen, versuchen Sie es stattdessen einfach mit der Ernährungsweise.

Philosophie und Rezept

Philosophie ist für viele Menschen ein so genanntes Speisekartenphänomen: nicht mehr als ein Wort mit einer unbekannten Bedeutung. Wenn wir den Namen eines Gerichtes kennen, wissen wir noch nichts über die Speise selbst, woraus und wie sie zubereitet ist, wie sie schmeckt, ob sie bekömmlich ist usw. Wie wäre es also, die Philosophie auf die Speisekarte anzuwenden oder umgekehrt die Speisekarte auf die Philosophie?

Die Maxime der Philosophie im Allgemeinen ist allerdings, seitdem sie zum ersten Mal im 6. Jahrhundert v. Chr. auftauchte, dass Essen und Trinken (die Nahrungsaufnahme) beim Denken (dem Beruf des Philosophen) nicht stören sollen. Das Prinzip heißt: »Maß halten«.

Wie aber kann aus einer Philosophie ein »Rezept« entstehen, eine Anleitung zur Zubereitung eines Mahles? Ist das nicht ein allzu großer Widerspruch? Üblicherweise ist Philosophie, selbst *praktische* Philosophie, theoretisch, ein Rezept dagegen stellt die praktische Anleitung zum Selbermachen dar. Dass Philosophie dennoch etwas von Selbermachen an sich hat, darum soll es nicht nur in den hier gesammelten Beispielen für Speisen gehen, denen Sie die Anleitung für das Selbstkochen oder Zubereiten entnehmen, sondern auch in den Zeugnissen großer Denker, denen es um das Selbstdenken ging.

Der Volksmund sagt, »die Liebe geht durch den Magen«, bei manchen geht diese bis zur »Gastrophilie«, der Liebe zum Magen. Aber dass die »Liebe zur Weisheit«, also die Philosophie, auch mit dem Magen verbunden wäre, also »Gastro-sophie« gewissermaßen oder, noch besser, Philo-gastro-sophie wäre? Ist denn die Philosophie heute so weit heruntergekommen, dass sie nicht mehr nur als »Magd« der Theologie – wie bei Kant –, sondern jetzt gar als *Küchenmagd* der Kochkunst dienen soll? Dass traditionelle Grenzen tatsächlich bis zur Unkenntlichkeit verwischt sind, zeigen Beispiele wie die »Cooking Philosophy«, als Werbung eines Küchenausstatters im Internet, oder ein »Plato-Cookbook« genanntes Werk über E-Learning in Unternehmen.

Zwar nicht wie in den eben genannten Beispielen, bei denen »Philosophie« oder »Plato« als bekannte Namen für etwas herangezogen werden, womit der Inhalt dann aber auch rein gar nichts zu tun hat, ist das »Herunterkommen« dennoch etwas, was sich zwar bestimmt nicht alle, aber doch einige Philosophen als Aufgabe gestellt hatten. Nämlich nicht »oben« zu bleiben, in einer vornehmen, für die meisten Menschen scheinbar unerreichbaren, unsinnlichen Gedankenwelt, sondern das Leben in seiner Fülle und Tiefe zu verstehen und mit der Vernunft zu durchdringen. So muss man Platons erstes Wort in seinem Hauptwerk, der »Politeia«, deuten: »katèben« – »ich stieg hinab«. Und dieses Wort, zur Metapher aufgeladen, findet den Höhepunkt seiner Ausdeutung im berühmten Höhlengleichnis. Der Philosoph muss sich zwar erst mit Mühe der Höhle des gesellschaftlichen Lebens und der gemeinschaftlichen Meinung über die Welt entwinden, muss sich umwenden und zum Licht der Wahrheit aufsteigen. Doch dann, wenn er dieses erreicht hat und ein wahrer Philosoph wäre, müsste er wieder in die Höhle zurück und sein Aufklärungswerk beginnen und andere von der mühsamen Umwendung und dem anschließenden Aufstieg überzeugen. Dies geht nicht ohne Gefahren und ohne Einlassen auf die Welt in all ihren Facetten.

Im Folgenden wollen wir in sieben Kapiteln durch die Geschichte der Philosophie, von ihren Anfängen bis hin zu unserer Gegenwart, charakteristische Zusammenhänge zwischen Denken und Essen, zwischen Philosophie und Kochrezepten herstellen.

Platon, ein Gründervater der abendländischen Philosophie – und Philosophie als solche, mit ihrer immanenten Erforschung der Natur, der Kritik an der Auffassung des Göttlichen und der Entdeckung der Subjektivität, ist eine abendländische Erfindung –, stellt uns die Ausbildung von Ethik und Moral am Beispiel der Versuchung durch die Droge Alkohol vor.

Epikur, der Begründer des Lustprinzips, zeigt gerade am Beispiel des Nahrungsgenusses, wie sehr die Lust der Disziplin und verzichtender Unabhängigkeit bedarf, um wahren Genüssen förderlich sein zu können.

Die Askese, der Verzicht als Prinzip selbst, wird zur Lebensform bei den christlichen Mönchen des Mittelalters. Thomas von Aquin beschreibt das Fasten, Hugo de Folieto macht aber gerade durch die Beschreibung und Kritik an den Überschreitungen sichtbar, was damit nicht gemeint sein kann.

Die Aufklärungszeit ist zugleich das große Zeitalter des Geschmacks. Das neue Bewusstsein zeigt sich an zwei verschiedenen Tafeln: Die philosophische Attitüde des preußischen Königs Friedrichs II. wird an seiner Tafel mit Voltaire und La Mettrie, mit Geschmack und Bildung gewürzt. Letztere benötigen allerdings die neue Droge Kaffee, um dem rachsüchtigen Witz des Königs mit Wachsamkeit begegnen zu können. Dagegen wird bei Immanuel Kant die bürgerliche Tafel Anlass zum vergnüglichen und erholsamen Gespräch, das Verdauung und Lebendigkeit im Ganzen fördert.

Die deutschen Idealisten wiederum, namentlich Hegel, können aus der Höhe ihrer Ideale das Essen ästhetisch nicht würdigen. Hegel erwähnt zwar eine mit Essen und Trinken verbundene »Moralität«, bleibt aber eine inhaltliche Ausarbeitung dazu schuldig.

Nietzsche war revolutionär darin, dass er im entsprechenden Essen den deutschen Nationalcharakter erkannt haben wollte und die Digestion, die Verdauung sowohl von Nahrung als auch von Ideen, als ein wesentliches Element menschlicher Kultur bemerkte – und im Speiseeis ein gutes Verdauungsmittel fand.

Im letzten Kapitel schließlich, das unsere Gegenwart behandelt, stellen wir Fast und Slow Food einander gegenüber. Für eine »Philosophie des Vegetarismus« plädiert Peter Singer und argumentiert gegen die moderne Rationalisierung und Industrialisierung, insbesondere gegen den Fleischverbrauch durch Fast Food-Ketten. Wir enden allerdings nicht mit einer Antwort, sondern mit der Frage, ob Slow Food der philosophisch legitime Widerpart zu Fast Food sein kann.

Wir wünschen bei jedem einzelnen Kapitel ein nicht geringes Vergnügen – beim Lesen, Nachkochen, Schmecken und Genießen: Sapere aude! Incipe!

Peter M. Steiner, Mai 2010

Philosophie und Rausch

Wein und Wahrheit

Rausch und Ekstase, Verzückung und Raserei – dafür steht Dionysos. Den »trunkenen Reigenführer des Erdkreises« nennt Walter
F. Otto den griechischen Gott des Weines. In dem ihm geheiligten
Getränk wird die Wahrheit des Lebens genossen. Die Spruchweisheit
»en oino aletheia« ist uns zwar in ihrer lateinischen Form – »in vino
veritas« – vertrauter, doch geht sie bis auf den Lyriker des 7. vor-
christlichen Jahrhunderts, Alkaios, zurück. Im Wein ist Wahrheit –
nur welche »Wahrheit« ist damit gemeint? Ist im Wein nicht zunächst und vor allem der Rausch? Stehen Wahrheit und die Menge
des Weins oder der Grad der Berauschtheit in Beziehung zueinan-
der?

Die Philosophie sucht die Wahrheit mit Hilfe des Logos, mit Hilfe von Wort, Begriff und Sprache. Was würde der Wein hier helfen?
In keinem Text der Antike ist diese Verbindung deutlicher und zugleich schöner dargestellt als in Platons »Symposion«. Den Titel
trägt dieser Dialog wegen des Gastmahls, zu dem der junge Tra-
gödiendichter Agathon eingeladen hatte, um den Erfolg der öffentlichen Aufführung seines ersten Stücks zu feiern. Einige der bedeutendsten intellektuellen Athener dieser Zeit waren geladen, die
schließlich auch selbst mit Reden auftreten: neben Agathon selbst
der Komödiendichter Aristophanes, der Arzt Eryximachos, der adlige und reiche Pausanias, der jugendliche Phaidros, dem Platon einen
Dialog dieses Namens widmet, schließlich Sokrates und der politisch einflussreiche Adlige Alkibiades.

Schon zu Beginn des Dialogs wird der Gott des Weines und des
Theaters, Dionysos, als Schiedsrichter angerufen, als Sokrates dem
Gastgeber widerspricht, dass der nahe Umgang mit dem Klügeren
den Dümmeren »weiser« machen würde. Das wäre ja, meint Sokra-

tes, wie wenn durch einen Wollfaden die Flüssigkeit aus einem vollen Becher in einen leeren fließen würde. (Die Antike kannte aus der Beobachtung den Kapillareffekt.)

Platons Symposion

Alkohol, Politik, Religion und die Frage nach der Wahrheit bilden einen Zusammenhang für das untergründig waltende Drama des Dialogs »Symposion«, der als Platons philosophische Schrift über das Wesen der Liebe und des Schönen gilt.

Innerer Gehalt und äußere Gestalt sind in den platonischen Dialogen eng miteinander verwoben, so auch im »Symposion«. Agathon hatte auch Sokrates zu seinem Fest geladen und dieser machte sich »schön« für das Ereignis. Er hatte sich eigens dafür gebadet und Sandalen angezogen, was sonst nicht seine Gewohnheit war. Dennoch kommt er nicht deswegen zu spät zur Einladung, sondern weil ihn ein Gedanke auf dem Weg buchstäblich überfällt und zum Verharren und Nachdenken zwingt, was, wie sein Freund Aristodemos berichtet, häufig vorkam. Als Sokrates endlich eintrifft, ist der größte Teil des Mahles schon verzehrt. Zwar erfahren wir von Platon nicht, was der Gastgeber beim Symposion an Speisen auftischt, aber die Haltung des Sokrates dazu können wir aus den Worten erkennen. Er sei zwar kein Kostverächter, aber das Essen könne ihm auch kalt serviert werden. Die ehrenvolle Einladung des Gastgebers Agathon jedoch, sich zu ihm auf die Liege zu gesellen, nimmt er gerne an.

Nachdem alle gespeist hatten, ein Trankopfer gebracht wurde und dem Brauchtum gemäß ein Gesang auf den Dionysos dargebracht war, wurde von den Teilnehmern des Symposion bestimmt, dass sie, weil der Rausch aus »medizinischen Gründen« nachteilig sei, dieses Mal nur »aus Lust« trinken und sich mit Reden über den Eros unterhalten wollten.

Den bei solchen Gelegenheiten obligatorischen musischen Teil des Gelages nehmen im »Symposion« also die sechs Reden über den Eros, also über das Liebesverlangen, ein. Die Teilnehmer betrachten das Phänomen von verschiedenen Standpunkten aus, wobei sie seine Bedeutung weit über den Rahmen zwischenmenschlicher, vorwiegend homoerotischer, Beziehungen hinaustragen. Nur Alkibiades, der verspätet und schon betrunken beim Gastmahl eintrifft, weigert sich, über den Gott Eros zu sprechen und hält stattdessen eine Lobrede auf seinen angeblichen Liebhaber Sokrates. Philosophisches Herzstück des Dialogs ist die von Sokrates vorgetragene Lehre, die ihm einst von der Priesterin und Philosophin Diotima vorgetragen worden sein soll, die den Eros als Aufstieg vom Verlangen nach einzelnen schönen Menschen zum Verlangen nach der Idee des Schönen selbst skizziert.

Platon schrieb das »Symposion« um 380 v. Chr. Die dramatische Zeit aber, in der der Dialog spielt, ist das Jahr 416 v. Chr., unmittelbar nach dem ersten Sieg des Tragödiendichters Agathon bei den Dionysien, den jährlich abgehaltenen kultischen Theaterfestspielen in Athen. Es war eine Zeit enormer Umbrüche in ganz Griechenland und besonders in Athen. Die Griechen haben nicht lange davor große Siege gegen das übermächtig scheinende Perserreich errungen und liegen sich nun im Peloponnesischen Krieg untereinander in den Haaren: Athen gegen Sparta. Ein Kampf des Neuen gegen das Alte; der damaligen neuen Herrschaftsform der Demokratie gegen eine Militärdiktatur. Alles, was Europa heute ausmacht, hat in der damaligen Zeit seinen Ursprung in Athen: Politik und Rhetorik, Geschichtsschreibung und Philosophie, Theater und Naturwissenschaften. Die Künste und Schulen entstehen gerade. Die althergebrachte Religion wird kritisiert, ja in Frage gestellt. Unter modernen Althistorikern, wie bei Paul Veyne nachzulesen, kam auch schon die Meinung auf, ob die Griechen dieser Zeit überhaupt noch an ihre Mythen geglaubt hätten. Gleichzeitig entstehen jedoch in ieser Zeit einige der bedeutendsten religiösen Bildwerke, die wir mit dem klassischen Altertum verbinden: der Parthenon auf der Akropolis und die Zeusstatue des Phidias im Zeustempel von Olympia.

In diese Zeit hinein, schon am Ausgang der Epoche, wird Platon 427 v. Chr. geboren. Er stammt aus einer aristokratischen Familie in Athen und hätte durchaus in die Politik gehen können, interessierte sich aber zunächst mehr für das Theater. Nachdem er Sokrates begegnet war, verschrieb er sich der Philosophie. Nach dem Tod des Sokrates im Jahr 399 v. Chr., dem er in seinen Dialogen ein zeitloses Denkmal setzt, verließ er Athen und suchte Mathematiker und andere Philosophen in Großgriechenland auf. Dieses Gebiet umfasste nicht nur das heutige Griechenland, seine Inseln und das mittelmeerische Kleinasien, sondern Süditalien und Sizilien, ja manche Kolonie befand sich sogar im heutigen Frankreich und Spanien.

Das Reisen damals war allerdings gefährlich: Platon selbst wurde auf einer Reise gefangen genommen und als Sklave verkauft. Freilich konnte er von Freunden wieder freigekauft werden. Sein Überleben während der Zeit als Sklave war durch getrocknete Feigen und Oliven gesichert, die er auch sonst sehr geschätzt haben soll. Diese Vorliebe und die Philosophie Platons wurden von dem antiken Philosophiegeschichtsschreiber Diogenes Laertios auf folgende Weise karikiert. Der Kyniker Diogenes, am Straßenrand sitzend und Feigen in der Hand, soll zu dem vorbeikommenden Platon gesagt haben: »Willst Du teilhaben?« Als Platon nach den Feigen greifen will, soll er ihm auf die Finger geschlagen und gesagt haben: »Teilhaben, nicht Mitessen!« Das war natürlich eine bissige Anspielung auf Platons Lehre von den unsinnlichen Ideen, an denen die physischen oder sinnlich wahrnehmbaren Dinge nach Platon »teilhaben«.

Schon diese kleine Anekdote zeigt hinlänglich, dass Platon mit seiner Philosophie nicht alle überzeugen konnte. Schon früh bildeten sich schier unausrottbare Vorurteile: die Unsinnlichkeit der platonischen Liebe, die Unbegreifbarkeit der platonischen Idee, die »Utopie« des platonischen Staatsentwurfs. Kaum einer formuliert es so drastisch wie Nietzsche in der »Götzendämmerung«: »Plato ist ein Feigling vor der Realität – folglich flüchtet er ins Ideal.«

Der Kulturkritiker Nietzsche gilt zugleich als »Wiederentdecker« des Dionysischen, eines rauschhaften Lebensgefühls. Und Platon gilt Nietzsche als Apolliniker und damit als verstandesgeleiteter Gegenspieler des Dionysischen, der aus Furcht und Feigheit vor den sinnlichen Genüssen des Lebens flieht.

Dionysos stieg im Athen des 6. Jahrhunderts v. Chr. zu bedeutenden Ehren auf. Mit ihm sind Leben und Tod, Trinken und Essen, Sterben und Wiederaufleben aufs Engste verknüpft. Schon Heraklit erkannte Dionysos als widersprüchlichen Gott: »Sie feiern ihn in lebendigen Festen, aber in ihm steckt der Tod.« Damit wird ein bedeutendes kulturelles Momentum der antiken Gesellschaft angesprochen, das mit Dionysos verbunden ist. Friedrich Nietzsche hat diese Bedeutung mit seinem frühen Werk »Die Geburt der Tragödie aus dem Geist der Musik« für die neuere Zeit ans Licht gebracht und den Gegensatz der dionysischen, orgiastischen, auch dunklen Seite im antiken griechischen Leben, gegenüber der apollinischen, lichtvollen und vernunftgeleiteten Seite betont.

Dieser Gegensatz ist gerade auch im platonischen »Symposion« anwesend. Verkörpert ist er einerseits im »nüchternen« Sokrates, der niemals betrunken zu werden scheint und gleichwohl im Philosophieren, im Gespräch des Menschen mit sich selbst und mit anderen eine Haltung verkörpert, die den Menschen über sich hinaus führen soll, wie es sonst nur die Mysterien verheißen haben. Andererseits in dem vom Alkohol berauschten Alkibiades, der in seinem Rausch statt dem Gott Eros den Sokrates preist und in der nichtliterarischen, historischen Wirklichkeit im Rausch sich selbst und seine Heimatstadt Athen in den Abgrund reißt.

Das »Symposion« führt uns das philosophische Drama der griechischen Erziehung und die Weitergabe des Wissens aus Liebe vor Augen. In der Diotima-Rede des Sokrates wird dieser Vorgang »die Zeugung im Schönen« genannt. Im Subtext aber wird dem Alkohol in der Erziehung eine bedeutende Rolle zugewiesen und dabei ein Grund geliefert für das gescheiterte Leben des begabten Alkibiades und das Scheitern des Sokrates als Alkibiades' Lehrer.

Platon und die Zähmung des Dionysischen

Sokrates ist der philosophische Symposiarch der meisten platonischen Dialoge. Er bestimmt den Gang der Reden durch die Fragen, die er seinen Gesprächspartnern stellt. Und er macht seine Gesprächspartner in ihren Meinungen irre, dass sie sich manchmal schwindlig fühlen oder gelähmt, eine Nebenwirkung, die auch Drogen wie der Alkohol verursachen können. Auch im »Symposion« stellt Sokrates den Inbegriff des Philosophen dar. Er ist zwar arm an Mitteln, normalerweise läuft er barfuß, aber für die Einladung des Agathon, des »Guten«, macht er sich schön. Sein eigentlicher Reichtum ist seine beharrliche Suche nach Wissen und Wahrheit, und er behauptet von sich: »Ich weiß, dass ich nichts weiß.« Er repräsentiert das Wesen des wahren Eros, den er im Mythos der Diotima-Rede als Kind von sterblicher Armut und göttlichem Reichtum erklärt, der das Schöne kennt, dabei selbst alles andere als schön von Gestalt ist, doch in immer währendem Begehren dem Schönen als Jäger nachstellt.

Sokrates wurde aber auch wegen der Verehrung falscher Götter angeklagt und als Verderber der Jugend. Eine Anklage, auf die die Todesstrafe stand, die aber selten verhängt wurde. Sokrates stellt im Kontrast dazu seine Tätigkeit als »Sorge um die Seele« dar und als wertvollen Dienst an seiner Heimatstadt Athen. Daher fordert er in seiner Verteidigungsrede vor Gericht keine Strafe, sondern als Belohnung die Speisung im Prytaneion.

Das Prytaneion ist in Athen Ort des »öffentlichen Herdes« und heiliger Sitz der Göttin Hestia. Die Forderung des Sokrates wurde als Herabwürdigung aristokratischer Werte und als ein Skandal empfunden. Wenn schon nicht seine Vorverurteilung durch die öffentliche Meinung ausschlaggebend gewesen war, so trug die bewusste Provokation seiner Richter sicher dazu bei. Denn allenfalls die Olympiasieger, die das Ansehen ihrer Stadt in den Augen ganz Griechenlands hochhielten, wurden mit dieser Form staatlicher Speisung belohnt, aber nicht ein Philosoph, der sich selbst als eine ärgerliche Stechfliege auf der Haut des edlen Pferdes Athen ansah.

Als Konsequenz daraus räumt Platon in seinem Hauptwerk, der »Politeia«, dem Philosophen nicht nur den höchsten politischen Rang im idealen Staat ein, sondern es wird sogar das Gemeinschaftseigentum des Staates unter den Mitgliedern der Regierung und den so genannten Wächtern des Staates für ihren Gebrauch geteilt. Ansonsten sollen die Philosophenherrscher besitzlos sein. Im Spätwerk, den »Nomoi« – den »Gesetzen«, setzt Platon schließlich auf die gemeinsame Speisung und das gemeinsame Trinken der sozial grundlegenden »Besonnenheit« wegen:

Steigert der Genuss des Weines die Gefühle der Lust, des Schmerzes, des Zorns und der Liebe zu größerer Heftigkeit?

So fragt der athenische Gesprächsführer in den »Nomoi«, und seine Gesprächspartner bejahen entschieden. Die Wirkungen des Weines als Rauschmittel werden zunächst negativ beschrieben. Sie würden die Menschen zumindest »kindisch« machen. Dennoch würde sich gerade deswegen der Weingenuss für den Staat positiv auswirken können. Darin liegt auch die alte Weisheit der griechischen Medizin, dass erstrebte Wirkungen nur durch das erreicht werden, was zunächst scheinbar ihr Gegenteil erzeugt: Wer sich körperlich fit machen will, muss seine Leistungsgrenzen auch erweitern, indem er sich verausgabt. Wer sich aber verausgabt hat, fühlt sich freilich erst einmal schwächer und nicht stärker. Die positive Wirkung stellt sich also nicht unmittelbar ein, sondern nur durch permanentes

Training. Ähnlich soll es sich mit dem Weingenuss verhalten. Im Effekt aber soll die berauschende Wirkung des Weins die Furchtempfindung des Menschen erproben. In den »Nomoi« heißt es:

> Zunächst macht er den Menschen, der davon getrunken hat, sogleich heiterer als zuvor, und je mehr er davon kostet, mit um so mehr frohen Hoffnungen wird er erfüllt und mit vermeintlicher Kraft? Und zuletzt wird daher ein solcher, weil er sich weise dünkt, ganz voll von Zügellosigkeit in Reden und Gebaren, voll von jeder Art von Furchtlosigkeit, so dass er unbedenklich alles heraussagt und ebenso auch tut?

Der im Symposion hergestellte Weinrausch wird also zur Probe sozialer Tugenden eingesetzt. Das Trinken erhält bei Platon damit eine fundamentale Bedeutung für die Bildung des Menschen und sein gelingendes Zusammenleben. Und somit kann die enthemmende und teilweise verheerende Wirkung des dionysischen Weinrauschs gezähmt werden.

Die Tragödie des Alkibiades ...

Und schon im Dialog »Symposion« bietet uns der »zügellose«, bereits bei seiner verspäteten Ankunft beim Gelage betrunkene Alkibiades die später philosophisch ausgeführte Probe aufs Exempel. Alkibiades, der hoch begabte, vermögende junge Mann, aus politisch einflussreicher Familie, erzählt im Weinrausch ohne Umschweife die Wahrheit über Sokrates. Einerseits wirft er ihm vor, er würde ihm immer nachstellen, im Verlauf des Berichts wird jedoch zunehmend deutlich, dass er selbst der Nachstellende geworden ist. Alkibiades, der sich zunächst zänkisch gibt, zeigt sich schließlich als glühender Bewunderer und Liebhaber des Sokrates, dieses älteren und, nach oberflächlichen ästhetischen Maßstäben, faunisch-unattraktiven Mannes. Die Alkibiadesrede stellt aber nicht nur Sokrates ins rechte Licht, sie entlarvt auch Alkibiades selbst. Er spricht im Wein die Wahrheit aus, die ihn selbst als Menschen charakterisiert, der einem maßlosen politischen Ehrgeiz nachgibt.

Das platonische »Symposion« spielt zu eben der Zeit, als der um 450 geborene, hochbegabte Alkibiades sich in die athenische Außenpolitik einzumischen beginnt. Es deutet sich die spätere Katastrophe an, die Alkibiades eng mit dem Schicksal Athens und seinem eigenen verknüpft. Bald nach dem Gastmahl bei Agathon gerät Alkibiades, der um 415 v. Chr. die athenische Strafexpedition gegen die Kolonien auf Sizilien mit anführen soll, unter Verdacht, den »Hermenfrevel« begangen zu haben. In den Wochen vor dem Auslaufen der attischen Schiffe zur Expedition nach Sizilien unter Führung des Alkibiades, des Lamachos und des Nikias, wurden im ganzen Stadtgebiet Athens von unbekannten Personen die Hermes-Stelen beschädigt, eine Aktion offensichtlich mutwilligen Religionsfrevels, der in den Augen aller Gläubigen den göttlichen Unwillen auf die Stadt und das bevorstehende Unternehmen lenken musste. So schreibt Thukydides in seiner »Geschichte des Peloponnesischen Krieges«. Die für die Expedition eintretenden politischen Kräfte aus dem demokratischen Lager waren durch die Strategen Lamachos und Alkibiades repräsentiert. Und die Partei, die eher einen Ausgleich mit dem oligarchischen Sparta anstrebte und bei der Entscheidung über das von ihr nicht begrüßte Unternehmen unterlegen war, war durch ihren Wortführer Nikias präsent. Auf beiden Seiten des Lagers gab es offenbar weiterhin Animositäten gegen die gefundene Kompromisslösung bei der Einsetzung der »strategoi autokratores« genannten militärischen Befehlshaber, speziell des Alkibiades, der eine Anzahl politischer Gegner auch im demokratischen Lager hatte.

Der Frevel an den Hermen wurde von Alkibiades' Gegnern offenbar dazu genutzt, ihn durch Verdächtigungen politisch auszumanövrieren. Außer auf Alkibiades richteten sich Verdächtigungen zugleich auch gegen die Anhänger der Oligarchen, bei denen seitens der Demokraten stets die Bereitschaft vermutet wurde, den Interessen des Volkes entgegenzuhandeln. Erst nachdem die Flotte bereits abgefahren war, kam es in Athen zu mehreren Verhaftungen. In Abwesenheit des Alkibiades wurde schließlich gegen ihn ein Verfahren wegen Religionsfrevels eröffnet und er wurde deswegen aus Italien nach Athen zitiert, was er aber mit einem Wechsel der Fronten auf die Seite Spartas beantwortete. Das führte zu einem Todesurteil gegen ihn, welches wiederum später, nach seinem erneuten Frontwechsel im Jahre 408, aufgehoben wurde. Als Alkibiades schließlich zu den Erzfeinden der Griechen, den Persern, überläuft und auch dort in der üblichen Weise triumphierend auftritt, wird sein Leben durch angeordneten Mord beendet.

… und ihre Ursachen

Wie auch immer man das historische Geschehen deutet und welche Gründe auch hinter den Verurteilungen durch die Athener gestanden haben mögen. Der persönliche Charakter des Alkibiades wird von Platon im Dialog mit Namen »Alkibiades I« treffend dargestellt, nämlich hochmütig und sich allen anderen überlegen dünkend. Der Wein nun scheint nach Ansicht Platons die Anlagen des Alkibiades nur verstärkt zum Vorschein gebracht zu haben. Dieses Ergebnis des Weingenusses sei aber nicht nur eine Frage der seelischen Beschaffenheit des Individuums oder seines Charakters, sondern auch der dahinter bestimmenden Notwendigkeit in der Natur. Platon führt im naturphilosophischen Dialog »Timaios« aus, dass die grundlegenden Elemente – Feuer, Wasser, Luft und Erde – in entsprechender Mischung nicht nur verschiedene natürliche Dinge ergeben, sondern auch verschiedene Wirkungen erzeugen. Und so wird der Wein als eine Mischung aus Wasser und Feuer angesehen. Aus dieser Sicht kann begründet werden, warum eine an sich schon »feurige« Persönlichkeit wie Alkibiades durch das »Feuer« im Wein nur umso feuriger, ja haltlos und ungezügelt werden konnte. Alkibiades entzieht sich in seinem politischen Ehrgeiz dem Anspruch der Philosophie. Seine mangelnde Selbsterkenntnis macht ihn im Rausch nicht zu einem nietzscheanischen »Übermenschen«, sondern zu einem Opfer der eigenen vergrößerten Furcht. Thyrsusträger sind viele, Bakchanten nur wenige, sagt Sokrates im »Phaidon«.

Sokrates nimmt, am Ende des »Symposion«, nachdem er alle unter den Tisch getrunken hat und schon die neue Sonne am Himmel steht, sein Tagesgeschäft wieder auf und »ärgert«, philosophierend, Athen. Und Platon hinterlässt eine philosophische Lehre über die Beherrschung von Furcht durch den Wein. Im Wein ist zwar »Wahrheit«, doch im Leben bringt der Wein allein, auch wenn er dem Gott Dionysos heilig ist, keine Erlösung. Dies wäre nur möglich, meint der platonische Sokrates, wenn der Wein zwar genossen, die Philosophie dabei aber nicht vernachlässigt wird.

Das Symposion im »wirklichen Leben«

Das Symposion, dem die Griechen eine so bedeutsame Rolle zuwiesen, war, betrachtet man Darstellungen auf Vasen und Trinkgeschirr, wohl oft nichts anderes als ein »Herrenabend«, bei dem es mehr oder weniger ausgelassen zuging.

Wohlriechende Öllampen tauchten den Speisesaal in angenehmes Licht. Bequem ausgestreckt auf seinem Liegesofa, inmitten seiner Gäste, die zum Empfang mit duftenden Kränzen aus Lorbeer, Efeu und Myrte geschmückt wurden, mag der Hausherr seinen Dienern befohlen haben Körbe mit schneeweißen Gerstenbroten, Sesamkringeln und Weizenlaibchen mit Mohn anzubieten. Appetitanregende Vorspeisen – Salat und Gemüseplatten, gebackener Käse, frisches Obst, Pasteten, Meeresfrüchte – sind auf kleinen Tischchen, zwischen den Liegen, arrangiert. Begleitet vom Klang der Flötenspielerinnen wurden große Kessel mit aromatisch duftender Fisch- oder Kichererbsensuppe hereingebracht. Geschmortes oder am Spieß gebratenes Lamm oder Zicklein und andere Fleischdelikatessen in stark gewürzten Saucen folgten als Hauptgang.

»Haben die Männer ihr Essen schon beendet?«, fragte der Gastgeber in die Runde, denn erst dann wurde der Wein gereicht und das Trinkgelage konnte beginnen. Einige der Sklaven räumten die Tische fort, fegten den Boden sauber von Knochen und Essensresten und brachten neu aufgedeckte Tische mit den Nachspeisen, süßen Kuchen, Käse, getrockneten Früchten und Nüssen herein. Andere boten den Gästen Handbecken mit parfümiertem Wasser und weiche Tücher zum Säubern der Finger dar, verteilten Efeu-Kränze zu Ehren des Dionysos, verbrannten Weihrauch und anderes Räucherwerk.

Den hübschesten Knaben wurde die Ehre zuteil, die großen, tönernen, bauchigen Mischgefäße, Krater genannt, mit dem bereits mit Wasser vermischten Wein ins Andron, in den eigens für das abendliche Symposion vorgesehenen Raum, zu bringen. Nach dem Trankopfer wurden die ersten Becher geleert und schon bald erklang das erste »skólion«, ein Trinklied. Einige der Freunde des Gastgebers teilten ihre Liege mit den Musikerinnen, mit Knaben oder seinen Söhnen und wetteiferten mit ihnen beim »kóttabos«, dem wohl beliebtesten Gesellschaftsspiel der damaligen Zeit. Aus den noch nicht ganz geleerten Trinkgefäßen wurde der Rest herausgeschleudert und so versucht, ein Objekt umzuwerfen oder zumindest zu treffen. Flöten- und Lyramusik, Gesang, Tanzeinlagen und der Vortrag von Erzählungen, Dichtung oder Spielszenen gehörten zum Unterhaltungsprogramm, an dem sich die geladenen Gäste rege beteiligten. Dass es bei derlei Vergnügungen und mit fortschreitendem Alkoholgenuss zur Befreiung von Hemmungen kam, sowohl in der Sexualität als auch bei anderen menschlichen Regungen, ist bezeugt.

Ob es wie beim platonischen Symposion »beim Trinken aus Lust« und bei den »Reden über den Eros« blieb oder ob ein Symposion – wie auf so vielen dargestellten Szenen auf Trinkgefäßen und Vasen – zur Orgie wurde, das lag – und das wäre heute nicht anders – an der Moral der Teilnehmer.

Die Frauen des Hauses nahmen an diesen abendlichen Vergnügungen der Männer nicht teil, denn im Gesellschafts- und Alltagsleben gab es die strikte Geschlechtertrennung, die natürlich Musikerinnen, Tänzerinnen und Hetären nicht umfasste. Doch sicher wusste sich auch das schöne Geschlecht der damaligen Zeit zu amüsieren. Entsprangen die Darstellungen unbekleideter Frauen bei Symposien, bei denen nur weibliche Gäste zugegen waren, wohl eher der Fantasie der Männer, wurde doch auch in der Literatur einiges über Weibsbilder geschrieben, die ganze Nächte durch feierten.

Der Wein beim Symposion

Wein ist fester Bestandteil der kulturellen Tradition Griechenlands, der Geschichte und des Ausdrucks der griechischen Kunst. Seit alters her bestimmt er die Lebensweise der Griechen und ist auch heute noch Teil einer bestimmten Lebensart. In den Epen der »Ilias« und der »Odyssee« des Homer ist Wein das Hausgetränk der hellenischen Helden. Wein hatte zwar auch gesundheitliche Bedeutung, es werden medizinische Anwendungen zur Antisepsis, zur Schmerzlinderung und zur Verdauungsförderung erwähnt. Doch der gemeinsame Weingenuss unter Männern hatte vor allem Kultcharakter.

Der Ursprung des europäischen Weinbaus liegt vor allem in Griechenland. Die Wiege des griechischen Weinbaus stand wohl in Kreta, wie Funde von Steinkeltern und Tongefäßen aus der minoischen Zeit, also vor mehr als 3000 Jahren v. Chr., beweisen. Das Beispiel von Thasos, der nördlichsten Ägäis-Insel, zeigt, welche Bedeutung Wein und Weinanbau schon seit Jahrtausenden in Griechenland hat. Dort kannte man bereits vor 2400 Jahren ein strenges Weingesetz, das den Handel mit Trauben, Most und Wein, die Kennzeichnung der Amphoren mit Stempel und die Besteuerung regelte. Bei Zuwiderhandlung gegen die gesetzlichen Regeln zur Weinherstellung sah es drakonische Strafen vor.

Das größte Problem im heißen Klima des antiken Weinanbaus stellte die Aufbewahrung und Konservierung des Weines dar. Schon bei Homer wurde der Wein geschwefelt und mit Gewürzen und parfümierenden Stoffen versetzt, die Becher mit Schwefel und Wasser gereinigt. Die Amphoren wurden mit Pech oder Pinienharz abgedichtet und auf die Wein-Oberfläche wurde eine Harz-Öl-Schicht gegeben. Daraus entwickelte sich, was wir heute noch als »Retsina« kennen.

Durch Stempel auf den Henkeln der Amphoren, in Rhodos zeigten sie eine Rose und die Abbildung des Sonnengottes, die gleichen Symbole, die auch auf die Münzen der Insel geprägt waren, konnte die Herkunft des Weines geschützt werden. Auf das Alter des abgefüllten Weines konnte man durch die Einprägung von zwei Namen schließen, die auf Listen geführt wurden, den des Keramikherstellers und eines Priesters.

Die antiken Weine sind meist sehr kräftig. Sie waren mit Zutaten versetzt, die wir heute befremdlich finden: Zypressennadeln, zerriebene Myrtenbeeren, Galläpfel und andere starke Aromate. Man harzte sie sehr stark, stärker als den Retsina im heutigen Griechenland, und mischte sie meist im Verhältnis ein Teil Wein zu zwei Teilen Wasser. Eine übliche Frage zur Qualität des Weines beim Händler auf dem Markt konnte lauten: Verträgt er drei Teile Wasser? Der Symposiarch, der Anführer des Gelages, bestimmte das Mischverhältnis von Wein und Wasser und damit meistens das Faktum, wie schnell die Teilnehmer betrunken waren.

Die Urmutter der heutigen Weinreben, die Waldrebe »Vitis silvestris«, war – und das schon in der Steinzeit – in ganz Südeuropa bis nach Kleinasien und zum Hindukusch und in einem Teil Mitteleuropas verbreitet. Die kultivierten Traubensorten, aus denen Ägypter, Phönizier und Griechen Jahrtausende vor unserer Zeitrechnung Wein kelterten, unterschieden sich kaum von den heutigen. Die besten antiken griechischen Weine kamen von den Ägäischen Inseln: Samos, Rhodos, Kos, Chios und Lesbos. Für viele der damaligen griechischen Stadtstaaten besaß der Weinbau große wirtschaftliche Bedeutung und Wein wurde in den gesamten Mittelmeerraum exportiert. Bei der Kolonialisierung der Mittelmeerländer zwischen 1000 und 600 v. Chr. brachten die Griechen ihre Weinbau- und Vinifikations-Techniken sowie auch ihre Rebsorten mit. Als sie über Sizilien nach Italien in die heutigen Regionen Kalabrien und Kampanien kamen, gaben sie dem Land den Namen »Oinotria«, Weinland. Vom antiken Krimisa im heutigen Kalabrien kam der Wein, der Olympia-Siegern kredenzt worden sein soll.

Auch heute noch setzen die hellenischen Winzer auf autochthone Rebsorten und auf terroirgeprägte Eigenheiten ihrer Weine, die sich deshalb vom immer gleicher werdenden internationalen Standard unterscheiden, mitunter aber auch gewöhnungsbedürftig sind. Erdig, mineralisch, raß, rustikal und oft mit einer dominanten Bitternote, die die Griechen als angenehm empfinden, sind Weine, die aufs Beste mit dem harmonieren, was in der Antike und heute als der Inbegriff der griechischen Küche gilt: Oliven, Knoblauch, Schafskäse, Lamm. Zu den herausragenden weißen Traubensorten gehört die feinfruchtige Assirtiko, gefolgt von der sehr aromatischen Moschofilero, der Malagusia oder der Roditis. Unter den roten sind die Agiortiko, die Limnio und die Xinomavro Traube am interessantesten. Landläufiger Inbegriff für griechischen Traditionswein sind heute die Gewächse der Insel Samos. Die weißen Likörweine, schwer, süß, ölig, entsprechen wohl am ehesten dem Rebsaft, der damals geliebt wurde.

Einen Wein, den es zur Zeit Platons auch schon gegeben haben mag, ist der »Moscato di Siracusa«. Der süße Dessert-Weißwein stammt, wie der Name sagt, von Syrakus auf Sizilien. Weine der Provinz Siracusa sollen die Nachkommen des »Pollio« sein, der nach einem sagenhaften Herrscher von Syrakus benannt wurde. Beim Historiker Plinius dem Älteren (23–79 n. Chr.) heißt er »Haluntium«. Dieser Wein, der aus rosinierten Trauben einer autochthonen Varietät der »Moscato Bianco« oder »Giallo Moscato« gekeltert wird, hat einen Alkoholgehalt von 14 Volumenprozent und zählt zu den ältesten Weinen Siziliens und möglicherweise auch der Welt. Auf Sizilien sind heute noch Flaschen zu bekommen, die über 150 Jahre alt und in ausgezeichnetem und genießbarem Zustand sein sollen.

Zur Beschreibung des Rebsaftes wurden auch damals schon blumige Worte gefunden. In einem Fragment des Hermippos steht:

Wein von Mende ist es, welchen die Götter auf ihren weichen Lagern pinkeln. Süßer großzügiger Wein von Magnesia und Thasos, über den dieser Apfelgeruch weht, ist nach meinem Urteil der Beste von allen anderen Weinen, nach einem guten und zahmen Wein von Chios. Es gibt einen bestimmten Wein, den man saprias nennt, bei dem aus den Ausgüssen der Krüge, wenn sie geöffnet werden ein Veilchenduft, ein Duft von Rosen, ein Duft von Rittersporn, ja ein heiliger Geruch durch die ganze hoch bedachte Halle weht, Ambrosia und Nektar zugleich. Dies ist der Nektar, von diesem will ich meinen Freunden bei einem fröhlichen Fest zu trinken geben; meinen Feinden aber Wein von Peparethos.

Welchen Wein mögen die Gäste des Agathon beim »Symposion« getrunken haben? Das lässt sich heute nicht mehr genau rekonstruieren. Sicher ist, und das belegen die unterschiedlichsten literarischen Quellen, dass es weißen und roten Wein in den unterschiedlichsten Geschmacksrichtungen und Farbschattierungen gab. Meist war er ausgesprochen stark und süß, oft ganz oder teilweise aus getrockneten Trauben gekeltert. Aufgrund seiner Stärke wurde er auch anders gemischt als heute, denn zuerst kam das Wasser in das Gefäß und dann der Wein.

Die Speisen beim Symposion

Man muss sich das Essen, besonders im 5. Jahrhundert v. Chr. in Griechenland, bei aller Anmut der Bilder, die wir von den bemalten Vasen und Trinkgefäßen kennen, als noch vergleichsweise archaische Veranstaltung vorstellen. Die Griechen kannten außer bronzenen Messern zum Zerteilen insbesondere des Fleisches und metallenen oder hölzernen Löffeln eigentlich kein Besteck. Man aß also das meiste mit den Fingern und wusch sich diese nach dem Mahl in kleinen Handbecken mit meist parfümiertem Wasser.

Die Speisen tagsüber waren überwiegend sehr frugal und einfach. Ein paar Oliven, ein Stückchen Käse, getrocknete Feigen oder Hülsenfrüchte aus der Hand und unterwegs oder auf der Agora einige von Straßenhändlern angebotene Kleinigkeiten im Vorübergehen, wie etwa eine gebratene Wurst. Richtig gespeist hat man erst am

Abend, wobei das Abendessen bereits am späten Nachmittag beginnen konnte und sich dann bis in die Nacht hinziehen mochte. Es gab einerseits das so genannte »Deipnon«, ähnlich wie ein Dinner, also ein Abendessen, oder eben das Symposion – das sinngemäß für »gemeinsames geselliges Trinken« steht. Und bei dem eine Trennung der Ess- und Trinkrituale üblich war. Die attische Festspeise war zum Beispiel Spanferkel mit Erbsenbrei und in der attischen Komödie hieß es »in Hasenbraten leben«, wenn eine Metapher für höchstes Schlemmerdasein benutzt wurde.

Beim platonischen »Symposion« ging es kulinarisch wahrscheinlich etwas frugaler zu, denn Platon empfahl die vegetarische Kost. Eine Begründung für vegetarische Ernährungsweise findet sich auch in Platons schon erwähntem Dialog »Timaios«: Pflanzen seien zwar lebendig und beseelt, aber nicht mit »Selbstbewegung« ausgestattet, daher seien sie für den Menschen am besten zum Verzehr geeignet. So werden wir uns in diesem Kapitel zwar des Fleisches enthalten, doch es ist kein wirklicher Verzicht, denn die Fischrezepte sind umso köstlicher.

Beginnen wir unser Mahl mit dem unverzichtbaren Weißbrot, auf das jeder Gastgeber stolz war, es seinen Gästen anbieten zu können.

Körniges Weizenbrot

Hefe in einer Tasse lauwarmem Wasser auflösen. Mehl mit Hefewasser, Wasser und Salz zu einem Teig verarbeiten und mindesten 10 Minuten kneten. Dann die Gewürze hineinkneten, zu einem länglichen Laib formen, in eine mit Olivenöl ausgestrichene und am Boden mit Lorbeerblättern ausgelegte Form geben. Mit einigen Korianderkörnern bestreuen und an einem warmen Ort, zugedeckt mindestens 20 Minuten gehen lassen. Im vorgeheizten Backofen bei 200 Grad etwa 30 Minuten backen.

Der Grundteig eignet sich bestens für die verschiedensten salzigen oder auch süßen Varianten. Bei der Zugabe der Körner sind der Fantasie keine Grenzen gesetzt. Wird das Wasser durch ein Wein-Wassergemisch oder ein Traubensaft-Wassergemisch ersetzt, verändert dies, wie auch ein Teelöffel Honig im Grundteig, den Geschmack aufs Vortrefflichste, wie auch das Einbacken von

350 g Weizenmehl
150 g Vollkorn-Weizenmehl
20 g Hefe
300 ml Wasser
1 Tl Salz
2 Tl Korianderkörner
1 Tl Anissamen
1 Tl Fenchelsamen
mind. 10, nach Möglichkeit frische Lorbeerblätter

Rosinen, Trockenobst, Nüssen oder Pistazien. Besonders ungewöhnlich auf das Aroma wirkt sich das Backen auf Lorbeerblättern aus.

Um den Lorbeer rankte sich wie um so vieles in dieser Zeit ebenfalls ein Mythos. Auf Griechisch wird er »dafni«, nach der Nymphe Daphne, genannt. Gott Apollon, dem die Pflanze geweiht ist, verliebte sich in die Schöne, doch sie erwiderte seine Liebe nicht und floh in die Berge. Um sich vor dem Verfolger zu schützen, bat sie ihren Vater, den Flussgott, er möge sie in einen Baum verwandeln – so entstand der Lorbeerbaum. Mit seinem Grün wurden schon immer Sieger bekränzt, etwa bei den Olympischen Spielen.

Auch von der Minze gibt es Mythisches zu berichten. Die hübsche Nymphe Mintha hatte sich Hades, dem Gott der Unterwelt, hingegeben. Als seine Gattin Persephone sie dabei überraschte, trat sie Mintha mit Füßen. Diese verwandelte sich darauf in eine zarte Pflanze, in die Minze.

Die Olive hingegen schenkte Athene den Menschen. Sie pflanzte einen jungen Olivenbaum auf die Akropolis, damit die Frucht zur Ernährung und ihr Öl für Licht, für sakrale Zwecke und zur Schönheitspflege diene. In der Küche war das flüssige Gold unentbehrlich, war es doch nahezu das einzige Öl und Fett, mit dem gebraten, gesotten, mariniert und konserviert wurde. Trotz der mythologischen und alltäglichen Wichtigkeit des Olivenbaumes wurden dessen Früchte allein für sich in der klassischen griechischen Gesellschaft nicht im Zentrum eines gehobenen Mahles gereicht, sondern vorher als »Appetizer« mit anderen leckeren Kleinigkeiten. Eine Sitte, die noch heute im mediterranen Raum gebräuchlich ist: ein Schälchen Oliven zum Aperitif.

je 200 g große grüne und schwarze Oliven
1 Bund Petersilie
4 Knoblauchzehen
120 ml Olivenöl
2 Tl Kreuzkümmel
2 El milder weißer Essig
grob gemahlener Pfeffer

Marinierte Oliven mit Petersilie

Die Hälfte des Olivenöls erhitzen, Kreuzkümmel und Pfeffer kurz darin anschwitzen, Oliven dazugeben. Das restliche Olivenöl mit dem Essig vermischen, mit dem in dünne Scheiben geschnittenen Knoblauch und der gehackten Petersilie zu den Oliven ins gewürzte Öl geben. Am besten über Nacht durchziehen lassen.

Angebaut wurden in der Antike Linsen, Bohnen, Rüben, Kohl, Rettich, Lattich, Kürbis sowie Gurken und vieles mehr. Diese Früchte des Gartens wurden frisch, geschmort oder gesotten angeboten, vor allem die Gurken, die mit Quitten kombiniert in Salz- oder Essiglake eingelegt wurden. Lauch, »Práson«, war offensichtlich eine Pflanze, die den Garten im archaischen Griechenland im Besonderen bestimmte, prägte er doch den homerischen Begriff für Beet: »Prasia«.

Lauch mit Backpflaumen

Lauch waschen und putzen und dann das Weiße und Hellgrüne vom Lauch in 5 cm lange Stücke schneiden. Olivenöl erhitzen, die gehackte Zwiebel darin anschwitzen, Lauch dazugeben und rundherum goldbraun anbraten. Defrutum mit Apfeldicksaft, Honig und den Gewürzen mischen, zum Lauch geben und etwa 5 Minuten garen. Backpflaumen dazugeben, etwa weitere 5 Minuten garen und vor dem Servieren einige Minuten bedeckt ziehen lassen. Kann warm und kalt gegessen werden.

6 mittelgroße Lauchstangen
250 g entsteinte Backpflaumen
1 rote Zwiebel
150 ml eingekochter weißer Traubenmost (Defrutum)
50 ml Apfeldicksaft
3 El Honig
½ Tl Zimt
2 Lorbeerblätter
Olivenöl
frischer, grob gemahlener oder gemörserter Pfeffer
wenig Salz

Griechen, Römer, Perser, Ägypter, Assyrer – alle Völker des Altertums kannten und liebten eine Vielzahl von Gewürzen in ihren Speisen und im Wein. Das rätselhafteste, bis ins Mittelalter hinein, war Zimt. Unschuldig und Gemütlichkeit verbreitend duftet er und doch haftete ihm bereits vor 3000 Jahren der Ruf an, ein aphrodisierender Verführer zu sein. In den Sprüchen Salomons lockt eine mit allen Wassern gewaschene Verführerin einen törichten Jungen auf ihr Nachtlager, welches sie vorher mit Zimt und Myrthe bestreut hatte. Ob es dem Jüngling wirklich geschadet hat, ist der Literatur nicht zu entnehmen. Dass sich die verschiedensten Gerüchte um Zimt hartnäckig hielten, ist den schlauen Marketingstrategien arabischer Gewürzhändler zu verdanken, auf die auch ein so gebildeter und skeptischer Kopf wie Aristoteles hereinfiel. Er glaubte ihnen allen Ernstes, dass in einem fernen Land Zimtvögel in ihren Nestern Zimtrinde horteten. Nur wenn es Bogenschützen gelang, die Nester herunter zu schießen, kam man an das Gewürz, dass so als sehr selten und entsprechend teuer verkauft werden konnte. Dass der Zimt vom immergrünen riesigen Zimtbaum stammt, der in Java, Südchina und Ceylon wächst, hat Aristoteles nie erfahren.

Gurkensalat mit Feta und Minze

2 kleine Gartengurken
1 Bund Lauchzwiebel
1 Bund Minze,
200 g Feta, Olivenöl
milder weißer Weinessig
1 Trpf. Asa foetida Tinktur
1 Tl Kreuzkümmel
1 Tl Pfefferkörner
etwas Salz

Gurken und Feta in Würfel, die Lauchzwiebel in Ringe schneiden und die Minze grob hacken. Kreuzkümmel und Pfeffer im Mörser zerstoßen. Aus Essig, den Gewürzen und Asa foetida eine Salatsauce mischen, mit den Gurken, Feta, Lauchzwiebel und der Minze vermischen und etwa 10 Minuten ziehen lassen.

Gebratener Fenchel mit Bulgur, Nüssen und Trauben

150 g Bulgur
800 g Fenchelknollen,
mit Fenchelgrün
1 Bund Lauchzwiebel
300 g blaue Weintrauben
100 g geschälte Walnüsse
1 El Honig
Olivenöl
2 Tl grob zerstoßenen
Fenchelsamen
2 Trpf. Asa foetida
1 Tl Fischsauce
Salz
grob zerstoßener Pfeffer

Bulgur in kochendes Salzwasser geben, 5 Minuten kochen und noch etwa 10 Minuten quellen lassen. Fenchelknollen je nach Größe halbieren oder vierteln, etwa 5 Minuten in kochendem Salzwasser blanchieren, abgießen und etwas von dem Fenchelwasser aufheben. Dann den Fenchel in heißem Olivenöl anbraten. Bulgur mit den halbierten und entkernten Weintrauben, den in Ringen geschnittenen Lauchzwiebeln und der Hälfte von den grob gehackten und in etwas Ölivenöl angerösteten Walnüssen vermischen. Etwas von dem Fenchelwasser mit Honig, Asa foetida, Fischsauce, Pfeffer, Fenchelsamen, einer Prise Salz und 1 El Olivenöl verrühren, unter die Bulgurmasse mischen und diese 30 Minuten durchziehen lassen. Fenchel auf eine Platte geben, etwas salzen und mit ein wenig Olivenöl beträufeln. Den Bulgur auf die andere Seite der Platte geben und alles mit dem Rest der gerösteten Walnusskerne und dem gehacktem Fenchelgrün bestreuen. Statt der Weintrauben schmeckt es auch gut mit Granatäpfelkernen.

Die Walnuss, auch als »königliche Nuss« bezeichnet, war nach der letzten Eiszeit in Südeuropa und der Westtürkei fast völlig ausgestorben, im späten 2. Jahrtausend v. Chr. aber dort wieder verbreitet. Mit Mandeln und Haselnüssen, Rosinen und Trockenfrüchten wurde sie im klassischen Griechenland gerne zum Wein genascht und ist auch der passende Abschluss dieses platonischen Mahles. Nüsse wurden ebenfalls häufig in vielen süßen und salzigen Gerichten oder

in den so beliebten chutneyartigen Saucen verwendet. Der Esskasta-
nie schrieb man manchmal einen Ursprung in Griechenland selbst
zu. Ihr wurde der sprechende Name »Zeuseichel« zuteil.

Linsen mit Esskastanien

Linsen garen und abtropfen lassen. Esskastanien schälen, weich
kochen, sie sollen noch Biss haben, dann vierteln und in etwas
Olivenöl und Honig kurz anrösten. Die Gewürze im Mörser grob
zerstoßen, mit Honig, Essig, Fischsauce und Olivenöl zu einer
Marinade verrühren. Linsen und Esskastanien vorsichtig damit
vermischen und eine halbe Stunde durchziehen lassen.

500 g Linsen
200 g Esskastanien
1 Tl Pfefferkörner
½ Tl Koriandersamen
½ Tl Kreuzkümmel
2 El Honig
Fischsauce
Essig
Olivenöl

Aus Erbsen, Kichererbsen, Bohnen, Linsen, aus der ganzen Palette
der Hülsenfrüchte wurden die verschiedensten Gerichte, je nach Ver-
wendungsart gekocht. Wenn es die Jahreszeit erlaubte, wurden sie
frisch verwendet, meist jedoch getrocknet, denn in diesem Zustand
waren sie lange haltbar und leicht zu lagern. In der Rangliste standen Suppen, Eintöpfe, Salate und Pürees aus Linsen und Kichererbsen ganz oben, zudem röstete man noch die Kichererbse als Nachspeise. Bohnen nahmen unter den Hülsenfrüchten eine Sonderstel-
lung ein, da Pythagoras seinen Anhängern ja empfahl, sie nicht zu
essen, möglicherweise sogar wegen der ihnen nachgesagten aphro-
disierenden Wirkung. Bei einem Symposion, dessen Gespräche sich
um den Eros drehten, sollte also ein Bohnengericht auf keinen Fall
fehlen.

Frische Kerne von Dicken Bohnen

Bohnenkerne aus den Schoten lösen, in Salzwasser etwa 3 Minuten
kochen, abgießen, mit kaltem Wasser abspülen und abtropfen lassen. Käse reiben, und in ein Schälchen geben, Olivenöl und Salz
ebenfalls in je ein Schälchen geben. Bohnenkerne in Salz, Öl und
Käse stippen und verzehren.

1 kg frische Saubohnen-
schoten
150 g alter Schafskäse
(wie etwa Pecorino)
grobes Meersalz
Olivenöl

Kichererbsenküchlein

500 g getrocknete
Kichererbsen
(schmeckt auch gut aus
gelben oder grünen Erbsen)
1 Bund Minze (alternativ
Koriandergrün)
1 Bund Petersilie
Kreuzkümmel
Salz
Pfeffer
Olivenöl

Kichererbsen über Nacht in kaltem Wasser einweichen, abgießen und abtropfen lassen und dann in einem großen Mörser portionsweise zu einer groben Paste zerstoßen. Leichter geht's in der Küchenmaschine. Die gehackten Kräuter, den grob zerstoßenen Kreuzkümmel, groben Pfeffer und etwas Salz mit der Kichererbsenpaste vermischen. Die Masse zu kleinen Laibchen oder Kugeln formen und in heißem Öl ausbacken.

Als Falafeln werden diese Küchlein heute an fast jedem Döner-Stand angeboten. Stilecht isst man sie mit Salat, Zwiebelringen, Gurkenscheiben und einer Joghurtsauce in heißes Fladenbrot verpackt. Sie sind aber auch bestens als Fingerfood geeignet, serviert mit Kräuter-Joghurt.

Meeresgetier galt der Literatur nach als mythisch besetzt, so war der Delphin heilig und wurde weder getötet noch gegessen. Welche Fische wo verspeist wurden, ist aus archäologischen Funden schwierig nachzuvollziehen, da Fischgräten meist klein und schwer aufzufinden sind. Sie waren Bestandteil des athenischen Speiseplans, bedingt durch die Meeresnähe. Im Inland sollen Fische und Meeresfrüchte, sicher auch wegen der schlechten Transportfähigkeit, lange Wege konnten sie ja nur getrocknet überstehen, eher als suspektes Nahrungsmittel gegolten haben, gerade gut genug für Sklaven und Arme.

Die Artenvielfalt, die Fischer aus dem Meer holten, wird damals eher eine größere als heute gewesen sein. Archestratos von Gela, ein Koch und Gourmet, ein Reisender auf kulinarischen Wegen, hinterließ uns mit seinem berühmten Kochbuch, welches leider nur in Fragmenten erhalten ist, das umfangreichste Wissen um Fischarten und ihre Zubreitung. Fast könnte man ihn einen Vorreiter der »nouvelle cuisine« nennen, denn er plädierte in seinem Werk dafür, den ursprünglichen Geschmack der Meerestiere zu erhalten, ihn nicht mit Aromen zu überfrachten, sondern durch Kräuter und einfache Zubereitungsarten harmonisch hervorzuheben. Damals – wie heute – bekannte Arten waren Sardinen und Heringe, Kabeljau und Thunfisch, Tintenfische und Muscheln. Fische wie etwa Seeteufel und Meeraal, Rotbarbe, Rochen und Papageienfisch galten als etwas Besonderes, was sich nur die Wohlhabenden leisten konnten.

Marinierter Oktopus

Den Oktopus in Salzwasser mit etwas Rotweinessig, das verleiht dem Fleisch die appetitliche rote Farbe, etwa 60 bis 90 Minuten garen. Ein Stück Korken im Kochwasser soll dafür sorgen, das er mürbe wird. Dann in dicke Stücke schneiden und mit den in Ringen geschnittenen Selleriestangen, den Kapern, den gehackten Knoblauchzehen und den Oreganoblättchen vermengen. Aus Essig, Olivenöl, Salz und Pfeffer eine Marinade rühren und mit der Oktopus-Selleriemasse vermengen. Mindestens 30 Minuten marinieren.

Ein Oktopus sollte nicht schwerer als 2 ½ kg sein, da er sonst zu alt und sein Fleisch zu zäh und zu porös ist.

1 kg Oktopus
4 Stangensellerie mit Grün
50 g Kapern
2 Knoblauchzehen
1 Tl frische Oreganoblättchen
Olivenöl
Rotweinessig
Pfeffer
Salz

Sardinen auf Zwiebelgemüse

Sardinen von Kopf, Flossen und Innereien befreien, evtl. schuppen, waschen und trocknen. In Mehl wenden, in heißem Olivenöl goldbraun braten und in ein flaches Gefäß legen. Zwiebel in Ringe schneiden und mit dem gehackten Knoblauch in Olivenöl glasig dünsten. Die Kräuter zu einem Strauß binden und mit Essig, Honig, Wasser, Salz und Pfeffer zu den Zwiebeln geben und etwa 10 Minuten köcheln lassen. Das Zwiebelgemüse abschmecken und abgekühlt über die Sardinen geben. An einem kalten Ort mindestens 1 Tag marinieren. Vor dem Servieren den Kräuterstrauß entfernen und mit gehackter Petersilie, Thymian- und Oreganoblättchen garnieren.

800 g frische Sardinen
2 Gemüsezwiebeln
je 3 Zweige Rosmarin,
Thymian und Oregano
2 Lorbeerblätter
3 Knoblauchzehen
Olivenöl
1 Tasse milder Weißweinessig
1 Tasse Wasser
½ Tl Honig
frisch grob zerstoßener
Pfeffer
Salz
einige Stängel Petersilie

In Salz zu konservieren war bis zur Erfindung der Kühltruhe eine der wenigen Möglichkeiten, Fisch über einen längeren Zeitraum haltbar zu machen und zu transportieren. Eine Methode, die den über die Jahrhunderte hinweg bis heute bei mediterranen Kulturen so beliebten Bacalao ergibt, auch unter dem Namen Stockfisch oder Klippfisch bekannt. Meist handelt es sich dabei um die Filets des Kabeljaus. Durch das Einlegen in Salz wird dem Fischfleisch Wasser entzogen und so wird es fester und weißer. Ein Effekt, den moderne Köche sehr schätzen, und so ist Stockfisch durchaus in Deutschland auf der einen oder anderen Menükarte eines Gourmet-Tempels zu finden, nachdem er hier lange Zeit als Arme-Leute-Essen galt.

Die Zubereitung von Stockfisch muss man sich allerdings rechtzeitig überlegen, denn er sollte etwa 24 Stunden gewässert werden.

Grundrezept Stockfisch

(eignet sich auch zerteilt als Einlage für z. B. Eintopf oder ein Kichererbsengericht)
4 Stck. à 200 g gewässerter Stockfisch
1 El Fenchelsamen
1 El Koriandersamen
2 Knoblauchzehen
1 Tl schwarze Pfefferkörner
Olivenöl
1 Glas Weißwein

Gewürze im Mörser zerstoßen und mit Knoblauch und 1 El Olivenöl zu einer Paste verarbeiten. Diese in einer Pfanne in Olivenöl leicht anrösten, den Fisch mit der Hautseite nach unten in die Pfanne legen und bei sanfter Hitze mitrösten, bis die Haut bräunt. Wein dazugeben, die Pfanne mit einem Deckel verschließen und den Fisch etwa 5 Minuten in der Gewürzmischung dämpfen, bis er sich mit der Gabel zerteilen lässt.

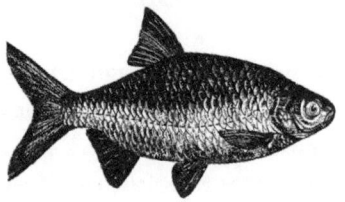

Gesalzener Kabeljau mit Lauch und Rotwein

4 Stck. à 200 g gewässerter Stockfisch
3 mittelgroße Stangen Lauch
1 rote Zwiebel
2 Knoblauchzehen
1 Bund Petersilie
1 Glas Rotwein
1 Tl Honig
Olivenöl
Pfeffer
Mehl
Asa foetida Tinktur
Fischsauce

Zwiebel und Knoblauch hacken und in Olivenöl goldbraun anrösten, den in Ringe geschnittenen Lauch dazugeben und unter Umrühren etwa 5 Minuten weiterschmoren. Mit wenig Salz und viel Pfeffer würzen. Die Fischfilets in Mehl wenden und mit der Hautseite nach unten in einer Pfanne in heißem Olivenöl braten bis die Haut braun ist, dann wenden und etwa 2 Minuten weiter garen. Den Fisch dann auf die Lauchmischung geben, die man vorher in ein ofenfestes Ton-Gefäß gefüllt hat. In die Pfanne, in der der Fisch gebraten wurde, den Honig etwas karamellisieren, dann den Fond mit Wein ablöschen, mit Asa foetida und Fischsauce nach Geschmack würzen und die Sauce über Fisch und Lauch gießen. Im Backofen bei 170 Grad nochmals 8 bis 10 Minuten garen. Vor dem Servieren mit gehackter Petersilie bestreuen.

Nuss-Körner-Mischung mit Gewürzen aromatisiert

Weizenkörner waschen und dann in Wasser mit einer Prise Salz, Zimtrinde und Honig etwa 5 bis 10 Minuten garen, abgießen und abtropfen lassen. Dann ausgebreitet auf einem Tuch etwa 5 Stunden trocknen lassen. Nüsse, Trockenfrüchte, Granatapfelkerne und Gewürze mit den Weizenkörnern vermengen und in einer großen Schüssel zum Wein reichen. Käse unterschiedlicher Reifegrade, von Ziege und Schaf, in mundgerechten Stücken serviert, harmonieren aufs vortrefflichste mit dieser Nachspeise.

Eine solche Speise wurde zu Ehren Demeters, der Göttin der Ernte und Fruchtbarkeit zubereitet. Deshalb wurde auch der Kochsud der Weizenkörner nicht weggeschüttet, sondern mit Honig verfeinert als Getränk genossen.

250 g Vollweizenkörner
100 g geschälte Mandeln
100 g Walnusskerne
200 g Rosinen
200 g getrocknete Aprikosen
200 g getrocknete Feigen
1 Granatapfel
1 Tl Zimt
1 Stck. Zimtrinde
1 Tl zerstoßener Kardamom
1 El Honig
etwas Salz

Bei unseren Vorschlägen geht es durchweg um Speisen, die bei einem Symposion den Alkohol »aufsaugen« können. Die möglicherweise nachteiligen Wirkungen des Weines muss das Ritual selbst im Zaum halten, sonst wäre die platonische Absicht verfehlt. Der Leiter des Symposions, der Symposiarch, hat aber durchaus die Aufgabe seine Mittrinker, die Symposianten, betrunken zu machen. So sollen sie möglicherweise erfahren, wie es ist Angst zu haben oder sich größer zu fühlen, als man wirklich ist, um sich beherrschen zu lernen, und das, ohne sich tatsächlich in einer gefährlichen Situation zu befinden.

2 Die Früchte des Lustgartens

Epikur und das Leben

Die Lust ist Anfang und Ende des glückseligen Lebens. Als Epikureer galt bereits im dritten Jahrhundert v. Chr., wer versuchte aus dem Leben ein Fest zu machen und sich nichts entgehen ließ: »Lasst uns genießen, denn morgen sind wir tot!"

Auch heute noch wird gern als Epikureer bezeichnet, wer auf der »sunny side of the street« geht, wer die Genüsse des Lebens kennt und in vollen Zügen genießt. Als die Schönen und die Reichen, als Gourmets und Playboys, als Models, Schauspielerinnen oder neuerdings auch als »Luder« bezeichnet, beherrschen sie die Gazetten und pflegen »la dolce vita« – den Lebensstil, den die Werbeindustrie zum Idealbild des Wohllebens gestaltet.

Freilich widerspricht dem Öffentlichkeitsdrang heutiger Hedonisten eine der Grundweisheiten, die von Epikur selbst überliefert ist: »Lathe biosas« – »Lebe im Verborgenen!« Denn Epikur vertrat die Überzeugung, dass nur der Weisheit erlangt hat, der weder ein öffentliches Amt noch öffentliche Aufmerksamkeit suchen würde. Denn Reichtum, Ehre und Einfluss, ja das Interesse für die großen Geschehnisse in der Welt hätten nur eine Verwirrung der Seele zur Folge. Und nur, wenn alles überwunden ist, was den Frieden der Seele stören könnte, dann ist es im Sinne Epikurs ein Leben in Selbstgenügsamkeit, in der glücklichen Freiheit des Geistes.

Diese These Epikurs, ja seine gesamte Philosophie ist am besten zu verstehen vor ihrem historischen Hintergrund. Denn die griechische Welt stand zu Lebzeiten Epikurs an einer bedeutenden Wende. Die Macht der griechischen Stadtstaaten zerbrach, und unter Phillip II., der 359 v. Chr. den makedonischen Thron bestieg, wurde Griechenland von einer losen Vereinigung von Stadtstaaten zu einem mehr und mehr geschlossenen Ganzen und schließlich von seinem Sohn Alexander dem Großen zu einem Reich gemacht. In dieser Phase des politisch-sozialen Umbruchs stand nicht mehr das Glück des Gemeinwesens der griechischen Polis, sondern das je eigene Glück des Individuums im Vordergrund.

Dennoch war Epikur kein eigenbrötlerischer Einsiedler. Denn anstelle eines Lebens in der Öffentlichkeit mit vielen oberflächlichen Kontakten tritt für ihn die Freundschaft Weniger und er beschreibt dieses Gefühl mit geradezu schwärmerischen Worten:

> *Die Freundschaft umtanzt den Erdkreis, uns allen verkündend,*
> *dass wir zum Glück erwachen sollen.*

Und seine Freunde und Schüler vergelten ihm diese Freundschaft, indem sie ihn gegen moralisierende Angriffe verteidigen – zu Lebzeiten und über seinen Tod hinaus. Epikur wird übermäßiges Essen und Trinken nachgesagt bis zum Exzess, der sich angeblich in täglich mehrmaligem Erbrechen durch einen überfüllten Magen geäußert haben soll. Seine Geisteskraft soll er durch ausschweifende nächtliche Gelage erschöpft haben und der Unzucht wurde er ebenfalls beschuldigt. Freilich hat der Philosoph selbst manchen Missverständnissen Vorschub geleistet und bot durch sein Aufsehen erregendes Verhalten genügend Angriffsfläche:

Er pflegte tatsächlich Umgang mit Hetären und führte einen regen Briefwechsel mit diesen Damen. Eine davon soll sogar in seinem Haus gelebt haben und mit einer anderen hat er angeblich seinen Bruder verkuppelt. Ein leichtes Spiel für ihn, lud er doch ganz unzeitgemäß zu seinen Gartenfesten Frauen und Sklaven als gleichberechtigte Gäste ein.

Spätere Philosophen bezeichneten die Schüler Epikurs gar als »epikureische Schweine« und Epiktet, der strenge römische Stoiker, nennt Epikur einen Wüstling. Wenn er denn tatsächlich einer war, so war er sicher nicht der einzige, wie erstaunlich freizügige Darstellungen sexueller, geradezu pornographischer Handlungen auf ganz normalem Gebrauchsgeschirr, auf Schalen, Krügen und Vasen aus vornehmen griechischen Haushalten zeigen. Auch hätten sich die antiken Trinkhallen in Athen sicher nicht allein von der Zeche Epikurs und seiner Freunde finanzieren können. Als Zentren für lange Sauftouren reihten sich mehrere Dutzend kleiner »Bars« im

Erdgeschoß aneinander, während die oberen Stockwerke »Spielhallen« beherbergten und Hotelzimmer, die auch mit ganz bestimmtem Service gemietet werden konnten. Als pikante Überraschung waren die Trinkgefäße in diesen Bars mit obszönen Bildern dekoriert, die erst in Erscheinung traten, wenn der Wein bis auf den Grund geleert war – sicher eine gelungene Aufforderung, noch einen weiteren Becher zu leeren.

Schüler und spätere Jünger zeichnen dagegen ein ganz anderes Bild ihres Meisters als das eines sittenlosen Lustmolches. Einer seiner Schüler schrieb: »Wenn man das Leben Epikurs mit dem anderer Menschen vergleicht, könnte man es um seiner Milde und Selbstgenügsamkeit willen einen Mythos nennen.« Fürsorglich soll er sich um seine Familie und seine Freunde gekümmert und auch um seine Sklaven gesorgt haben. Letztere durften an den philosophischen Diskussionen teilnehmen und in seinem Testament verfügte er ihre Freilassung.

Freilich ist Epikur nicht Erfinder der »Lust« als philosophischem Prinzip. Die Lust als das höchste Gut erklärte bereits mehr als ein halbes Jahrhundert vor Epikur der Sokrates-Schüler Aristippos aus Kyrene:

> *Das Ziel der Seele ist die Lust; wer Lust empfindet, ist glücklich; wer aber gar keine Lust zu genießen bekommt, ist dreimal unglücklich und unselig.*

Platon hingegen scheint diesen seinen Zeitgenossen Aristipp im Dialog »Philebos« als denkfaul zu karikieren, wenn er den Lusttheoretiker Philebos, den Namensgeber des Dialogs, nachdem er seine These von der Lust als »höchstem Gut« vorgetragen hat, schläfrig aus dem Gespräch sich zurückziehen lässt. Das scheint nur konsequent, wenn der Hedoniker, um Unannehmlichkeiten zu vermeiden, schließlich auch das Denken selbst, das einem doch nur Probleme bescheren würde, anderen überlässt und sich Argumenten unzugänglich macht. Eben das scheint aber auch später Epikur zu empfehlen. In einem Brief an seinen Freund Pythokles schrieb er:

> *Aller Bildung, Verehrtester, entfliehe mit vollen Segeln.*

Epikur setzt sich auch sonst bewusst in Gegensatz zu Platon:

Ursprung und Wurzel alles Guten ist die Lust des Bauches;
denn auch das Weise und Subtile bezieht sich darauf zurück.

Während Platon die »Idee des Guten« als höchstes Gut thematisierte, seine Philosophie auf dieses Denk- und Seinsziel ausrichtete und somit die Lust als nachrangiges Gut herabsetzte, stellt Epikur – man hat bei einigen seiner überlieferten Aussagen durchaus den Eindruck, aus purer Widerspruchslust – die Lust, griechisch: »hedoné«, als Grund und Ziel des Lebens dar. Diese Lust ist indes keine, die in kurzfristiger Gier ihre Grundlage zu zerstören droht. Klugheit und Erfahrung gehören zur Lust, ja machen nach Epikur ihren Genuss erst eigentlich aus:

Wir halten auch die Selbstgenügsamkeit für ein großes Gut, nicht, um uns in jedem Falle mit Wenigem zu begnügen, sondern damit wir, wenn wir das Viele nicht haben, mit dem Wenigen auskommen, in der echten Überzeugung, dass jene den Überfluss am süßesten genießen, die seiner am wenigsten bedürfen, und dass alles Naturgemäße leicht, das Sinnlose aber schwer zu beschaffen ist, und dass bescheidene Suppen ebensoviel Lust erzeugen wie ein üppiges Mahl, sowie einmal aller schmerzender Mangel beseitigt ist, und dass Wasser und Brot die höchste Lust zu verschaffen vermögen, wenn einer sie aus Bedürfnis zu sich nimmt. Sich also zu gewöhnen an einfaches und nicht kostspieliges Essen verschafft nicht nur volle Gesundheit, sondern macht den Menschen auch gelassen gegenüber den notwendigen Verrichtungen des Lebens, bringt uns in eine zufriedenere Verfassung, wenn wir uns in Abständen einmal an eine kostbare Tafel begeben, und erzeugt Furchtlosigkeit vor den Wechselfällen des Zufalls. Wenn wir also sagen, dass die Lust das Lebensziel sei, so meinen wir nicht die Lüste der Wüstlinge und das bloße Genießen, wie einige aus Unkenntnis und weil sie mit uns nicht übereinstimmen oder weil sie uns missverstehen, meinen, sondern wir verstehen darunter, weder Schmerz im Körper noch Beunruhigung in der Seele zu empfinden. Denn nicht Trinkgelage und ununterbrochenes Schwärmen und nicht Genuss von Knaben und Frauen und von Fischen und von allem anderen, was ein reich besetzter Tisch bietet, erzeugt das lustvolle Leben, sondern die nüchterne Überlegung, die die Ursachen für alles Wählen und Meiden erforscht und die leeren Meinungen austreibt, aus denen die schlimmste Verwirrung der Seele entsteht.

In einem Satz: »Der größte Reichtum von allem ist die Selbstgenügsamkeit.«

Wer mit Epikur also das kulinarische Schlaraffenland der Philosophie erwartet, muss enttäuscht werden. Nicht, dass das genaue Gegenteil der Fall wäre, aber Epikur als schieren Hedonisten oder, wie Willy Hochkeppel das einmal so treffend formuliert hat, »Epikur als Epikureer« zu sehen, wäre ein fundamentales Missverständnis. Demgemäß ist, vor altgriechischem Hintergrund, das Essen Epikurs doch recht einfach und, zumindest der Absicht nach, gesund, ergo Lust verlängernd. Der Genuss selbst steht oben an, doch war dem Genuss der Mahlzeit als solcher – und hier war Epikur eben doch wieder wahrhaft Grieche – der Genuss an den Gesprächen mit Freunden, die das Mahl mit ihm teilten, vorzuziehen. Und darin war, das werden wir später sehen, der oft eher als lustfeindlich angesehene Immanuel Kant Epikur sehr ähnlich.

Epikurs Naturphilosophie

Entscheidende Voraussetzung für das Erreichen der Lust als relativen Ruhezustand ist die Kenntnis der Natur:

> Seelenfriede und Freisein von Beschwerden sind Lust in der Ruhe; Vergnügen und Freude aber sind Erregungen, die die Seele in Tätigkeit versetzen.

Epikur war ein ausgesprochener Vielschreiber, der wenig Wert auf die äußere Form seiner Schriften zu legen schien. Das meiste, worüber er schrieb – ein umfangreicher Katalog des antiken Philosophiegeschichtsschreibers Diogenes Laertios legt davon Zeugnis ab – waren Themen der Naturphilosophie, weit weniger solche der Ethik. Doch der geringste Teil der vielen Schriften Epikurs ist uns überliefert. Eine reiche Quelle der Überlieferung ist der bedeutendste Anhänger Epikurs, der römische Dichter Lukrez, mit vollem Namen Titus Lucretius Carus, der mit seinem gewaltigen Lehrgedicht »De rerum natura« das meiste der Lehren Epikurs und der antiken Naturphilosophie der Atomisten aufbewahrt hat.

Entscheidend für die Erkenntnis der Natur war für Epikur die Zuverlässigkeit der Sinne, weniger die Mathematik. Das hat er wiederum mit dem, von seinem naturphilosophischen Vorläufer Demokrit übernommenen Materialismus gemeinsam:

Das Weltall, das aus Atomen besteht, ist das Werk einer vernunftlosen Natur. – Alles geschieht nach Naturnotwendigkeit, nach Vorsatz, nach Zufall.

Empfindungen und Wahrnehmungen gelten für Epikur als in sich gültig und daher unwiderlegbar. Der Verstand könne die Wahrnehmung nicht widerlegen, weil er sich mit seinen Urteilen auf das sinnlich Wahrgenommene verlassen müsse. Doch spricht diese Auffassung nicht unbedingt für eine besondere Ausbildung des Geschmacks, der sich eben nicht durch bloßes Erleben und auch nicht nur durch Gewöhnung bildet. Sondern für einen Geschmack, der sich vor allem durch den Vergleich der Reize, angeleitet durch den Verstand, entwickelt, wenn Erfahrung sich aus den jeweiligen Erlebnissen nach und nach vertiefen und verfeinern kann.

Wichtigstes Ziel der Naturkenntnis ist die Befreiung von Furcht: Wer nicht versteht, wie die Natur funktioniert, welche Gesetzmäßigkeiten sie enthält, der wird beunruhigt sein und kann sich sein Leben nicht lustvoll einrichten. Dies gilt so sehr von der Natur im Großen, wie von der Natur im Kleinen, also unserem eigenen Körper und seinen natürlichen Funktionen.

Alle diese Gedanken sind zusammengefasst im Begriff des Tetrapharmakon, des »vierfachen Heilmittels«:

Wenn uns nicht die Vermutungen über die Himmelserscheinungen und die angstvollen Gedanken über den Tod, als ob er uns irgendetwas anginge, ferner die mangelnde Kenntnis der Grenzen von Schmerzen und Begierden belasteten, brauchten wir keine Naturphilosophie.

Die Angst vor der Natur und ihren Gewalten, im Mythos noch dem willkürlichen und undurchschaubaren Treiben der Gottheiten zugeschrieben, wurde auch durch die epikureische Philosophie entzaubert. Diese Entzauberung hat sich allerdings bis in unsere heutige Zeit schier ins Gegenteil verkehrt. Die Beherrschung der Natur durch den Menschen wird uns selbst schon wieder unheimlich. Ablenkungen und Vergnügungen werden uns zuhauf geboten, doch die erforderliche Seelenruhe zu erreichen, um wirklich zu genießen, fällt schon schwerer.

Epikurs Garten

Man muss sich das Athen Epikurs, das kulturelle Zentrum der damaligen europäischen Welt, als einen Ort voller Getöse, Gestank und prallem, unstetem Leben vorstellen. Epikur kam gegen Ende des 4. Jahrhunderts v. Chr. nach Athen. Als attischer Bürger wurde er als Sohn eines Kolonisten auf der Insel Samos geboren und musste mit seinen Eltern von dort nach Kolophon in Kleinasien flüchten.

Er war ein philosophischer Autodidakt, der die Schriften des Aristoteles und des Demokrit studiert hatte, und begann mit etwa dreißig Jahren selbst zu lehren. Nach ersten Erfolgen ließ er sich in der Weltstadt Athen nieder und erwarb den berühmten Kepos, also den Garten, der zugleich Ort seiner Schule wurde. Es war ein Wagnis, aber auch eine gewisse Provokation, neben den berühmten Schulen, der platonischen Akademie und dem aristotelischen Peripatos, eine weitere Philosophenschule einzurichten. Die demonstrative Zielsetzung Epikurs war es, und diese wurde mit dem »Garten« verbunden, sich aus der politischen Welt zurückzuziehen und die Ataraxie zu lehren.

Gepflegte Zurückgezogenheit inmitten von Hektik ist ein Prinzip epikureischer Philosophie. Ein Zustand, wie ihn vielleicht zu allen Zeiten immer nur wenige erreichen konnten. Die Philosophie, wie sie etwa im ersten Drittel des 20. Jahrhunderts in den privilegierten Geisteszentren des britischen Empires, in Oxford oder Cambridge, gepflegt wurde, mochte – bei allen Unterschieden der Thematik! – in ihren äußeren Bedingungen denen von Epikurs Garten in Athen am ehesten geglichen haben.

Das epikureische Mahl

Das epikureische Mahl zeichnet sich nicht durch ausgesuchte Raffinesse, sondern durch Einfachheit aus. Am authentischsten gibt die Stimmung im Garten Epikurs wohl ein Grillfest mit Freunden wieder. Wer nicht das Glück hat, einen eigenen Garten zu besitzen, der suche sich ein Stück freie Natur.

Ein Zusammensein mit Freunden im Freien, eine Szenerie, die heute an schönen Sommertagen in unzähligen Gärten zu beobachten ist und sich gar nicht so wesentlich von der damaligen Zeit unterscheidet. Gut, die offene Feuerstelle ersetzt nun oftmals ein

Elektrogrill, die Speisen werden in der Regel nicht mehr von Sklaven gereicht und gegessen wird im Sitzen oder Stehen und seltener im Liegen. Aber da kein historischer Nachweis möglich ist, ob im Haushalt Epikurs diese Liege-Möbelstücke vorhanden waren und in einfacheren Haushalten meist im Sitzen gegessen wurde, lässt die Fantasie das Bild eines großen runden Tisches zu, an dem ein geselliges Miteinander und Diskutieren möglich ist. Große Tische und sogar Ausziehtische gab es nachweislich schon und da die Zusammenkünfte in des Meisters Lustgarten ja keine einmaligen Ereignisse waren, sondern zur Lebensweise Epikurs gehörten, hat er als lustvoller Mensch dafür sicher bequeme Voraussetzungen geschaffen.

Auch in den einfachen, leicht zu verzehrenden Speisen gibt es gar keinen so großen Unterschied zwischen damals und heute. Zubereitet wurden die Mahlzeiten normalerweise im Frauenhaus, doch auf Landgütern und, wie in unserem Fall, in einem Garten sind auch andere Plätze für eine Feuerstelle möglich. Gekocht wurde in der warmen Jahreszeit sowieso unter freiem Himmel und auf offenem Feuer: ein Gemüseeintopf, der in einem großen Kessel auf einem Dreifuß über den Flammen brodelt, saftige Stücke Fleisch, die auf einem Spieß rösten, Brot, das in der Asche bäckt.

Gerichte aus Oliven, Feigen, Datteln, Kräutern, Blattsalaten und Pilzen eignen sich hervorragend für ein solches Mahl. Pilze galten als Delikatesse – doch war es auch nicht gefahrlos sie zu verspeisen, denn nicht jedermann verstand es, die giftigen von den genießbaren zu unterscheiden. Bekannt waren eine Art Steinpilz, Champignons und Trüffel. In literarischen Überlieferungen werden sie als Pflanzen beschrieben, die von Blitzen geschaffen, oder zumindest davon ans Licht gebracht wurden. Zwiebeln und Knoblauch gehörten zum Küchenalltag und es ist vorstellbar, dass sie in Epikurs Garten wuchsen, denn schon in Mesopotamien und Ägypten wurden die unterschiedlichsten Arten angebaut und in der griechischen Küche dieser Zeit auf verschiedene Weise verwendet.

So war es üblich, dass jedes Bauernhaus einen Garten für Gemüse und Gewürzpflanzen hegte und pflegte. Auch die Bewohner der Städte nutzten jede noch so kleine Fläche für ihre Küchengärten. Wenn der geeignete Platz dafür fehlte, taten es auch Behältnisse, ähnlich unseren heutigen Blumenkästen, die vor den Fenstern aufgehängt oder auf die Flachdächer der Häuser gestellt wurden.

Erstaunlich ist die Vielfalt der damals bereits bekannten und verwendeten Kräuter-, Salat- und Gemüsepflanzen. Lauch, verschiedene Salatsorten, von Endivie bis Portulak und Rauke, Kresse, Kohl, Mangold, Sellerie, Fenchel, Rettich, Rüben, Lattich, verschiedene Melonen- und Kürbisarten, Gurken, Kapern, Spargel und Kardone – ein Vorfahre der Artischocke, von der man nur den Boden aber nicht die Blätter essen konnte. Auch Karotten gab es natürlich, aber sonderbarerweise wurden damals nur die Blätter und Samen verwendet.

Auf ein beliebtes Würzkraut, im 6. Jahrhundert erstmals erwähnt und in der antiken, hellenistischen Küche unentbehrlich, das Silphion, muss die Menschheit allerdings etwa seit dem 1. Jahrhundert n. Chr. verzichten. In Kyrenaika – einem Königreich, das die Griechen in Kyrene in Nordafrika gegründet hatten – wurde es in der Wildform gesammelt, allerdings nirgendwo erfolgreich kultiviert. Silphion, mit Fenchel und Sellerie verwandt, war Bestandteil von Marinaden und Saucen, und zusammen mit Käse, Essig und Öl wurde Geflügel und Fisch vor dem Grillen damit eingerieben. Zur kulinarischen Wertschätzung kam die medizinische hinzu – anregend auf Körper, Stoffwechsel und Verdauung soll es gewirkt haben. Die Griechen verwendeten hauptsächlich den Saft aus den eingeritzten Stängeln, während später die Römer auch Wurzeln und Stängel aufgeschnitten in Essig konservierten. Dies soll zum Aussterben beigetragen haben und laut Plinius wurde der letzte, noch existierende Stängel Kaiser Nero verehrt.

Als schwachen Ersatz fand man ein Gewürz aus dem Iran, das von den Soldaten Alexanders des Großen auf dessen großem Feldzug verwendet wurde und heute noch vielfach in der orientalischen und vor allem indischen Küche verarbeitet wird: Asa foetida (Stinkassant oder Teufelsdreck), das Harz der Pflanze Ferula asa foetida. Das Aroma ist schwer zu beschreiben, am vordergründigsten erinnert es an Knoblauch, Zwiebel, aber auch an Porree mit einem bitteren Nachhall. Der antike Arzt Dioskurides schreibt darüber:

Die Pflanze aus Kyrenaika erregt, auch wenn man sie nur kostet, sogleich einen Saft im ganzen Körper und hat ein sehr gesundes Aroma, so dass man es im Atem nicht oder nur wenig bemerkt; aber die Pflanze aus Medien und Syrien ist schwächer an Wirkung und hat einen widerlichen Geruch.

Und so heißt es sehr vorsichtig damit umgehen bei der Verwendung, nur zu schnell ist eines der historischen Gerichte verdorben, denn Asa foetida oder wie der Name Stinkassant schon besagt, trägt nur bei sparsamer Verwendung zu einem angenehmen Geschmack bei. Angeblich ist es das Geheimnis der Worcestersauce. Apotheken oder gut sortierte Kräuterläden führen das – nicht ganz billige – Harz, welches man aus der Wurzel der Pflanze zapft, in zwei verschiedenen Konsistenzen, als Pulver oder Tinktur. Beide Darreichungsformen unterscheiden sich im Geschmack. Das Pulver hat mehr Bitternote, die Tinktur betont den etwas knoblauchartigen Unterton. So bleibt es dem Leser und seiner kulinarischen Entdeckerlust überlassen, für welche der beiden Möglichkeiten er sich entscheidet – ob er sogar beide zusammen an ein Gericht gibt und wie hoch er dosiert.

Thymian, Salbei, Oregano, Basilikum, Minze, Dill, Ysop – die unentbehrlichen Aromen der heutigen Mittelmeerküche, teils wild gesammelt, teils angebaut, verfeinerten ebenfalls damals Suppen, Saucen und Salate. Von der Malve, heute hauptsächlich als Tee bekannt, aß man Blätter und Blüten und die Wurzeln. Blätter und Samen der Senf-, Mohn- und Korianderpflanze wurden verwendet und Korianderkörner, Sesam und Leinsamen würzten seinerzeit wie heute das Brot.

Viele der Gemüsesorten wie zum Beispiel Lattich, Gurken, Kürbisse, Melonen, Lauch, Kresse und Kohl wurden meist roh und kalt, nur angemacht mit Öl, Essig, Pfeffer und Salz gegessen. So unterschied sich die Standard-Salatsauce in der Antike wohl nicht grundlegend von der heutigen. Und so darf ein frischer Salat natürlich auch bei einem Mahl à la Epikur nicht fehlen. Der Fantasie für eine ungewöhnlichere Zusammenstellung als sonst sind keine Grenzen gesetzt.

Blattsalate mit marinierten Anchovis und schwarzen Oliven

200 g frische Anchovis
200 g grobes Salz
verschiedene Blattsalate
(Frisée- und Romanasalat,
Radicchio, junger Spinat
oder Mangold)
½ Tasse schwarze,
entkernte Oliven
2 El Kapern,
Olivenöl
milder Weißweinessig
1 Bund Dill, Salz, Pfeffer
1 Prise Asa foetida
evtl. 2 gekochte,
gehackte Eier

Von den Anchovis die Köpfe abschneiden, vorsichtig von der Hauptgräte lösen, mit der Hautseite nach unten auf eine Platte geben, mit dem groben Salz bestreuen und zwei Stunden ziehen lassen. Danach unter fließendem Wasser das Salz entfernen und in einem Gefäß mit einer Marinade aus Essig und Olivenöl, Pfeffer, Asa foetida und gehacktem Dill etwa 1 Stunde marinieren.
Die Blattsalate mit den Anchovis in einer flachen Schale anrichten, etwas von der Marinade, Oliven, Kapern und Olivenöl darüber geben und mit gehacktem Dill und Ei bestreuen.

Einige der folgenden Rezepte wurden in der Antike mit »Liquamen« zubereitet, einer Fischsauce, die bei fast keinem Gericht fehlte. Sie ähnelt stark der aus vergorenen Sardinen gewonnenen Fischsauce, die heute in der thailändischen Küche so beliebt ist und genauso verschwenderisch verwendet wird wie eben jene Salzlake mit Fischgeschmack in der Antike. Sie kann das Salz ersetzen und gibt Gerichten einen zwar vielleicht ungewöhnlichen, aber auch aparten Geschmack. In den inzwischen so verbreiteten Asia-Läden ist sie in verschieden starken Geschmackskonzentrationen erhältlich.

Geschmorte Riesenoliven

200 g große grüne Oliven
mit Stein
1 Zwiebel gehackt
3 Knoblauchzehen,
klein gehackt
1 Lorbeerblatt
4 El Olivenöl
2 El Rotweinessig und/oder
1 El Fischsauce

Oliven an einer Seite um den Stein herum einschneiden. Alle Zutaten in einen breiten Topf geben, mit Wasser bedecken und solange kochen lassen, bis das Wasser verdampft ist und eine Ölschicht die Oliven überzieht.

Brot war die traditionelle Beigabe zu allen Gerichten. Natürlich schmecken auch frische Baguettes oder Fladenbrot, aber besonders stilecht und köstlich ist selbstgebackenes Brot nach antikem Rezept.

Stockbrot

Aus grob gemahlenem Weizenmehl, einem Wein- und Wassergemisch im Verhältnis 1:1 und einer Prise Salz wird ein zäher Teig geknetet. Dann werden aus der Teigmasse gut fingerdicke, ca. 40 cm lange Stränge geformt, um einen langen dünnen Stock gewickelt und über dem offenen Feuer einige Minuten geröstet. Der Teig kann aber auch zu dünnen Fladen geformt, in einer Pfanne mit heißem Olivenöl beidseitig knusprig braun gebraten werden.

Ein ausgesprochen leckerer und nicht alltäglicher Genuss sind Fladen aus diesem Brotteig, dazu noch mit etwas Mehl angereichert und nochmals kräftig durchgeknetet, in der heißen Asche gebacken. Dazu den Teig zu Kugeln formen und dann zwischen den Händen zu Fladen drücken. Je nach Größe und Dicke brauchen die Fladen 25 bis 40 Minuten bis sie duftend fertig gebacken aus ihrem Aschebett befreit werden können.

Während diese Gerichte als Vorspeisen den ersten Hunger stillen, steigert der Duft von der Feuerstelle die Freude auf weitere Genüsse. Am Spieß brutzeln gefüllte Wachteln und eine Lammkeule und auf dem Rost oder in der Pfanne vielleicht eine Art Schnitzel. Ja, den alten Griechen war das panierte und in der Pfanne gebratene Schnitzel bereits bekannt und von dort kam es später über arabische Volksstämme nach Spanien und weiter über Italien nach Österreich.

Wachteln, Gänse, Fasane, Stockenten sowie Teichhühner wurden in der klassischen Zeit gezüchtet und vor allem die Wachtel wurde als doppelt nützliches Tier angesehen, weil sie nicht nur essbar ist, sondern auch noch viele Eier legt. Sie galt bei den alten Griechen als eines der Geschenke, mit denen ein Mann einen Knaben verführen konnte.

Wachtel mit Lavendel

4 Wachteln (à ca. 200 g)
4 frische Lavendelzweige
1 El Honig
2 El Fischsauce
1 Prise Asa foetida
Pfeffer

Wachteln kalt abspülen und mit Küchenkrepp trocknen. Honig, Fischsauce, Asa foetida und Pfeffer vermischen, die Wachteln mit der Marinade innen ausstreichen, und je einen Lavendelzweig hineinstecken. Die Keulen mit Küchengarn zusammenbinden und die Wachteln dicht aneinander auf Drehspieße stecken, dabei den Spieß durch Brust und Rückenknochen stecken, dadurch halten sie besser. Etwa 25 Minuten drehend grillen. In den letzten fünf Minuten mit der restlichen Marinade bestreichen. Die Wachteln können auch unter mehrmaligem Wenden auf dem Rost gegart werden.

Fisch im Weinblatt gegrillt

6 kleine Merlane
(alternativ kleine Kabel-
jaus oder große Sardinen)
12 Weinblätter in Salzlake
oder frische (in der Antike
wurden auch die Blätter
des Feigenbaums dazu
verwendet)
3 Knoblauchzehen
1 Bund glatte Petersilie
3 bis 5 Stängel Thymian
einige wenige
Körnchen Anissamen
(oder Anisblättchen aus
dem eigenen Garten)
Fischsauce
Pfeffer

Die ausgenommenen Fische waschen, trocken tupfen und den Fischbauch mit einer Paste (im Mörser hergestellt) aus zerdrücktem Knoblauch, gehackter Petersilie, einigen Thymianblättchen, Anis, Fischsauce und Pfeffer füllen. Frische Weinblätter kurz blanchieren, so klappt das Einwickeln besser, Blätter aus der Salzlake kurz durch frisches Wasser ziehen, da der Fisch sonst zu salzig wird. Die Fische in je zwei Blätter wickeln und auf dem Grill von beiden Seiten je mindestens 6 Minuten garen.

Zu allen Fleischgerichten, ob gebraten oder gekocht, waren warme und kalte Saucen, meist mehr chutneyartig in den unterschiedlichsten Geschmacksrichtungen besonders beliebt.

In der antiken Zeit wurden Gewürze, Nüsse oder ähnliches im Mörser zerkleinert und vermischt. Diese Arbeit erleichtert heute ein Mixer. Es ist jedoch auf jeden Fall einen Versuch wert, diese alte Zubereitungsart, am besten in einem großen Steinmörser, einmal auszuprobieren, denn so werden Konsistenz und Duft der Lebensmittel zu einem völlig neuen, epikureisch-sinnlichen Erlebnis.

Gegrillte Lammkeule

Aus allen Ingredienzien eine Marinade mischen und die Lammkeule am besten über Nacht darin ziehen lassen. Am Knochen entlang auf den Bratenspieß stecken, mit Küchengarn fixieren und etwa zwei Stunden lang drehend grillen.

1 Lammkeule

Für die Marinade:
1 Tasse Olivenöl
½ Tasse Honig
4 El Wein
3 Knoblauchzehen, gepresst
2 El Fischsauce
einige Thymianzweige
1 Prise Ada foetida
Pfeffer

Dattel-Mandel-Sauce

Die Mandeln werden zuerst im Mörser zerkleinert, dann die Gewürze hinzugefügt und unter Zugabe eines Löffels Olivenöl weiter gemörsert. Diese Mandelmasse wird dann in einer Tonschale mit den Datteln, der Zwiebel, mit Liquamen und Traubensirup unter Zugabe von Olivenöl vermischt, bis eine sämige Konsistenz erreicht ist.

1 Hand voll geröstete, gemahlene Mandeln
5 klein gehackte Datteln
1 Tl Selleriesamen
½ Tl Kümmel
½ Tl Bohnenkraut
1 kleine gehackte Zwiebel
1 El Olivenöl
1 Tl Liquamen (Fischsauce)
2 El roter Traubensirup

Pinien-Honig-Sauce

Pinienkerne und Thymianblättchen im Mörser zerstampfen und unter Zugabe von Honig, Essig, Liquamen und Öl zu einer sämigen Masse verarbeiten. Mit dem Wein glatt rühren.

1 Hand voll Pinienkerne, in Wein eingeweicht
ca. ½ Tl frische Thymianblättchen
2 El Honig
1 Tl milder weißer Essig
1 Tl Liquamen
2 El Öl
ca. 2 El Wein

Dass Süßes und Honig in der Antike bereits sehr beliebt waren, ist schon aus den Saucenrezepten zu ersehen. So darf also ein Nachtisch auf keinen Fall fehlen und was liegt näher, als dazu Früchte zu verwenden, die auch in Epikurs Garten gewachsen sein könnten. Patina, eine Art Auflauf-Omelett, auf Eier- oder Eiweiß-Basis wurde aus den verschiedensten Zutaten salzig und süß zubereitet und fehlte praktisch auf keiner Tafel. Auch heute noch sind Patinas in den verschiedensten Variationen im Mittelmeerraum vielgeliebte Vorspeisen, Zwischengerichte, Beilagen und Desserts.

Birnenpatina

4 geschälte Birnen oder Äpfel
2 gehäufte El Rosinen
1 Tasse Wein
1 Tasse Wasser
Pfeffer
1 Prise Kreuzkümmel
1 Prise Salz
2 El Honig
2 El Defrutum
2 El Olivenöl
4 Eiweiß, zu Schnee geschlagen

Die Früchte in Wein, Wasser und mit 1 El Honig sehr weich kochen. Von der Fruchtmasse die Flüssigkeit abschütten, mit den Gewürzen vermischen und unter den Eischnee heben. In eine Auflaufform geben, in der Röhre bei etwa 180 Grad ca. 20 Minuten backen und mit, am besten frisch gemahlenem, Pfeffer bestreuen. Diese »Patina« sollte gut gekühlt serviert werden.

Epikureisch genießen bedeutet in aller »Gemütlichkeit« essen, nicht zu viel, doch genug, um den Hunger zu stillen. Der Wein in Maßen genossen und ausreichend Wasser dazu löscht auf jeden Fall den Durst. So wird der Geist frei von den Bedürfnissen des Körpers, ja die Lust beflügelt ihn sogar und das Gespräch wird leicht sein und gefällig. Das Gespräch mag den Tag loben und die Stunde: der Genuss wird jedenfalls groß sein.

Flucht vor verdammter Lust?

3

Mönchstum:
die Erfindung einer neuen Lebensform

> Da sprachen wir denn nun davon, dass mit den Freuden jenes ewigen
> Lebens keine Lust fleischlicher Sinne, so groß sie sei, so hell sie auch
> im irdischen Licht erstrahle, sich vergleichen, ja nur dagegen nennen
> lasse. Und da erhoben wir nun unsre Seelen mit wachsend heißer Glut
> zum Ewigen selbst. Und wir durchschritten Stufe dann um Stufe die
> ganze Körperwelt und selbst den Himmel, von dem herab uns Sonne,
> Mond und Sterne über Erden leuchten. Und weiter stiegen wir und
> dachten deiner in der tiefsten Seele und sprachen leis von dir und deinen
> ewig wunderbaren Werken. So kamen wir in unsre Seele, doch wir
> durchschritten diese auch, dass wir mit unsrem Geiste rührten an das
> Land der ewigen Fruchtbarkeit, darin du Israel ewig weidest auf den
> Weiden ewiger Wahrheit.

In diesem Zitat des Kirchenvaters Augustinus spricht noch in der
Antike ein neuer Ton gegenüber der antiken Philosophie: Die christliche Askese gleicht einem Entfliehen aus der diesseitigen Welt.

Wer über Philosophie im Mittelalter zusammenfassend sich
äußern will, muss sich schwer tun. Die Vielfalt der Figuren und
Themen ist kaum zu übersehen. Eine der Schwierigkeiten besteht
schon darin, welcher Zeitraum zu betrachten ist. Setzen wir das geistige Mittelalter mit Boethius und der Schließung der platonischen
Akademie an? Boethius lebte etwa von 480 bis 526 n. Chr. und sein
Hauptwerk, der »Trost der Philosophie«, entstand wenige Jahre vor
seinem Tod. Die Akademie wurde 529 n. Chr. durch Kaiser Justini-
an geschlossen. Oder beginnen wir mit dem etwa 100 Jahre zuvor
wirkenden, schon genannten Kirchenfürsten Augustinus? Und wie
lange erstreckt sich das Mittelalter? Bis zur Pest um 1400 oder bis

zum Fall von Konstantinopel 1453 oder gar noch bis zur Entdeckung Amerikas durch Kolumbus im Jahr 1492?

Mittelalterliche Philosophie in Europa ist vor allem Christliche Philosophie und steht damit unter dem Zeichen des Kreuzes und der Theologie: Philosophie wird als »ancilla theologiae«, als Magd der Theologie gehalten. Für unser Thema sind allerdings nicht so entscheidend die Dauer und die Vielfältigkeit der Gestalten und Wandlungen, als einige wesentliche Charakteristika mittelalterlicher Philosophie in Verbindung mit dem Kochen und dem Essen herauszuschälen. Philosophische Probleme sind neben einer enormen Entwicklung der Logik und der Kunst des Argumentierens mit dem Aufkommen der Universitäten am Ende des 12. Jahrhunderts: die Flucht aus der Welt als Antwort auf die Furcht vor der Sünde; die Natur als gute Schöpfung oder als Hinderungsgrund des Seelenheils; das Problem der Körperlichkeit angesichts des ewigen Heils; die Völlerei (gula) als Todsünde – und demgegenüber das gottgefällige Fasten, die Askese.

Der große christliche Philosoph und Theologe Thomas von Aquin widmet eine Quaestio in seinem Hauptwerk, der »Summa Theologiae«, dem Fasten, lateinisch: »ieiunium«. Er teilt dabei, ganz logisch geschult, in das Fasten aus Trauer und das Fasten aus Freude oder das Buß- und das Jubelfasten; in das körperliche und das geistige Fasten, das Kirchen- und das Naturfasten, das Fasten des Fastenden und das Fasten der Nüchternheit oder das absichtliche und das tatsächliche Sich-Enthalten von Speis und Trank; schließlich in das uneigentliche und das eigentliche Fasten.

Das eigentliche Fasten ist die Enthaltung von der Speise, aber das »uneigentliche«, metaphorisch zu nennende, hält Thomas für das entscheidende Fasten: das sich Enthalten vom Übel und von der Sünde.

Dementsprechend stellen wir das Mönchstum in den Mittelpunkt der christlichen Askese und der Lebensvorschriften, denn die Mönche haben eine neue, eigene Lebensform begründet. Zwar sind sowohl Aussagen des Neuen Testaments als auch bereits der jüdischen und philosophischen Tradition der Spätantike askesefreundlich zu deuten. Im Neuen Testament finden wir zwar kein Drängen auf Askese, aber in den Briefen des Paulus durchaus die Tendenz, das Leben vor allem in asketischer Weise zu führen. Jesus selbst hatte asketische Züge, die aber wohl nicht prinzipiell auszulegen sind.

Schon das Judentum hatte seine Apokalyptik, eine Naherwartung des Endes der Welt, und damit die Bemühungen um Heiligung des Lebens in sich, um zu den Seligen dazuzugehören. Doch erst die philosophischen Schulen der Spätantike prägten den Begriff der Askese als das Bemühen um ein Lebensideal. Dieses Ideal ist auf den Umgang mit Nahrung, Besitz und auf die Triebe bezogen. Der so verstandene Dualismus von Leib und Seele, im Gefolge der griechischen Schulen des Pythagoras, der Orphiker und Platons, bereitete den Boden für die Askese. Die Stoa lehrte in aller Strenge die Beherrschung der Triebe, um zur Glückseligkeit, zur Eudämonie, zu gelangen, und bereits die sokratischen Kyniker lebten die Bedürfnislosigkeit und ein gewisses soziales Außenseitertum als eine Gegenkultur vor. So war die philosophisch verstandene Lebensführung bis in die Spätantike vor allem ein bescheiden geführtes Leben.

Das Christentum verstand sich in seiner Wendung gegen heidnische Religion und Philosophie schon ab dem 2. Jahrhundert n. Chr. selbst als die höchste Philosophie und hat die asketische Darstellung nicht nur in seine eigene Lebensform integriert, sondern auch überhöht. In Konkurrenz zur heidnischen Philosophie wurde die christliche Lebensdeutung mehr und mehr von Askese geprägt. Nicht nur im Sinne der bescheidenen Lebensführung und Enthaltsamkeit von Speisen, sondern wie Thomas von Aquin betont hauptsächlich als Enthaltsamkeit von der Sünde, und das ist ein viel weit reichender Verzicht als der auf Leckerbissen. Deshalb gilt Askese nicht als genereller Weg der Christen, wird aber dennoch als der bessere Weg angesehen.

Bereits seit dem 4. Jahrhundert gab es zwei Wege, die ein Christ beschreiten konnte: den weltlichen Weg oder den Rückzug in die Abgeschiedenheit eines Klosters. Uns interessieren hier nicht die Geschichte und die verschiedenen Formen des Mönchstums, von Ägypten über Syrien bis hin zu Montecassino, vom Eremitentum bis hin zu bizarren Formen der Selbstkasteiung, wie das Säulenstehen von Symeon dem Älteren. Sondern im Zentrum steht die mönchische Lebensweise als Verbindung spiritueller Lebensführung mit ihren gleichzeitigen strengeren oder weniger strengen Nahrungsvorschriften.

Augustinus wurde zur prägenden Figur der christlichen Lebensführung. Voraussetzungen dafür finden sich in seiner eigenen Biographie, die von Nordafrika nach Italien, vom Ketzer zum Kirchenvater, vom Lüstling zum Asketen führte. Seine Bekehrung vom früheren heidnischen Manichäer, seine Wandlung vom kaiserlich geschätzten Rhetoriker zum Heiligen hat Augustinus selbst in seinen »Bekenntnissen«, am Ende des achten Buches, beschrieben. In einem Zustand religiöser Unruhe und Ungewissheit, so schreibt er dort, verließ er das Haus, in dem er in Mailand zu Gast war, und ging, gefolgt von seinem Freund Alypius, in den Garten. Als ihm sein religiöses Elend klar wurde, brach er in Tränen aus; er entfernte sich von Alypius, legte sich unter einen Feigenbaum, weinte und sprach zu Gott. Plötzlich hörte er eine Kinderstimme, die immer wieder rief: »Nimm und lies!« – »Tolle lege!« Da er etwas Ähnliches über den Wüstenheiligen Antonius gelesen hatte, verstand er, was gemeint war: Gott gab ihm den Befehl, ein Buch aufzuschlagen und die Stelle zu lesen, auf die sein Blick als erstes fallen würde. Er ging zu Alypius zurück, schlug die Paulusbriefe auf, die er bei ihm hatte liegen lassen, und las: »Nicht in Fressen und Saufen, nicht in Wollust und Unzucht, nicht in Hader und Neid, sondern ziehet den Herrn Jesus Christus an und pflegt das Fleisch nicht zur Erregung eurer Lüste« (Römer 13, 13-14). Nach dem Lesen dieser Stelle sei das Licht der Gewissheit in sein Herz geströmt.

Augustinus wurde zuerst Mönch, dann Priester und Bischof, und verband priesterliches und mönchisches Leben. Zwar gelten die »Regeln Augustins« als Ordensregeln nicht als historisch gesichert, dennoch konnte Augustinus zum Vorbild werden, als das Bedürfnis nach Ordnung allgemein wuchs. In der Übersetzung der Augustinerregeln nach Adolar Zumkeller heißt es:

> Wenn solchen, die aus einem weichlicheren Leben ins Kloster gekommen sind, an Nahrung, Kleidung oder Bedeckung etwas gegeben wird, was den Stärkeren, und eben deshalb Glücklicheren, nicht gegeben wird, so müssen letztere bedenken, wie weit jene von ihrem weltlichen Leben bis zu ihrem gegenwärtigen bereits herabgestiegen sind, wenn sie auch die Anspruchslosigkeit [frugalitas] der andern, körperlich Stärkeren noch nicht erreichen konnten.

Wer demnach ein wahrhaftiger Christ werden wollte, ging ins Kloster. Als abendländische Regel für das Klosterleben durchgesetzt hat sich allerdings seit dem 6. Jahrhundert n. Chr. diejenige des Benedikt von Nursia. Benedikt, der in Rom studierte, entfloh der Sittenlosigkeit seiner Umgebung zunächst in eine Höhle in den Bergen östlich von Rom. Als Eremit erhielt er dann die Einladung, ein Kloster neu zu ordnen. Nicht alle waren davon begeistert, einige Mönche wollten ihren neuen Abt sogar mit vergiftetem Wein beseitigen.

Benedikt bestimmte das Mönchstum als wahrhafte Suche nach Gott. Im 6. Jahrhundert, einer Zeit schon nach dem Zusammenbruch des Römischen Reiches, des Umbruchs und der Völkerwanderungen, gaben sich viele Klöster eine eigene Regel, damit wenigstens bei ihnen Einheit und Ordnung herrsche – man suchte sich zunächst aus allen Regeln, was am besten passte. Dass schließlich ein einheitliches abendländisches Mönchstum entstand, war die Folge dieses lebendigen Prozesses.

»Kloster der Seele« und »Tempel des Gottes ›Bauch‹«

Eine für die Stellung zur leiblichen Lust und die Ernährung aufschlussreiche Quelle ist die Schrift »De claustro animae« – »Das Kloster der Seele« des hochmittelalterlichen Abtes Hugo de Folieto. Von Hugo de Folietos Leben ist sicher bekannt, dass er um 1152 die Klostergemeinschaft Saint Laurent übernahm, um 1160 das genannte Werk schrieb und 1172 starb. Sein Werk fasst Augustinische und Benediktinische Regeln zusammen und steht für eine Reform des Klosterwesens und des Mönchstums, welche das 12. Jahrhundert insgesamt kennzeichnete.

Das in Hugos Schrift beschriebene und gerühmte, abgeschiedene Leben ländlicher Klöster ist fundamental unterschieden etwa von jenem eines Klerikers in einem reichen Chorherrenstift einer Bischofsstadt: streng reguliert, von Entbehrungen gekennzeichnet und die Mönche haben kein persönliches Vermögen. Strenge Askese und geistliche Zucht sind verbunden mit teilweise harter körperlicher Arbeit zur Bestreitung des eigenen Lebensunterhaltes. Reichtum und äußerlicher Prunk können dabei nicht entfaltet werden, auch wenn uns heutigen Kinobesuchern aus der Verfilmung von Umberto Ecos »Name der Rose« der hoffärtige Prunk der Dominikaner im Kontrast zur Franziskanischen Bescheidenheit vor Augen geführt wird. Die Klosterbewohner werden von Hugo de Folieto verglichen mit den Kindern Israels in der Wüste, welche sich nach den Fleischtöpfen Ägyptens zurücksehnen. Natürlich war das nur im übertragenen Sinne gemeint. Für die Klöster an den Rändern der damals bekannten Siedlungsgebiete war es notwendig, die menschlichen Grundbedürfnisse streng zu regulieren, um mit den knapp vorhandenen Ressourcen haushalten zu können. Essen, Kleidung und Wohnraum waren streng rationiert und auf das Nötigste beschränkt. Bei den Mahlzeiten wurde in der Regel auf Fleischkonsum verzichtet und die Anzahl und Auswahl der täglichen Speisen war genau vorgeschrieben. Die Kleidung bestand aus Wolle, das Wollgewand der Mönche wurde sogar zum Kennzeichen ihrer Lebensweise. Im klösterlichen Bauwesen wurde in strenger Auslegung der Regeln Augustins und Benedikts auf jeden entbehrlichen Luxus der Ausstattung verzichtet.

Hugo de Folieto führt aus:

Vier Dinge gilt es für uns beim Besitz von Sachen zu beachten: Dass wir nicht Erlaubtes unrechtmäßig erwerben oder das rechtmäßig Erworbene auf unerlaubte Weise genießen; dass wir nicht vieles, obwohl es erlaubt ist, besitzen oder das Unerlaubte auf erlaubte Weise verteidigen. Denn auf schlechte Art erwerben oder auf schlechte Art Erworbenes gebrauchen macht aus dem Erlaubten das Unerlaubte. Vieles zu besitzen jedoch kommt der Begehrlichkeit nahe, und so kommt es, dass wann immer das, was zu sehr geliebt wird, auf schlechte Art verteidigt zu werden pflegt, es gewöhnlich zwei Dinge sind, die unerlaubt erworben werden: nämlich die Begehrlichkeit und der Hochmut, und zwei weitere, die mit dem Erworbenen schlecht umgehen, nämlich die Gefräßigkeit [gula] und die Üppigkeit [luxuria]; es gibt zwei, die auf schlechte Art besitzen wollen, nämlich der Verschwender und der Habsüchtige, der eine, um zusammenzuhäufen, der andere, um zu verschwenden; und zwei sind es, welche den Besitz verteidigen, nämlich die Maßlosigkeit [intemperantia] und die Klugheit der Welt. Der Hochmut hat dem Teufel den Himmel verschlossen, die Gefräßigkeit hat dem Urvater das Paradies weggenommen, die Habsucht hat den Reichen in die Hölle gebracht, die Maßlosigkeit jedoch verdirbt bis heute die Welt.

Drei Maximen bestimmen die Nahrungsaufnahme für den Mönch: Nur nicht das »Falsche« essen, zur falschen Zeit oder über das Maß hinaus. Dabei wird die Erbsünde Adams und Evas keineswegs als symbolischer Akt, nämlich vom »Baum der Erkenntnis« essen zu wollen, verstanden. Hugo deutet sie vielmehr als schlichte Gier und Gefräßigkeit. Adams Fall wird zur wiederholten Verfehlung der Menschen im Alten Testament stilisiert. Und daraus leitet sich wiederum ein konkreter Kanon an erlaubten Speisen und dem zuträglichen Maß dafür ab.

> Adam hat das Gebot des Herrn überschritten; Jonathan hat gebrochen, was die Menge des Volkes innehielt; Israel wurde im Überfluss der Speise irre geleitet. So hat also das Übertreten des Gebotes die Vertreibung eingebracht; die Missachtung des allgemeinen Befehls den Fluch; der Überfluss den Tod. In diesen Sachen, Brüder, werden wir täglich irre geleitet, wenn wir mit Israel in der Wüste murren und nach den Fleischtöpfen Ägyptens seufzen und die Vorschriften der Prälaten überschreiten und das, was gemeinsam von den Brüdern eingehalten wird, nachlässig befolgen.
>
> Nun wollen wir übergehen zu dem, was das gute Maß [mediocritas] den Brüdern als Lebensunterhalt zugestehen soll: Die Früchte der Bäume und jene, die der Erde entstammen, sollen gebraucht werden; die Speisen davon sollen mit Butter, Öl oder Milch, nicht aber mit Fett zubereitet werden. Vom Fleisch sollen sie sich enthalten, falls dies nicht aufgrund der Notwendigkeit oder eines Dispenses irgendwo außerhalb des Konvents zugestanden wird. Wein sei den Brüdern im Konvent gestattet, aber wir glauben, wir müssen überaus vermeiden (was wir mit Zartgefühl sagen werden) dass nicht das, was barmherzig zugestanden wird, sozusagen als Schuld gefordert wird, wie es einige zu tun pflegen. Wir versprechen nämlich nicht, sondern gestehen zu. Wenn aber der Ort oder die Armut das, was wir zugestehen, abschlägt, so sollen sie ohne Murren das verwenden, was die Gegend oder der Besitz liefern. Niemand verstoße also gegen die Enthaltsamkeit unseres Vorsatzes, welcher von allen Arten von Speisen nur das Fleisch ausschließt, das übrige aber zugesteht und reichlich spendet.

Es wird deutlich, wie sehr der Begriff der Sünde und des Übels alle Maßnahmen und Vorschriften durchdringt und überformt und dass »Zartgefühl« von Nöten ist, wenn vom Weingenuss zu sprechen ist. Beim Zumessen der erlaubten Speisen hat nach Hugo der Grundsatz der »aequalitas«, der Gleichheit, im Sinne der Regel Augustins zu gelten. Die Nahrung ist dabei so aufzuteilen, dass alle Klosterbewohner entsprechend ihren persönlichen Bedürfnissen genug haben:

Beim Zumessen (der Speisen) soll Gleichmäßigkeit herrschen, nicht im Bezug auf die zugeteilte Menge, sondern auf die Hinlänglichkeit (für den einzelnen). Darüber sagt der selige Augustinus: ›Nicht allen in gleicher Weise, weil ihr nicht alle die gleiche Gesundheit habt‹.

Die strikte Reglementierung, auch in der Zeiteinteilung, hat den Sinn, den Gebeten und der Arbeit – »ora et labora« –, dem Sinn des mönchischen Lebens, nicht im Weg zu sein:

Die Anzahl der Gerichte soll sorgfältig erwogen werden, damit nicht, falls du vielen ein einziges darbietest, es jemandem unwillkommen sei; oder du, falls du eine Mehrzahl von Gerichten zulässest, nicht dem Laster des Überflusses verfällst.

An den Fastentagen mögen zwei gekochte Menüs genügen, damit, wie der selige Benedikt sagt, die, ›welche das eine nicht essen können, durch das andere gestärkt werden mögen‹. Dazu kann aber ein drittes, bestehend aus Erdgewächsen oder aus irgendetwas anderem, was roh genossen werden kann (angeboten werden).

An den übrigen Tagen aber möge es wegen des Grundes, den wir oben angegeben haben, zur Stunde des Mittagessens [prandii] zwei gekochte Menüs, zum Abendessen [coena] aber ein rohes und ein gekochtes nach dem Willen des Anordnenden geben.

Von entscheidender Bedeutung der christlichen und mönchischen Vorschriften ist, so Hugo, die Vermeidung des Missbrauchs:

Wenn du aber liest, dass Jonathan beim Kosten des Honigs (1Reg 14), Esau beim Linsengericht (Gen. 25), die Bewohner Sodoms im Überfluss des Brots (Gen. 13) sich versündigt haben, kannst du dann glauben, dass es ohne Gefahr sei, so viele Speisen von Fleisch, so viele Arten von Fischen, so viele verschiedene am Fett gebackene Gerichte zu genießen? [...] Denn ›Die Speisen sind für den Bauch da und der Bauch für die Speisen! Aber Gott wird jenen wie diese vernichten!‹ (1Cor. 6). Denn ›er tötete die Fetten unter ihnen und brachte die Auserwählten Israels zu Fall‹ (Ps. 78,31), und ›deren Gott der Bauch ist, und ihr Ruhm liegt in ihrer Schande‹ (Phil. 3).

In seinem Eifer identifiziert Hugo, unter Hinweis auf den Apostel Paulus, die Lust des Essens mit einem Götzendienst, was gleichbedeutend ist mit der Verletzung der obersten der zehn Gebote. »Du sollst keine anderen Götter haben« und »dir kein Bildnis machen«:

Der Tempel des Gottes ›Bauch‹ aber ist die Küche, sein Altar der Tisch, seine Diener sind die Köche, seine geopferten Tiere die gekochten Fleisch- stücke, der Rauch seiner Brandopfer ist der Wohlgeruch der Delikatessen. Dies wird nicht in Jerusalem gebaut, sondern in Babylon, denn: ›deren Gott der Bauch ist, und ihr Ruhm liegt in ihrer Schande‹ (4Reg. 25).

Das ursprünglich asketische Mönchstum, wie es Hugo de Folieto ausgeführt hat, war schon vor seiner Zeit dem Verfall ausgesetzt, ja hatte sich ins Gegenteil verkehrt und führte zu vehementer Kritik aus den eigenen Reihen. Als Inbegriff für mönchisches Wohlleben bis hin zur Völlerei galt ab dem 12. Jahrhundert das burgundische Klosterimperium Cluny, über dessen Sitten Bernhard von Clairvaux, der Begründer des Zisterzienser-Ordens, schreibt:

Bei Tisch ist die Luft erfüllt von albernem Geschwätz, Gelächter und leerem Gerede und so gierig die hungrigen Schlünde die Speisen verschlingen, so begierig berauscht sich das Ohr an Bedeutungslosigkeit. Unaufhörlich folgt Schüssel auf Schüssel.

Er fasst seine Vorwürfe an das Kloster Cluny zusammen: Maßlosig- keit (intemperantia) beim Essen und beim Trinken, bei der Kleidung und beim Bettzeug, bei den Pferdemonturen und beim Errichten der Gebäude.

Weil die Mönche von Cluny, nicht zuletzt wegen der fehlenden körperlichen Arbeit, wenig Appetit entwickelten, gefielen sie sich in einer vielfältigen, dem Gaumen schmeichelnden Zubereitung der Speisen nach vielerlei Rezepten. Bernhard meint dazu:

Wer vermag zum Beispiel aufzuzählen, auf wie viele verschiedene Weisen (um von den übrigen zu schweigen) allein die Eier hin- und hergedreht und gequält werden; mit welchem Eifer wendet man sie und wendet sie um, rührt man sie ein, härtet oder hackt sie, backt oder brät und füllt man sie; man tischt sie bald allein, bald mit anderen Speisen auf. Und warum das alles, wenn nicht zu dem einzigen Zweck, den Überdruss zu vermeiden? Dann bemüht man sich, die Dinge auch dem äußeren Ansehen nach so gut zu präsentieren, dass nicht nur der Geschmackssinn, sondern

auch das Auge entzückt wird, und obwohl der Magen schon mit mehreren
Rülpsern angezeigt hat, dass er voll ist, ist doch die Neugier noch nicht
gestillt. Doch während die Augen durch die Farben, der Gaumen durch
den Wohlgeruch verführt wird, wird der Magen, dem keine Farben leuch-
ten und den keine Wohlgerüche liebkosend streicheln, wenn er gezwungen
wird, dies alles aufzunehmen, eher bedrückt und stark überladen, als
gestärkt.

Auch die Trinkgebräuche dieser Mönche sind für Bernhard von einer unerträglich feinschmeckerischen Genussfreude, bei dem sich
ein an den Tafelsitten der Edelleute geschultes Verhalten bemerkbar
macht, das schlecht in ein Kloster passt:

> Du siehst, wie während einer einzigen Mahlzeit drei- oder viermal ein
> halbvoller Kelch gereicht wird, damit (nachdem verschiedene Weine eher
> nur gerochen als richtig getrunken, und weniger eingeschlürft als nur mit
> den Lippen berührt worden sind) durch kundiges Kosten und schnelles
> Unterscheidungsvermögen endlich der eine von den mehreren ausgelesen
> werden kann, der am stärksten ist. Wie aber verhält es sich damit, dass
> es (wie man vernimmt) in einigen Klöstern Brauch ist, an den hohen
> Festtagen im Konvent die Weine mit Honig vermischt und mit Gewürzen
> bestreut zu trinken? Sollen wir auch hier etwa sagen, dies geschähe wegen
> der Schwäche des Magens? Ich glaube vielmehr, dies diene zu nichts
> anderem als dazu, dass mehr und mit größerem Genuss getrunken wird.
> Aber wenn die Adern vom Wein angeschwollen sind und im ganzen Kopf
> zucken, was anderes wird dann dem, der so aufsteht, gefallen, als sich
> ins Bett zu legen? Wenn du aber den, der noch nicht verdaut hat, zwingst,
> sich zu den Vigilien zu erheben, dann wirst du aus ihm nicht einen
> Gesang, sondern ein Gejammer herauspressen.

Ist die so beschriebene mönchische Völlerei wiederum eine Flucht
ins Diesseits vor der asketischen Flucht ins Jenseits? Dabei ist zu
bedenken, dass die Mönche im Mittelalter, neben den arabischen
Gelehrten, die wichtigsten Überlieferer des antiken Wissens und
der antiken Schriften waren. Die antike Ethik kannte zwar Fehl-
verhalten, aber das Konzept der Sünde war ihr fremd. Es wäre insoweit nicht verwunderlich, wenn Anregungen daraus auch beim
Lebenswandel die asketischen christlichen Vorschriften da und dort
gelockert hätten.

Kulinarisches Mittelalter

Wie in der Philosophie, so verhält es sich auch beim Kulinarischen. Eine einheitliche Küche durch die Jahrhunderte, die als das Mittelalter gelten, gibt es nicht. Zudem gab es bedeutende Unterschiede, was auf den Tafeln der Herren – und als solche galten Adelige, Landbesitzer, jene die Verfügungsgewalt inne hatten, Geistliche und Freie – oder auf den Tischen der weniger Begüterten und der Bauern – dazu zählte jeder, der in Abhängigkeit von seinem Lohnherrn auf dem Land arbeiten musste – an Speisen zu finden war.

Zwar ist es mit dem Einzug der Barbaren in die römischen Provinzen nicht ganz vorbei mit der feinen römischen Kultur, doch hört sie auf in ihrer alten Form zu bestehen. Gaumen und Sitten der Germanen sind von grober Natur. Von guter Küche und feiner Lebensart wissen sie nichts und die Köche haben erst einmal ausgedient. Die Küche der barbarischen Stämme ist derb und einfach und als Zubereitungsarten sind ihnen nur einfache Koch- und Bratmethoden bekannt.

Die Hauptnahrung im Mittelalter, vor allem bei der Landbevölkerung und den weniger Begüterten war Getreide, viel mehr Getreidesorten als wir heute noch essen. Verspeist wurden diese bei den Armen weniger als Brot, sondern vor allem gekocht, als Brei: Mus, »mos«, »muos«, »muas« in den unterschiedlichsten Variationen, von der einfachen Hafergrütze bis zum gewürzten und gesüßten Weizenbrei, je nach Stand und Geldbeutel. Denn beileibe war nicht jeder Brei für jeden gut, wie ein irischer Gesetzestext aus dem 8. Jahrhundert wiedergibt.

> Die Kinder der unteren Schichten bekommen gerade ausreichend viel Brei aus Hafermehl und Buttermilch oder Wasser, zu dem alte Butter gegeben wird. Die Söhne der Oberschicht bekommen Brei satt, aus Gerstenmehl und frischer Milch, dazu frische Butter. Die Söhne von Königen bekommen Brei aus Weizenmehl und frische Milch und Honig.

Nach der sozialen Schicht richtete sich auch die Zukost. Bei den Bauern und den niederen Ständen war sie hauptsächlich vegetarisch: Kohl, Rüben, Erbsen, Linsen, Bohnen, allerlei anderes Gemüse aus dem Garten und alles, was Wald und Flur an Essbarem hergaben.

Wildbret dagegen war dem Adel vorbehalten, denn nur dieser hatte das Jagdprivileg. Das wichtigste Zuchttier war das Schwein. Es lieferte Fleisch, Speck und Schmer und sogar sein Blut, welches man bei Rind, Schaf und Ziege verschmähte, wurde verwendet, um daraus Würste zu machen.

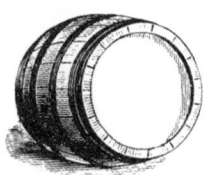

Die Entwicklung der Esskultur und als Basis dafür die Entwicklung von Gartenbau, Ackerbau und Viehzucht im Mittelalter geht mit der Entwicklung der Klöster einher. Mönche, die zur Christianisierung gen Norden zogen, brachten römische Kultur mit. Sie mussten sich selbst versorgen und aus kleinen Gruppen, die mit dem Ackerbau begannen, entwickelten sich im Laufe der Zeit durch Wissen und Ressourcen Gemeinschaften, die zur Wiege der abendländischen Kultur wurden. Und welche Genüsse für den Leib, die auch Seele und Geist erfreuen, sind nicht in Klöstern entstanden: kräftige Biere, würziger Käse, wohltuende Kräuterliköre, leckere Schokolade und sogar die Erfindung des Whiskys wird den Nachfolgern des heiligen Benedikts in Schottland zugesprochen. Und nicht zuletzt ist der Champagner das Zufallsprodukt eines gewissen Dom Pérignon, eines Benediktinermönchs in Frankreich, als er im Weinkeller experimentierte. »Freunde, seht, ich trinke Sterne!« soll er ausgerufen haben, als er ihn das erste Mal probierte.

Nun ist die Klosterküche ohne Fastenspeisen nicht denkbar, denn Fasten, ja überhaupt Enthaltsamkeit war vor allem vor der Reformation wichtigster Bestandteil der Klosterregeln und des christlichen Glaubens, wird es doch als eine Art Beten mit Körper und Seele verstanden. Gar harte Fastenregeln befolgten einige Ordensgemeinschaften: so verzichten die Kartäuser vollkommen auf Fleisch und die Camaldulenser darüber hinaus auch auf Milch, Butter, Käse und Eier. Unter besonderen Umständen allerdings gestatteten die Päpste Ausnahmen von den strengen Fastenregeln. War ein Pfarrer oder ein Mönch auf Reisen, so war er von den harten Auflagen in gewissem Maß entbunden, ja selbst ganzen Völkern wurden Sonderregelungen zuerkannt:

> *Als nämlich den Deutschen, weil sie an vielen Orten des Öls, guten Obstes und der Fische ermangeln und aber doch der Handarbeit sehr obliegen müssen, ist ihnen von den Päpsten erlaubt, an den Fasttagen Eier, Milch, Butter, Käse und nach Gelegenheit auch etwas Speck zu essen.*

*Die Spanier, weil in dem Mittel-Land fast gar kein frischer Fisch
bei ihnen gefunden werde, mögen wohl des Sonnabends die Köpfe,
Füße und Eingeweide von den Ochsen und Kälbern essen.*

*In Frankreich wird an den Fasttagen ein gewisser schwarzer Vogel, zu
Paris »la Macreuse«, von anderen »le diable de la mer« genannt, welcher
einer Ente nicht viel ungleich ist, zu essen zugelassen, und sagt man, dass
es darum geschehe, weil dieser Vogel ein gar kaltes oder
vielmehr ein nach Fischtran schmeckendes Fischblut habe und auch in allen seinen Eigenschaften mit dem Fischblut übereinkomme.*

So bezogen sich Fastenregeln nicht nur auf einen Zeitabschnitt, sondern unterschieden sich auch nach Bevölkerungsgruppen. Nach der
Benediktinerregel war den Mönchen der Verzehr von vierfüßigen
Tieren verboten. Ob das nun auch das Geflügel betraf, war lange Zeit
strittig, bis der gelehrte Abt von Fulda und spätere Bischof von
Mainz, Hrabanus Maurus, im 9. Jahrhundert die Lösung fand: Da
Gott die Vögel am selben Tag wie die Fische erschaffen hatte und sie
ebenfalls aus der Tiefe des Meeres hervorkommen, dürfen Hühner,
»aus der Tiefe des Suppentopfes« hervorkommend, ebenfalls verzehrt werden.

Beliebte Fastenspeisen, mit ähnlichem Hintergrund, die allerdings weder unserem heutigen Geschmack noch unseren ethischen
Vorstellungen entsprechen, waren Frösche, Otter und Biber. Sie
kamen aus dem Wasser, wurden also den Fischen zugerechnet und
fielen deshalb nicht unter das Fastengebot. Der Biber wurde meist
stundenlang in Wasser, Wein oder in Erbsbrühe gekocht, mit vielen Gewürzen, Kirschmus, Honig und Pfefferkuchen. Selbst für
den Biberschwanz gab es eigene Rezepte: Er wurde zum Beispiel
mit Salbei besteckt, auf dem Rost gebraten, mit Pfeffer gewürzt
und mit Butter übergossen.

Es gibt genügend glaubwürdige Berichte aus der Vergangenheit,
die belegen, dass es unsere Vorfahren gut verstanden haben, den
Buchstaben der geltenden Fastenregeln zu entsprechen, zugleich
aber ihrem Geiste heftig zu widersprechen. Vor allem in den Klöstern mangelte es nicht an Einfallsreichtum, die strengen Fastenord-
nungen zu umgehen. Dort war man sehr findig in der Verwandlung
verbotener Speisen. Schnell wurde Fleisch mal zu Fisch, indem man
Gehacktes, oft sogar vom Kalb, als Pastete in Fischform auf den
Tisch brachte, oder Faschiertes in der Gestalt von Pilzen, wie etwa

als Morcheln. Manche Gerichte boten sich ja auch geradezu an Unerlaubtes darin zu verstecken, wie die Maultaschen, die nicht umsonst heute noch unter dem Spitznamen »Herrgottsbscheißerle« bekannt sind. Auch mit starkem Bier und sogar mit Marzipan, welches bei weltlichen und geistlichen Fürsten gleichermaßen beliebt war, rettete man sich über die harten Fastentage hinweg.

Dass die Herren auch an Fasttagen zu tafeln wussten, geben die Aufzeichnungen des italienischen Historiographen Salimbene von Parma wieder. Bei einem Besuch des französischen Königs Ludwig IX., des Heiligen, 1248 im Franziskanerkloster von Sens, wo er mit den Oberen des Franziskanerordens speiste, wurde Folgendes aufgetragen: zuerst »Kirschen, dann Weißbrot, vorzüglicher Wein, junge dicke Bohnen in Milch gekocht, Fische und Krebse, Aalpasteten, Reis mit Mandelmilch und Zimt, gebratene Aale mit erstklassiger Sauce, Torten, Kuchen und schließlich Früchte«.

So hatte die Küche im Mittelalter bereits nicht nur viele exquisite Köstlichkeiten zu bieten, sie war auch gut gewürzt, denn längst hatten exotische Gewürze den Weg nach Europa in die Töpfe, aber auch in die Klosterapotheken gefunden.

Zimt, Nelken, Koriander, Ingwer, Gelbwurz, Kreuzkümmel, Muskatnuss, Lavendel, Salbei, Sesam, Mohn, Myrrhe und natürlich Pfeffer aller Arten und noch vieles andere mehr. Eine wahre Sinfonie der Düfte mag da durch Vorratskammern und Küchen so mancher Klöster und reicher privater Haushalte geschwebt haben, anregend für die Sinne und wohltuend für den Leib.

Bernhard von Clairvaux waren diese »Pfeffersäcke« allerdings zutiefst suspekt, denn die Gewürze würden den Gaumen erfreuen und Begierden erwecken. Und da auch der Mönchsvater Benedikt in seinen Regeln vorschrieb, Ordensleute sollten immer ein Leben führen wie in der Fastenzeit, war der regelwidrige Umgang mit kulinarischen Genüssen für die Benediktiner und alle Angehörigen späterer Orden ein Spiel mit dem (Fege-)Feuer.

Aus den von Benedikt vorgeschriebenen, zwei gegarten Speisen entwickelten sich nach und nach zwei, drei bis vier Gänge mit mehreren Gerichten. Und in dieser Weise schwelgten auch Adel und Patrizier. Doch entsprach die Speisenfolge der einzelnen Gänge nicht unserer heutigen klassischen Einteilung. Süßes und Salziges, Fisch und Fleisch kamen gemeinsam auf den Tisch. Nur frisches Obst, Süßspeisen wie Kompotte oder süßes Gebäck standen fast immer am Ende einer Mahlzeit. Wie auch im alten Rom und Griechenland wurde die Hauptmahlzeit am Abend eingenommen, je nach Jahreszeit zwischen drei und sechs Uhr. Zur vorherigen Vesper war es üblich nur Wein zu reichen, in den man Brotstücke tunkte, während das Frühmahl, welches wohl unserem Mittagessen gleichzusetzen ist und schon gegen neun Uhr morgens eingenommen wurde, mehrere Gänge umfasste. Zur ersten Mahlzeit des Tages, also das, was wir heute als Frühstück bezeichnen, gab es Getreidebrei, oft trank man aber auch nur einen Becher Wein.

Einige der in der Antike praktizierten Tafelsitten waren im Mittelalter wieder verschwunden. So etwa die Serviette, die zwar gelegentlich durch ein Mundtuch ersetzt wurde, doch meist wischte man sich Hände und Mund am Tischtuch ab, welches allerdings nicht die ganze Tafel bedeckte, sondern ringsum an den Kanten befestigt war. Oft waren in die Tischplatten auch Vertiefungen geschnitzt, um die Speisen aufzunehmen. Brotscheiben oder eigens dafür gebackene und ausgehöhlte Brotlaibe, die sich je nach sozialem Stand in Größe und Qualität unterschieden, ersetzten Teller und häufig auch Löffel. Wurde dieses Essgerät zwar schon im alten Rom in verschiedenen Formen mit unterschiedlichen Funktionen gebraucht, so aß man im Mittelalter hauptsächlich noch mit den Fingern. Mit Brot wurden die dickflüssigen Saucen, eintopfartigen Suppen, Ragouts oder zu Brei verkochten Gemüse auch aus Schalen, meist aber  aus einer großen gemeinsamen Schüssel getunkt. Benutzte man Löffel, waren sie meist aus Holz oder Bein. Zum Zerteilen des Fleisches, welches einem der Tranchiermeister oder der dieser Kunst mächtige Hausherr auftat, also auf das Brot legte, brachte in vornehmen Kreisen jeder Gast sein eigenes Tischmesser mit. Es steckte in einer Scheide, die am Gürtel getragen wurde, und meist war der Griff reich verziert, denn für alle sichtbar sollte er Reichtum und Rang des Trägers dokumentieren, war also so etwas wie die Rolex des Mittelalters.

Im 11. Jahrhundert verfeinerten sich die Esssitten der Adligen und Reichen, als auch Damen zu Tisch gebeten wurden und der Frauenkult begann. Doch wurden die Speisen weiterhin mit den Fingern zum Mund geführt, wenn man auch zierlicher in die Schüsseln griff: nicht mehr mit der ganzen Hand, sondern mit drei Fingern, und der höfische, welterfahrene Mann spreizte den kleinen Finger und den Ringfinger ab, wenn er zugriff, das galt als artig.

Die Gabel kann sich fast bis zum 17. Jahrhundert nicht überall durchsetzen. Ja sie wurde geradezu verteufelt, denn ihrer Zinken wegen wurde sie in ihrer Ähnlichkeit mit dem Dreizack des Höllenfürsten als Teufelszeug gemieden. Auch setzte man sich nun zu Paaren an die Tafel. Es hätte als übles Benehmen gegolten, wenn ein Ritter nicht jene als Tischdame zur Seite gehabt hätte, die er verehrte. Beide aßen aus einer Schüssel und tranken aus einem Becher. Wie in der Antike war die Handwaschung eine besondere Zeremonie. Parfümiertes Wasser wurde vorher und nach dem »Aufheben der Tafel« gereicht. Eine Redewendung, die man heute noch kennt und dem Umstand zu verdanken ist, dass die Tischplatten damals auf Böcken lagen. War die Mahlzeit beendet, hob man sie auf und trug sie hinaus. Die Bänke wurden an die Wände gerückt und so entstand genügend Platz für die »mittelalterliche Dinnerparty«, für den Auftritt von Spielleuten und Gauklern, für Gesang und Tanz. So vornehm zu speisen wusste auch der Klerus, nur Damen waren bei den geistlichen Herren wohl eher seltenere Gäste.

Fasten aus den verschiedensten Gründen nahm einen großen Teil des kirchlichen Jahres ein. Die längste Fastenperiode von 40 Tagen beginnt am Aschermittwoch und dauert bis Ostern. Und so nimmt die Fastenküche in alten Kochbüchern einen umfangreichen Platz ein. Wenn man von den losen Blattsammlungen für Eingeweihte aus den mittelalterlichen Klosterbibliotheken absieht, gilt die »Würzburger Pergamenthandschrift«, die der fürstbischöfliche Protonotar Michael de Leon um 1350 zusammenstellen ließ, als die älteste Sammlung deutschsprachiger Kochrezepte. »Daz bouch von gouter spize« besteht aus 96 Rezepten und darin finden sich auch Fastenrezepte.

Ein muos

So du wilt machen ein guot vastenmuos, so nim bersige vnd dicke mandelmilich drunder vnd suedez wol in mandelmilich vnd tuo denne zvcker dor vf. Daz muos sol heizzen von Jerusalem. vnd daz izzet man kalt oder warm.

Brei und Mus gab es, wie schon erwähnt, in den verschiedensten Varianten, doch die Suppe, wie wir sie heute kennen, als appetitanregender, selbstständiger Gang zu Beginn eines Mahls, war nicht üblich in der mittelalterlichen Speisenfolge. Wohl wurde zwar die Flüssigkeit, in der Gemüse, Fisch oder Fleisch gekocht wurde, nicht weggeschüttet, doch nahm man sie, um Brot darin einzuweichen oder um Brei zu kochen. Üblich waren Ragouts oder dicke Eintöpfe, die im Kessel über dem Feuer tagelang vor sich hin brodelten, denen immer wieder neue Zutaten, wie Körner, Hülsenfrüchte, Gemüse, Kräuter, Fleisch oder Knochen oder Fisch hinzugefügt wurden und Wasser, wenn sie gar zu dick einkochten. Und wenn als etwas Besonderes doch eine Suppe gereicht wurde – eine dünnflüssige Brühe mit Einlage oder eine süße Suppe aus Milch und gemahlenen Mandeln, gewürzt mit Honig und Zimt –, so um die Verdauung anzuregen, am Ende des Mahles.

Die hohe Schule der Suppenküche, die Einteilung nach Konsistenz, Zutaten und Zubereitung von der Consommé bis zur Velouté blühte ab dem 19. Jahrhundert. Aus dieser Zeit stammt zwar auch das folgende Rezept mit dem wir unsere Auswahl an Fastenspeisen beginnen. Seiner Konsistenz nach wäre es auch als Ragout oder Eintopf zu bezeichnen. Dank seiner Einlage von Austern und Süßwasserkrebsen, die zu den gebräuchlichsten Nahrungsmitteln in der fleischlosen Zeit gehörten, wurde es aber sicher in ähnlicher Form bei einer mittelalterlichen Tafel aufgetischt.

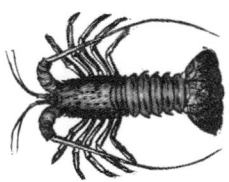

Domherrensuppe

Es werden drei Dutzend frische Austern von den Schalen und vom schwarzen Bart befreit und samt dem Saft in eine Kasserolle gegeben. Sodann werden drei Rutten gut gereinigt, in Salzwasser abgekocht und samt den Lebern in Stücke geschnitten; nun ein Dutzend Krebse schön rot abgekocht, die Schweifchen und die Scheren herausgenommen und aus den Carcassen Krebsbutter bereitet. Ferner werden 12 Champignons weiß abgekocht, fein geschnitten und samt den Austern, Krebsschweifchen und Scheren in die Suppenterrine gelegt. Zu einer unterdessen bereiteten Fasten-Jus, einer hellen Gemüsebrühe aus Zwiebeln, Wurzelgemüse,

3 Dutzend frische Austern
1–3 Rutten mit der Leber,
ca. 3 kg
1 Dutzend Süßwasserkrebse
12 Champignons
1 l Fasten-Jus (-Schüh),
Gemüsebrühe
½ Flasche Rheinwein
Butter

Möhren, Lauch und Sellerie, gibt man die Essenz von den Austern und den Champignons und lässt die Suppe mit dem Aufguss von einer halben Flasche Rheinwein eine Stunde gut auskochen. Kurz vor dem Anrichten wird dieselbe mit der Krebsbutter im Geschmack gehoben, kochend heiß auf ein Sieb zu den anderen Beigaben geseiht und zu Tisch gegeben.

Krebsbutter besteht aus den feingemahlenen Carcassen gekochter Krebse, die mit Butter vermischt werden. Rutten gehören zu den Raubfischen und sind auch heute in unseren Flüssen und Seen noch zuhause. Ihr Fanggewicht liegt meist so um die 2,5 bis 3 kg, sodass für das obige Rezept ein Fisch genügt.

Spinatschnitten nach Art der Zölestiner

4 Scheiben grobes Landbrot, ca. 2–3 cm dick
100 ml Essig
10 g grobes Salz, 4 Eier
2 Knoblauchzehen
100 g Butter, am besten gesalzene
schwarzer Pfeffer
200 g Blattspinat
20 g Walnusskerne
2 kleine Schalotten
50 ml Weißwein
20 ml Essig

Die Brotscheiben etwa 1 cm von der Rinde entfernt circa 2 cm tief aushöhlen. Gehackten Knoblauch zart in 50 g Butter anschwitzen, den Spinat zugeben und behutsam dünsten, sodass die Flüssigkeit verdampft und der Spinat seine Farbe behält.

Für die »Beurre Blanc« die gehackten Schalotten mit Weißwein und Essig aufkochen, etwas einreduzieren, kurz abkühlen lassen und mit den restlichen 50 g Butter binden.

Die Brotscheiben rösten, währenddessen die Eier in einem hohen Topf in etwa 2 l Wasser mit 100 ml Essig je nach Größe mindestens drei Minuten pochieren. Den gedünsteten Blattspinat auf die getoasteten Brotscheiben verteilen, je ein Ei darauf geben, mit Beurre Blanc beträufeln und mit gehackten Walnüssen bestreut servieren.

Forellenmus (Mous vonn vischen)

1 kg Fisch (Forelle, Felchen, Schleie, Zander, Hecht)
½ l Wasser, Kräutersträußchen
½ l Milch, 70 g Mandeln
8 Scheiben Weißbrot
50 g Reis,Salz, weißer Pfeffer

Den Fisch filieren, das Fleisch fein hacken, die Fischabfälle (ohne Kopf) in Wasser mit einer Prise Salz und dem Kräutersträußchen kurz aufkochen und 15 Minuten ziehen lassen. Mandelmilch aus den fein gehackten Mandeln und der Milch kochen. Die Weißbrotscheiben in der Mandelmilch weichen lassen, den Reis in Salzwasser etwa 15 Minuten kochen. Den Fischfond durch ein feines Sieb passieren. Fischfleisch, Weißbrot und den Reis durch ein grobes Sieb in den Fischfond streichen. Unter ständigem Rühren nochmals aufkochen und mit der Mandelmilch zu einem cremigen Brei anmachen und mit Salz und Pfeffer abschmecken.

Sicherlich entspricht das folgende Rezept nicht mehr unserem heutigen Geschmacksempfinden, doch als Beispiel und vielleicht auch als kulinarisches Experiment ist es sicher interessant, denn es vereint wichtige Kriterien einer Fastenspeise. Es ist Fisch und trotzdem nahrhaft, auch durch die Mandelmilch, die aus der mittelalterlichen Küche nicht wegzudenken ist. Und durch die Verwendung von Zucker konnte die eigene Wohlhabenheit gezeigt werden oder die Ehre, die man einem Gast erwies, wenn man so ein teures Gericht auf den Tisch brachte.

Barsch in Mandelmilch und Zucker (Jerusalem spise)

Willst du ein gutes Fastengericht machen, so nimm Barsche und tue sie in dicke Mandelmilch und koch sie gar. Und dann tue Zucker darauf.

Das Fischfilet in der Mandelmilch fünf Ave Maria und fünf Vater Unser lang köcheln lassen. Mit Zitronensaft, Mandelaroma und Zucker abschmecken und warm servieren.

Mandelmilch ist eine der Grundzutaten der herrschaftlichen, mittelalterlichen Küche, ob in süßen oder salzigen Gerichten, als Milchersatz oder als wohlschmeckendes, sättigendes Getränk, das auch an Fastentagen nicht verboten war. Süße, gehäutete Mandeln wurden dazu im Mörser fein zerstampft, dabei oft mit Rosenwasser besprengt und anschließend mit frischem Brunnenwasser, einem Wein-Wasser-Gemisch oder mit Milch von der Kuh, vom Schaf oder von der Ziege, die als besonders gesund galt, vermischt.

600 g Barschfilet
150 g Mandeln
½ l Wasser oder Wasser
und Wein
3 El Zucker
einige Tropfen Mandelaroma

Gesüßt wurde im frühen Mittelalter ausschließlich mit Honig. Rohrzucker war zwar seit den Eroberungszügen von Alexander dem Großen bekannt und mit den Kreuzzügen verbreitete er sich in ganz Europa. Doch er blieb bis ins 19. Jahrhundert, als die industrielle Gewinnung von Zucker aus Zuckerrüben möglich war, ein Luxusgut, welches hauptsächlich medizinische Verwendung fand. 11 Pfund Zucker hatten Anfang des 15. Jahrhunderts noch soviel Wert wie ein Pferd.

Dieses nächste Rezept könnte eines jener Gerichte gewesen sein, welches zwar der Form nach den Fastenregeln entsprach, der Inhalt allerdings seine Genießer an das Tor zum Fegefeuer brachte: Fleischpastete in der Fischform gebacken.

Kalbfleischpastete mit Johannisbeercreme-Sauce (Kalf bastettem mit ribislbermous)

Für den Teig:
500 g Mehl
3 Eier
50 g Schmalz
2–3 El Wasser
Salz

Für die Füllung:
750 g Kalbfleisch aus der Schulter o. ä.
100 g durchwachsener Speck
100 g Champignons
2 Knoblauchzehen
1 Glas Weißwein
2 Eier
4 EL Schmalz
Salz, Pfeffer
je eine Prise Muskatnuss- und Nelkenpulver

Aus erwärmtem Schmalz, Mehl, Eiern (etwas Eiklar zurückbehalten), einer Prise Salz und evtl. etwas Wasser einen festen Teig kneten und gut zwei Stunden zugedeckt ruhen lassen. Kalbfleisch, Speck und Champignons zweimal durch die feine Lochung des Fleischwolfs drehen, die Eier und das Schmalz einarbeiten und mit Salz, Pfeffer, Muskatnuss, Nelkenpulver und Wein abschmecken. Den Teig ausrollen, eine gefettete Pastetenform, eine Kastenform oder eine Fischform damit auslegen und einen Rest für den Deckel zurückbehalten. Die Pastetenfüllung hinein geben, die Teigränder mit geschlagenem Eiklar bestreichen und mit einem Deckel aus Teig verschließen. Eine gute Stunde bei ca. 200 Grad im Ofen backen. Die Pastete nach dem Herausnehmen etwas abkühlen lassen vor dem Stürzen. Sie kann warm oder kalt gegessen werden.

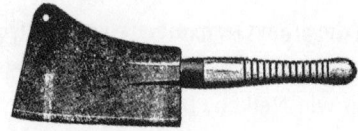

Johannisbeercreme-Sauce (Ribislbermous)

Die Johannisbeeren waschen, von den Stielen zupfen und in Wein und Wasser mit den Pfefferkörnern ca. 10 Minuten kochen lassen. Die Masse bis auf eine Hand voll Beeren durch ein Sieb streichen. Das Püree auf sanftes Feuer stellen, mit Honig und Ingwerpulver abschmecken und mit der Sahne binden.

250 g rote Johannisbeeren
125 g schwarze Johannis-
beeren
6 schwarze Pfefferkörner
¼ l Weißwein
¼ l Wasser
2 El Honig
Ingwerpulver
¼ l saure Sahne

Diese oder ähnliche Fruchtsaucen auch aus Kirschen oder Preiselbeeren mit den unterschiedlichsten Gewürzkombinationen wie Nelken, Zimt, Anis oder Safran waren beliebte Beigaben zu den verschiedensten Pasteten, zu Hühnergerichten oder in Eiermilch ausgebackenen Weißbrotscheiben, die man heute als »Arme Ritter« kennt. Damals hießen sie auch Probstsemmel, so überliefert aus dem Tegernseer Kloster, wo sie Pröbsten und Äbten auch als Beilage zu Gemüse oder Eintöpfen serviert wurden. Salzige Kuchen waren dazu ebenso beliebt.

Hirsebrei (Hirßbrey)

Um den etwas bitteren Geschmack der Hirse zu vermeiden, die Körner immer unter fließendem heißen Wasser waschen. Milch mit Butter, Honig und Salz aufkochen, die Hirse zugeben und etwa 45 Minuten bei schwacher Hitze quellen lassen bis ein sämiger Brei entsteht. Mit Zimtzucker, geschmolzenem Honig oder zu Kompott warm servieren. Nach Geschmack können auch gewaschene Rosinen oder Sultaninen mitgekocht werden.

1 l Milch
1 El Butter
3 El Honig
1 Tl Salz
200 g Hirse
30 g Zucker
1 Tl Zimt

Met und Bier

Als Getränk liebten die alten Germanen, sowohl das einfache Volk als auch der Adel, den Met. Dieser vergorene Honigwein, angereichert mit Gewürzen wie Nelken, Ingwer- oder Anispulver, sollte idealerweise aus dem Honig junger Waldbienen und nur mit frischestem Regenwasser hergestellt werden. Berühmt war der Passauer Met, von der Zunft der Metsieder. Schmackhafter Met wird heute auf vielen mittelalterlichen Märkten angeboten.

Bier wurde nachweisbar seit etwa 5000 bis 3000 v. Chr. von Sumerern, Babyloniern, Syrern und Ägyptern gebraut und natürlich auch von den barbarischen Stämmen. Als »barbarisches Getränk« kam es so bei den Römern in Verruf, weshalb diese dem Wein den Vorzug gaben, da die Bier trinkenden Gallier und Germanen Feinde waren. Bierbrauen oder -sieden oblag wie das Backen den Frauen und das über Jahrhunderte hinweg noch bis in die Zeit hinein, als es schon längst Brauereien gab. Luthers Zuneigung zu Katharina von Bora mag, wenn man ein wenig zwischen den Zeilen liest, zum Teil auch an ihrer Fähigkeit, so hervorragendes Bier zu brauen, gelegen haben. Auch die Bäcker versuchten sich eine Zeitlang am Braugeschäft, sie hatten ja eh schon Getreide im Haus, bis dann die ersten Brauereien entstanden.

Perfektioniert wurde die Braukunst allerdings von den Mönchen. Zum einen legten die Brüder großen Wert auf das Braugetreide, zum anderen konnten sich einige ausschließlich mit den Problemen beim Brauen beschäftigen, viele gingen dabei geradezu wissenschaftlich vor und wurden Spezialisten. So ist es nicht verwunderlich, dass das Bier der Mönche, aber auch der Nonnen weit besser war als alles, was außerhalb der Klostermauern gebraut wurde. Welche Bedeutung das Bier bereits im 9. Jahrhundert in den Klöstern hatte, zeigt die Planung einer neuen Klosteranlage des St. Gallener Abts Gozbert. Denn darin waren nicht weniger als drei Brauereien vorgesehen, mit allem, was dazu gehört, vom Kornspeicher bis zur Malzdarre. Die größte Brauerei sollte den Eigenbedarf von mehreren hundert Klosterinsassen decken. In der zweiten wollten die Mönche genügend Bier für die zahlreichen Pilger brauen und in einer dritten, kleineren, besonders gutes Bier für die vornehmen Gäste des Klosters. Das Bier hatte noch eine andere, für die strengen Fastenregeln der Klöster angenehme Nebenwirkung. Wenn man es kräftig braute, konnte man davon satt werden. Eine alte kirchliche Fastenregel sagt: *Liquida non fragunt ieiunium* – »Flüssiges bricht das Fasten nicht«. Und so konnten sich die von der Enthaltsamkeit geschwächten Gottesmänner »der Not ehorchend und nicht dem eigenen Triebe« mit einem kräftigen Bier während der wochenlangen Fastenzeit Stärkung verschaffen.

Bier aus Hafer und Gerste und von jedem sowohl einen besseren, als auch einen schlechteren Sud zu brauen war das gebräuchlichste.

Besonders gehaltvolles und gutes Bier nannte man Celia und es wurde aus Gersten- und Weizenmalz gebraut.

Das florierende Brauwesen, vor allem der Klöster, weckte bald die Begehrlichkeit der Landesherren, sie entdeckten darin schnell eine weitere Kuh, die man melken konnte und führten den Verkauf von Braurechten und Biersteuern ein. Außerdem behielten sie sich vor, dass nur in ihren eigenen Brauhäusern Bier aus Weizen gebraut werden durfte. Das gemeine Volk durfte Weißbier nicht einmal trinken, denn schließlich wurde es aus Weizenmalz gebraut und Weizen war viel zu wertvoll, um ihn in den Sudkessel zu schütten. Durch das Verbot sollte Weizen, vor allem bei einer schlechten Ernte, zum Brotbacken erhalten bleiben, um eine etwaige Hungersnot zu verhindern. Dieses Adelsprivileg fiel erst im 18. Jahrhundert, doch die der kirchlichen Herrschaft unterstehenden Klöster hatten sich zu keiner Zeit davon beeindrucken lassen.

Um den Rang der ältesten Klosterbrauerei Bayerns, Deutschlands, ja der Welt, gibt es zwei Bewerber. Im Freisinger Kloster Weihenstephan ist man stolz darauf, die älteste heute noch bestehende Klosterbrauerei zu betreiben. Die Verleihung des Braurechts geht auf das Jahr 1040 zurück, durch den Freisinger Bischof Engelbert. Doch mittlerweile gilt diese Gründungsurkunde bei vielen Fachleuten als Fälschung. Wegen eines Streits um Grund und Boden mit der Stadt Freising soll der damalige Abt des Klosters, Georg Tanner, im 17. Jahrhundert die Gründung der Brauerei um einiges vorverlegt haben. Und so wirbt nun das Kloster Weltenburg am Donaudurchbruch, bekannt durch bestes dunkles Bier, damit, die älteste Klosterbrauerei der Welt zu sein, denn das Weltenburger Kloster bekam das Braurecht bereits 1050. Sollte das Kloster Weihenstephan den Rang um die älteste Klosterbrauerei tatsächlich zwar knapp verfehlt haben, so ist es dennoch in aller Welt bekannt durch seine Schule für das Brauwesen und natürlich auch durch sein köstliches Bier.

Und wie schmeckte nun der Volkstrunk damals, der sich bis heute als beliebtestes Getränk behauptet hat? Da bis ins 14. Jahrhundert nur die obergärige Brauart bekannt war, Hygiene und die Versorgung mit den Grundstoffen wie Gerste, Hopfen, Malz und »sauberes« Wasser oft nicht gesichert war, es außer im Winter kaum Möglichkeiten zur Kühlung gab, können wir annehmen, dass das Bier aus dieser Zeit nicht sehr viel mit dem heutigen, oft aus Großbrauereien stammenden, meist dem modernen Einheitsgeschmack angepassten, mit Kohlensäure aufgepeppten Bier zu tun hat. Eine Ahnung davon, wie es damals geschmeckt haben könnte, bekommt man am ehesten, wenn man ein naturtrübes, obergäriges Bier aus Brauereien genießt, die die Tradition des Bierbrauens hochhalten.

Das obergärige und untergärige Brauverfahren unterscheidet sich hauptsächlich durch die Temperatur, bei der die Gärung abläuft. Geschieht dies bei obergäriger Brauweise, bei etwa 15 bis 20 Grad Celsius, so läuft der untergärige Brauvorgang bei circa 4 bis 8 Grad Celsius ab. Zwar war es seit dem 14. Jahrhundert bekannt, untergäriges Bier zu brauen, doch war dies, vor der Erfindung der industriellen Kältetechnik im 19. Jahrhundert nur in der kalten Jahreszeit möglich. Auf diesen Umstand weist heute noch der Ausdruck Märzenbier hin.

Einen entscheidenden Teil des Geschmacksunterschieds bewirkten allerdings auch die Zusätze, die das Gebräu auffrischen oder es haltbarer machen sollten, denn durch die obergärige Brauweise war es von geringer Haltbarkeit. Dazu wurde zum Beispiel oft Ochsengalle verwendet, mit der übrigens auch die Gründungsurkunde des Freisinger Klosters gefälscht worden sein soll. Das Reinheitsgebot gab es ja noch nicht und so fanden die ungewöhnlichsten Zutaten, die oftmals auch gesundheitsschädlich waren, den Weg in den Gerstensaft: Bilsenkraut, Wermut, Mohnsaft, Tollkirsche, Katzenhirn oder Ruß und Kreide. Zu hoffen ist nur, dass solch schauderhafte Beigaben Seltenheitswert hatten, wurde doch Bier mit Kräutern oder Gewürzen andererseits als wirkungsvolle Medizin geschätzt: Wacholderbier zur besseren Verdauung und gegen Gicht, Farnkrautbier gegen Galle- und Leberleiden und Lavendelbier gegen Epilepsie und Schlaganfall. Wann entdeckt wurde, welche Wirkung der Hopfen im Bier hat, ist nicht genau zu ergründen. Zwar wurde bereits im 8. und 9. Jahrhundert rund um Freising Hopfen angebaut, doch kann er auch ausschließlich als Medizinpflanze verwendet worden sein. Mit der Verordnung, die Wilhelm IV. am 23. April 1516 in Ingolstadt unterzeichnete, legte er den Grundstein für unseren heutigen Biergenuss. Hopfen wird dort mit Wasser, Gerste und Malz als einzige Grundstoffe für das Bier genannt. Der Begriff »Reinheitsgebot« für diesen Erlass entwickelte sich erst einige Jahrhunderte später. Zu Notzeiten, wenn Getreide knapp war oder wenn man sich kein Braugetreide leisten konnte, wurde auch häufig mit Brot gebraut. Das folgende sehr einfache Rezept für gegorenes »Brotbier«, das nur durch den Gebrauch von Trockenhefe modernisiert wurde, ist sicher ein interessantes Abenteuer zum Ausprobieren.

Gegorenes Brotbier

Das Brot grob in kleine Stücke schneiden und ca. eine Stunde in dem auf 100 Grad vorgeheizten Backofen gut durchtrocknen lassen. In einen großen, sehr sauberen, von allen Fett und Spülmittelrückständen gereinigten Topf, der 8 Liter fasst, 6 Liter Wasser zum Kochen bringen, das Brot hinein geben, einmal aufkochen und mit einem Küchentuch bedeckt mindestens 8 Stunden beiseite stellen. Dann den Inhalt des Gebräus in einen weiteren großen Topf oder eine Schüssel abseihen, am besten durch ein Baumwolltuch und das Brot gründlich ausdrücken, bevor es weggeworfen wird. Die Hefe und ¼ Tl Zucker in 4 El lauwarmem Wasser unter Rühren auflösen und etwa 10 Minuten an einem warmem Ort gehen lassen. Die Hefelösung dann mit dem übrigen Zucker in das Brotwasser rühren und weitere 8 Stunden, zugedeckt mit einem Tuch, ruhen lassen. Danach die Mischung abermals durch ein feines Tuch sieben und in einzelne Flaschen (etwa dreiviertel voll) oder in einen großen Ballon füllen. Dann die Rosinen auf die Flaschen verteilen. Die Gefäße mit baumwollenen Stoffstückchen, die man mit einem Gummiband oder einer Schnur über der Öffnung befestigt, verschließen und 3 bis 5 Tage an einem kühlen, aber nicht zu kalten Platz aufbewahren, bis die Rosinen an die Oberläche gestiegen sind und der Satz auf den Boden gesunken ist. Dann die klare bernsteinfarbene Flüssigkeit vorsichtig abgießen und in die gespülten Gefäße zurück gießen. Bis zum Verbrauch kalt stellen.

500 g Schwarzbrot
2 El Trockenhefe
225 g Zucker
4 El warmes Wasser, ca. 45°
2 El Rosinen

Dass Bier nicht nur als Getränk mundet, sondern auch Speisen einen besonderen Geschmack verleiht, beweist zum Beispiel der Schweinebraten in Biersauce, der heute auf keiner anständigen Speisekarte in Bayern fehlen darf. Doch nicht nur Pikantes, auch süße Eierspeisen schmeckten und schmecken auf der Basis von Bier. Wie zum Beispiel eine aufgeschlagene Eierspeise, ein Sabayon aus der Vorderwürze, um die man den Brauer in einer kleinen Brauerei sicher bitten kann. Sie lässt sich auch aus einem leichten hellen Bier oder einem Weißbier zubereiten.

Sabayon

250 g Zucker
oder Puderzucker
6 Eigelbe
250 g Vorderwürze oder
Bier
2 El Bierschnaps

Zucker mit den Eigelben aufschlagen, bis die Masse dick und weiß wird. Die Flüssigkeit zur Masse geben und im Wasserbad weiter schlagen, bis sie schaumig ist.

Die Bildung des Geschmacks in der Aufklärung

4

Der Geschmackssinn wurde von der Philosophie in seiner Bedeutung lange unterschätzt. Der Bittergeschmack, wie es die Naturwissenschaften heute bestätigen, ist geradezu ein Überlebenssinn. Extrem Bitteres ruft nicht nur einen natürlichen Abscheu hervor, sondern es schützt uns sogar ein Würgereiz davor Unbekömmliches oder Giftiges hinunterzuschlucken – wie die toxischen Zyanide, die in Bittermandeln vorkommen, oder etwa Schierling. Zwar hat der Renaissancegelehrte Paracelsus erkannt, dass alles, was wir zu uns nehmen, abhängig von der Menge, zum Gift für uns werden kann: »dosis facit venenium« – »die Menge macht das Gift«. Historisch gesehen werden aber erst relativ spät Geschmacksfragen reflektiert, um im 18. Jahrhundert alle anderen Bereiche der Zeit zu durchdringen.

Der Geschmack (»goût«) liegt in seiner Spontaneität einerseits vor aller Reflexion. In der Aufklärungszeit entstehen andererseits und zum ersten Mal ästhetische und erkenntnistheoretische Begriffe und Diskurse, die sich um den Geschmack drehen. Der Geschmacks*begriff* dient dabei sowohl als Markierung eines kulturellen, als auch eines sozialen Status. War noch um 1600 der »gourmet« ein beruflicher Weinverkoster, so wurde er bald zu demjenigen, der guten von schlechtem Wein unterscheiden konnte. Es entsteht »Kennerschaft«. Dabei diente der Geschmack als Mittel der sozialen Distinktion. Allerorts bildeten sich Feinschmecker heran, dank der Abhandlungen über die neue Kunst der »Gastronomie«, dank neu kreierter Genüsse und Geschmackserlebnisse bisher unbekannter Lebensmittel und Gewächse wie Kaffee und Kakao, Kartoffeln und Tomaten, Mais und Tabak.

In der ästhetischen und poetologischen Theorie des 18. Jahrhunderts ist Geschmack die Instanz, die die Autorität der Antike – und der Kirche – in Frage stellt. In dem Moment, wo Geschmack auf die allgemeine Ästhetik übertragen wird, fungiert er als Organ der Lust- und Unlustempfindung. Das Geschmacksurteil macht sich unabhängig von Dogmen und wird »unmittelbar«. Und nunmehr wird zwischen den Empfindungen selbst, nicht aber zwischen ihren Gegenständen differenziert.

Als der irische Philosoph George Berkeley die bestimmbaren Eigenschaften aller Dinge mit ihrem Wahrgenommensein für ein Bewusstsein identifizierte, formulierte er ein fundamentales und unwiderlegbares Prinzip der idealistischen Philosophie. »Esse est percipi« – »Sein ist wahrnehmen« – ein philosophisches Motto für die gastrosophische Zeitwende. Demnach wird Sein und Beobachtetsein (Denken) oder Ontologie und Epistemologie sowohl unterschieden als auch beides fundamental aufeinander bezogen. Nur dasjenige Sein kann *Bedeutung* haben, das auch beobachtbar ist. Das hat freilich weitreichende Konsequenzen bis in die Theologie. In – oberflächlicher – Ableitung ist für das späte 17. und das 18. Jahrhundert bereits gültig, was auch für unser gegenwärtiges »mediales Zeitalter« gilt: Wer sich als Person nicht beobachtbar macht, der bleibt für andere bedeutungslos. Und auf welche Weise jemand auf sich aufmerksam macht, das hat Bedeutung. Die Differenz ist entscheidend. Differenzieren Können aber ist eine Frage des Geschmacks.

Das Lebensgefühl der Aufklärungszeit ist daher kaum besser einzufangen als durch ihren gesellschaftlichen Ausdruck der Salons. In privater Umgebung und gleichwohl von großer öffentlicher Bedeutung trafen sich die besseren Kreise, um zu politisieren, Klatsch zu verbreiten und ihren Witz zu testen. In Paris wurden die Salons vornehmlich von Damen der Gesellschaft ausgerichtet. Sie waren der viel beachtete Marktplatz des Geistes und der Eitelkeiten im 18. Jahrhundert. Französisch wurde nicht zuletzt durch den gesellschaftlichen Erfolg der Salons zur Sprache der Gebildeten in Europa. An der Spitze der gebildeten Gastgeberinnen standen die Damen Geoffrin, Lespinasse und d'Épinay. Sie luden Poeten und Enzyklopädisten zum Gespräch, bei ihnen verkehrten spätere Protagonisten der Französischen Revolution mit philosophisch gebildeten Abbés. Wer nicht geladen war, konnte nichts sein und kaum etwas werden. Der vorherrschende Umgangston der Aufklärungszeit ist die Höflichkeit. Fast jeder naturwissenschaftlich Gebildete, jeder Schriftsteller oder Poet nannte sich »Philosophe«.

Fast alle »Philosophes«, mit Ausnahme von Jean-Jacques Rousseau, identifizierten Höflichkeit mit der Überwindung von Aberglaube und Barbarei. Das Christentum galt nicht nur als unvernünftig, sondern als vulgär: eine Beleidigung für den guten Geschmack. Der Appell an den guten Geschmack jedoch ergänzte, als zeitgemäßes Schlüsselwort der Philosophen, den Appell an die Vernunft. Auf diese Weise konnte die Aufklärung im gesamten Europa des 18. Jahrhunderts äußerst einflussreich werden und die aufkommende Figur des bürgerlich Weltmännischen begann allmählich den Aristokraten als idealen sozialen Typus zu verdrängen. Voltaire fasst treffend zusammen, was ihn selbst als gesellschaftlichen Aufsteiger charakterisiert:

> Ich habe gefunden, dass Menschen mit Geist und Witz auch immer eine feine Zunge besitzen, jene aber mit stumpfem Gaumen beides entbehren.

Das Thema von Geschmacksbildung und Aufklärung soll hier an der Tafel des preußischen Königs Friedrich II. und am Mittagstisch des Königsberger Philosophen Immanuel Kant verhandelt werden.

Die Tafelrunden von Sanssouci: Friedrich der Große als Gastgeber

Wir dürfen annehmen, dass bei den denkwürdigen Mahlzeiten in Sanssouci, zu denen Friedrich II. zwischen 1750 und 1753 regelmäßig zwei berühmte französische Philosophen, Voltaire und La Mettrie, als Tischgenossen hatte, nicht nur auf Französisch parliert wurde, sondern dass es auch auf französische Art zubereitete Speisen gab. An der Spitze der etwa zwei Dutzend Köche, die die Hoftafel des preußischen Königs beschickten, standen seit den 1750er Jahren zwei Franzosen, die Hofküchenmeister Joyard und Noël. Obwohl sonst, besonders in Potsdam, die Sparsamkeit »der leitende Gedanke bei allen Neigungen des Königs« war und für Friedrichs »Tafel und die seiner Offiziere und seiner Dienerschaft [...], abgesehen vom Wein, [nur] dreiunddreißig Taler pro Tag« ausgegeben werden durften. Eine Haltung zur Sparsamkeit, die Friedrich II. etwas lockerte, um Voltaire zu beeindrucken. Voltaire berichtet über seine Diners auf Schloss Sanssouci:

*Die Tafelrunden waren sehr angenehm. Ich weiß nicht, ob ich mich
täusche; aber es scheint mir, dass es sehr geistvoll dabei zuging; denn
der König hatte Geist und regte zu Geist an; und das erstaunlichste ist,
dass ich niemals sonst an so freien Mahlzeiten teilgenommen habe.*

Als Voltaire dies schrieb, befand er sich bereits in seinem Schweizer
Exil, entfernt von seinen französischen Feinden, aber auch weit außerhalb des Machtkreises des großen Friedrich, dem er sich geflis-
sentlich und mit Mühe entzogen hatte. Friedrich II. hatte nicht nur
Geist, er hatte auch Schärfe und als bedeutender Herrscher seiner
Zeit ließ er seine Macht bisweilen auch die bevorzugten Personen seiner nächsten Umgebung nachhaltig und bitter spüren.

Nach der extremen Abkühlung des geradezu herzlichen Verhält-
nisses zwischen Friedrich und Voltaire entstanden Schriften, wie
etwa »L'ideé de la personne, de la manière de vivre et de la cour du
roi de Prusse Frédéric II« – »Über die Person, Lebensart und den Hof
Friedrichs II., König von Preussen«, deren Urheberschaft Voltaire
glaubhaft zugeschrieben wurde und mit denen dem Ruf des Königs
Schaden zugefügt werden sollte, u. a. mit den Berichten über dessen
homophile Neigungen. Die »Denkwürdigkeiten aus dem Leben des
Herrn de Voltaire. Aufgezeichnet von ihm selbst« haben ebenfalls
das Verhältnis Voltaires zu Friedrich zum Zentrum, sind allerdings
diplomatischer formuliert. Letztere Schrift war von jeher eine der
wichtigsten Quellen zum Verhältnis Voltaires zu Friedrich II. und
reichte aus, um Goethe dazu zu bewegen, Voltaire einen »Gott« zu
nennen – allerdings eine »Kanaille von einem Gott« – der von seiner
Warte alles »Hohe« der Welt betrachte (bzw. verachte?).

Wir sind natürlich gut beraten, nicht alles allzu wörtlich zu nehmen. Im Übrigen soll hier nochmals betont werden, dass der König
den Dichter Voltaire lange Zeit über alles schätzte. Über die Bedeutung Voltaires als Dichter ist die Zeit allerdings ohne weiteres Aufheben hinweggeschritten. Der Moralist Voltaire dagegen hat sich
nicht nur mit seinem »Candide«, sondern vor allem mit seinem
Kampf gegen die Sitten der Kirchenmänner seiner Zeit und sein
Eintreten für Entrechtete einen historisch überdauernden Namen
gemacht.

Er trat auf gegen »l'Infâme«, gegen Intoleranz und Ungerechtig-
keit im Allgemeinen und gegen die Übergriffe der römisch-katholi-
schen Kirche im Besonderen:

Wer mit offenen Augen durchs Leben gegangen ist, hat erkannt,
daß das Wissen von einem Gott, seiner Gegenwart und seiner Gerechtig-
keit nicht den geringsten Einfluß hat auf Kriege und Verträge,
auf die Ziele des Ehrgeizes, des Eigennutzes und der Begierde, die immer
obsiegen.

In dieser Abneigung gegen die Macht der Kirche war sich der Philosoph mit Friedrich II. und de La Mettrie einig. Allerdings ist auch die Äußerung Voltaires gegenüber Friedrich überliefert:

Ihre Meinung ist das genaue Gegenteil der meinigen, aber ich werde
mein Leben daran setzen, dass Sie sie sagen dürfen.

Seine Werke umfassen das gesamte Ideengut der Epoche, worin er vor allem Toleranz, Menschenrechte und Menschenwürde sowie die Vernunft verteidigte. Hinter der Gesetzmäßigkeit der Natur erkannte er Gott als einen vernünftigen Urheber und er betonte immer die praktische Bedeutung des Gottesglaubens, welche Einstellung in der Philosophiegeschichte »Deismus« genannt wird.

Der späte Voltaire verkörperte auf positive Weise den Kosmopolitismus der damaligen Zeit. Auf seinem Landsitz im schweizerischen Ferney empfing er in seinem letzten Lebensabschnitt Gäste aus allen Winkeln des Kontinents: weltliche Pilger, die auf eine Mahlzeit oder ein Bonmot hofften, so dass der Philosoph sich gar »den Gastwirt Europas« nannte. Freunde lud er zu sich ein, um ihnen getrüffelten Truthahn vorzusetzen, »zart wie ein Täubchen und fett wie ein Bischof«. Sein intellektueller Gegenspieler Jean-Jaques Rousseau pries in seinen Schriften dagegen den naturhaften Urzustand der Menschheit und war demgemäß für einfache Kost – Milchspeisen, Gemüse, Obst.

Voltaire schien über eines der effektivsten Informationsnetze seiner Zeit verfügt zu haben und er nutzte es, um überall in Europa seine Beziehungen spielen zu lassen, die nicht nur intellektuelle Interessen, sondern nicht zu unterschätzende finanztechnische Aktivitäten betrafen. Sein raffiniert dosierter Witz bewirkte Gelächter in allen Pariser Salons und an jedem deutschen Hof. Seine Transaktionen und finanziellen Spekulationen sorgten zudem für ein fürstliches Auskommen. Es ist wahrscheinlich kein Zufall, dass der einflussreichste Geist dieses Zeitalters zugleich und im Unterschied zu den meisten Adligen und Gebildeten auf wirtschaftlichem Gebiet kundig und erfolgreich war. Ihm war klar:

> In der einen Hälfte unseres Lebens opfern wir die Gesundheit,
> um Geld zu erwerben; in der anderen opfern wir Geld,
> um die Gesundheit wiederzuerlangen.

Berühmt ist die Geschichte, durch die Voltaire in einen zwielichtigen Handel mit dem Berliner Bankier Abraham Hirschel geraten ist und wodurch er bei Friedrich II. letztlich in Ungnade fiel – was nicht wirklich verwundern muss, wenn man bedenkt, wie teuer Friedrich der Aufenthalt Voltaires an seinem Hofe kam. Voltaire soll in Verträgen mit Hirschel nachträglich einige Worte geändert haben, was Lessing veranlasste, das Epigramm zu verfassen:

> Und kurz und gut den Grund zu fassen, warum die List dem Juden
> nicht gelungen ist; so fällt die Antwort ohngefähr: Herr Voltaire war
> ein größrer Schelm als er.

Wobei festzuhalten wäre, dass Voltaire selbst als Kind seiner Zeit und in unrühmlicher christlicher Tradition nicht Freund mit Juden sein mochte.

Nachhaltiger Ruhm ist Voltaire dennoch beschert durch seine sorgfältig orchestrierten Anprangerungen von Gräueltaten: der Justizmorde an politischen Gegnern der Herrschenden wie in den Fällen von Calas, La Barre, Lally-Tollendal und Montbailli. Direkte Appelle an die Großen der Zeit, an Friedrich den Großen, an Katharina die Große (allein mit ihr wurden 187 Briefe gewechselt), zeitigten auch manchmal direkte Resultate.

Mit einigen Unterbrechungen unterschiedlicher Dauer und trotz schwerer zwischenzeitlicher Missstimmungen, führt Voltaire seinen Briefwechsel mit Friedrich II. bis an sein Lebensende fort. 654 Briefe sind erhalten. Zu dem Bruch, den Voltaire teils bewusst herbeigeführt hat, wollte er wohl auch die bei Friedrich II. mit der Zeit immer extremer auftretende Menschenverachtung nicht akzeptieren. Voltaire war als Philosoph Moralist und ein glänzender Stilist, doch war er bestimmt nicht übermäßig rigoros und konsequent. Die Freiheit und unbeschränkte Selbstbestimmung des Individuums, die er forderte, war für ihn letztlich eine Sache derjenigen, die diese

Freiheit aus Bildung und Geist zu nutzen verstanden, also der Ober-
schicht. Das Volk hielt Voltaire für dumm und barbarisch, mit einem
Wort: für geschmacklos. Aufklärung konnte seiner Ansicht nach nur
von oben kommen, nicht durch das Volk selbst. Als sozialer Aufsteiger war er selbstverständlich mit dem Höfischen identifiziert
und daher auch höchst empfindlich, wenn er missachtet wurde. Und
so dürfte er menschlich tief enttäuscht gewesen sein, als der dritte
»Philosophe« im Bunde der Tafelrunde, La Mettrie, ihm hinter-
brachte, dass Friedrich geäußert hätte, Voltaire »höchstens noch ein
Jahr« zu benötigen und ihn dann wie die Schale einer ausgepressten
Orange wegwerfen zu wollen.

Doch zurück zur Tafelrunde: Das offizielle Mahl war zweifellos
– nicht nur im 18. Jahrhundert – daraufhin angelegt wahrgenom-
men zu werden. Als höfische Zeremonie wurde es zur Inszenierung
der Sinnes- und der Gaumenfreude, die, je länger es sich ausdehn-
te, immer differenziertere Formen annahm. Besonders die absolu-
tistische Staatspräsentation demonstrierte Pracht und Luxus als
Machtfaktor, den der Landesherr bewusst nicht nur anderen Herr-
schern gegenüber, sondern auch seinem eigenen Volk gegenüber
einsetzte. Wobei es natürlich von der Persönlichkeit eines Herrschers
abhing, in wie weit er Pracht und Luxus zur Entfaltung kommen
ließ.

Als Herrscher in Berlin pflegte Friedrich II. zwar herrschaftlichen
Luxus zur Schau zu stellen. Die private Zeremonie der Tafelrunde von
Sanssouci dagegen kannte keinen übertriebenen äußeren Aufwand.
Es ging dabei nicht um die Zurschaustellung der Tafelfreuden als
solcher. Die Bedeutung der »Dazugehörigkeit«, also des sich Ab-
setzens, ist bei Friedrich II. entscheidend. Der König rühmte sich
ein Freigeist zu sein. In Sanssouci kam es ihm darauf an, mit seinen
Gästen auf »brüderlichem« Fuße zu verkehren, wobei sich besonders
Voltaire der Aufmerksamkeit und Ehrerbietung des Monarchen sicher sein konnte. Nur de La Mettrie, der eine Stelle als Vorleser
für den König innehatte, konnte als eine Art Hofnarr gelten, der entsprechend dieser ehrwürdigen Stellung gleichermaßen mit Witz und
Scharfsinn ausgestattet, die Parteien, zumindest einige Zeit, gegen-
einander auszuspielen verstand.

Nur muss man auch wissen, dass die Herren Philosophen einerseits und durchaus zeitgemäß einen klaren dienenden Auftrag hat-

ten und ihr Auftrag- und Geldgeber war ein König. Nicht dass Voltaire es wirtschaftlich nötig gehabt hätte. Als er nach dem Tode seiner vormaligen Gönnerin, der Marqise de Châtelet, im Sommer 1750 Frankreich in Richtung Potsdam verließ, hatte er bereits eine stattliche Rente aus Immobilien- und Aktienspekulationen erwirtschaftet. Doch für sein Kommen ließ er Friedrich ein hohes Reisegeld, die goldenen Kammerherrenschlüssel sowie eine Jahresrente von 20 000 Franken berappen, abgesehen vom Orden »Pour le mérite«, der ihm überreicht wurde. Andererseits gewährte der freisinnige preußische König den beiden Philosophen, besonders La Mettrie, Schutz vor Verfolgung durch Zensur, Kirche und andere Missgünstige in ihrer Heimat.

Die weiteren Teilnehmer der Tafelrunden von Sanssouci, sie mögen es uns nicht übelnehmen, Mylord Marishal, General von Stille, Feldmarschall Keith – mit dem Friedrich in seinen späten Jahren als Einzigem noch verkehrte –, Algarotti, General Graf Rothenburg und Marquis d'Argent, sind für unseren Zusammenhang nicht so bedeutend. Außer vielleicht Maupertuis, der Präsident der von Leibniz begründeten Preußischen Akademie der Wissenschaften.

Mit ihnen saßen also an der Tafel der zu seiner Zeit in Europa bekannteste und am meisten beachtete Philosoph, Francois-Marie Arouet mit Geburtsnamen, der sich selbst de Voltaire nannte, und einer der meist geschmähten Philosophen – nicht nur zu seiner Zeit –, der ausgebildete Arzt Julien Offray de La Mettrie. Friedrich II. selbst war als absolutistischer Herrscher ein – mit dem notwendigen Glück – über die Maßen erfolgreicher Feldherr, despotisch und mitunter grausam. Das Herz in seiner Brust schlug allerdings für die Philosophie und die schönen Künste. Als Flötist und Komponist war er musikalisch begabt und hegte, laut Voltaire, eine eher unglückliche Liebe zur Dichtkunst.

Dieses überlieferte Lobgedicht charakterisiert den Tagesablauf des ungewöhnlichen Monarchen kurz und sein Selbstverständnis äußerst treffend:

Ein großer Herrscher bis zur Mittagsstunde,
Am Nachmittag Schriftsteller ersten Ranges,
Tagsüber Philosoph voll edlen Dranges
Und abends göttlich bei der Tafelrunde.

Anti-Machiavell

Im Jahre 1736 nahm der philosophisch interessierte junge Kronprinz Friedrich, der spätere preußische König, Kontakt auf zu Voltaire. Damit begann eine wechselvolle Freund-Feindschaft zwischen den beiden Männern, in der beide je ihre eigenen Ziele verfolgten. Zwar war Voltaire noch nicht der bedeutende Schriftsteller seiner späten Tage, aber durch seine freisinnigen Dichtungen, Theaterstücke und Anstoß erregenden Pamphlete war er bekannt genug, um zur Elite der französischen Aufklärungsbewegung gezählt zu werden. Deren Ziel war es, die »Aufklärung« der Herrschenden zu betreiben, um die angestrebten, gesellschaftlich notwendigen Veränderungen mit Hilfe der fortschrittlichen Herrschenden durchzusetzen. 1737 sandte Voltaire seine Schrift über »Willensfreiheit« an den preußischen Kronprinzen. Vor allem in Friedrichs Briefen aus dieser Zeit spricht ein von den geistigen Qualitäten Voltaires begeisterter Thronfolger. Es sei hier nur eine Textpassage, in Vertretung für viele weitere vergleichbare, angeführt:

> Zu den Eigenschaften des exzellenten Dichters gesellen Sie eine Unzahl sonstiger Kenntnisse, die wohl in einiger Verbindung zur Poesie stehen, die aber erst durch Ihre Feder dort ihren Platz gefunden haben.

Eine erste Frucht der geistigen Auseinandersetzungen seitens Friedrichs war wohl der in französischer Sprache verfasste »Anti-Machiavell«. Voltaire brachte das Büchlein 1740 bei van Duren in Den Haag anonym heraus, denn mit einer offen herausgegebenen Schrift dieser Art hätte Friedrich mit Sicherheit den Zorn seines Vaters gegen sich heraufbeschworen. Ausgehend vom Hauptwerk des florentinischen Politikers und Historikers Niccolò Machiavelli, »Der Fürst«, entwirft der preußische Kronprinz das politische Programm eines aufgeklärten Absolutismus. Nach der Interpretation Friedrichs nämlich empfiehlt Machiavelli einem Machthaber vor keinem Verbrechen zurückzuschrecken, sofern es nur dem künftigen Wohl der Allgemeinheit zu dienen scheint. Dabei hat er wohl das grausame Beispiel despotischer Willkür seines Vaters vor Augen, das er am eigenen Leibe verspüren musste, womit er zeigen wollte, dass der Renaissancepolitiker mit seinem Buch weniger bewiesen habe, »wie es die Fürsten halten sollen, als wie sie es in Wirklichkeit treiben«. Er will daher, »gegen die despotische Willkür seiner Zeit«, die Verteidigung der Menschlichkeit aufnehmen »wider ein Ungeheuer, das sie verderben will«. Er propagiert Mäßigung und Gerechtigkeit als Prinzipien einer Regierung, die menschlich sein soll. Friedrich zeigt sich damit auf der Höhe der intellektuellen Forderungen seiner Zeit, er selbst hat sich im Unterschied zu vielen anderen seinesgleichen durchaus als »erster Diener« seines Staates erwiesen.

Bereits drei Tage nach seiner Thronbesteigung, am 3. Juni 1740, schafft Friedrich die gerichtliche Folter und den peinlichen Prozess ab, womit er die Reform der Justiz beginnt. Religionstoleranz, selbst Gedankenfreiheit werden gewährt durch den Verzicht auf eine amtliche Zensur. Eine Freiheit, die Friedrich II. später allerdings entschieden willkürlich einsetzt.

Die drei Kriterien, die einen Herrscher zu einem aufgeklärten Fürsten machen, treffen auf Friedrich II. durchaus zu: Die »Entzauberung der Monarchie von Gottes Gnaden«, die »Teilnahme am aufgeklärten Diskurs« und die »Aufnahme und Durchsetzung aufgeklärter Reformimpulse«. Er sagt von sich selbst:

> *Die Könige sind Menschen wie die anderen. In einer Welt, wo nichts Vollkommenheit hat, genießen sie keineswegs des ausschließlichen Vorrechts, vollkommen zu sein.*

Damit stellte sich Friedrich II. als Mensch und als Herrscher auf eine mit den anderen Fürsten Europas nicht vergleichbare Ebene.

Auf den König beziehen sich der preußische Patriotismus der kommenden Jahrzehnte und zum überwiegenden Teil auch die Berliner Aufklärung.

> *Friedrich verachtete alle positiven Religionen mit einer souveränen Skepsis, die vom Atheismus nur noch durch eine schmale Grenze getrennt war, stellte die Werke der Kunst und Philosophie hoch über alle Taten des praktischen Lebens und war ein unerreichter Meister aller höheren Lebensgenüsse, dabei nichts weniger als ›gesund‹ im Sinne des Normalmenschen, vielmehr eine außerordentlich reizbare, komplizierte, widerspruchsvolle Natur von sehr labilem inneren Gleichgewicht.*

Diese Einschätzung deckt sich einerseits mit der Selbststilisierung des Philosophen und Königs, lässt sich andererseits auch dadurch bestätigen, dass Friedrich in jenen Zeiten, als ihm während des Siebenjährigen Krieges das Kriegsglück nicht immer hold war, Voltaire mitteilte, dass er im Falle von Niederlage und Gefangenschaft die bittere Pille eines tödlichen Giftes zu sich nehmen würde. Nicht nur, dass Voltaire dem König davon abriet, treue Hofbeamte sollen auch dafür gesorgt haben, dass das Gift durch ungefährliche Pillen ersetzt wurde.

1750 schließlich erreichte Friedrich der II. sein Ziel, Voltaire als Gast auf Schloss Sanssouci an sich zu ziehen. Eine euphorische Stimmung sprach noch aus den ersten Briefen, die Voltaire aus Preußen nach Frankreich sandte, die aber bald einer großen Ernüchterung Platz machte:

> *Der erste Monat der Ehe ist der Monat des Honigs,*
> *der zweite der Monat des Absinths.*

Schon im Jahre 1751 kam es zum ersten Bruch zwischen Voltaire und Friedrich II. Misshelligkeiten und Eifersüchteleien zwischen den Männern der Tafelrunde vergällten Voltaire das Leben am Hofe. Der Akademiepräsident Pierre-Louis Moreau de Maupertuis spielte dabei keine unbedeutende Rolle. Voltaire antwortete mit den ihm eigenen Waffen: Er verfasste eine seiner bissigsten Satiren, die »Diatribi des Doktor Akakia« – wörtlich: »Zeitvertreibe des Dr. Unschuld«, womit niemand anderer als Maupertuis gemeint war. Friedrich II. ließ das Pamphlet, sich vor den Präsidenten seiner hoch geschätzten Akademie stellend, öffentlich verbrennen. Unter diesen Bedingungen mochte Voltaire nun nicht länger in Sanssouci bleiben, doch erst 1753 konnte er unter dramatischen Umständen das Land verlassen und kehrte über Frankfurt nach Frankreich zurück.

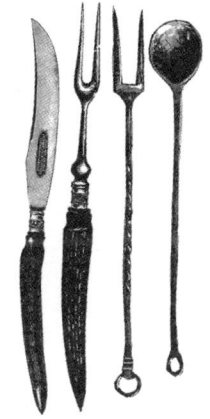

Die Kunst, Wollust zu empfinden

Der dritte »Philosophe« der Tafelrunde, der 1709 geborene Julien Offray de La Mettrie, gilt als philosophischer Vertreter des Materialismus und steht in jedem Lexikon, doch seine Schriften kennen nur wenige aus eigener Lektüre. Er verriet in seinem Essay »L'Art de jouir«, was die feine Küche und den Gourmet ausmacht. Eine gute Mahlzeit sei »vornehm und sinnlich, wollüstig und feinfühlig«; der Feinschmecker »kostet von allen Speisen, nimmt aber nur wenig davon, er schont sich, um alles zu genießen«. Diese Schrift, »Die Kunst, Wollust zu empfinden«, hat es in sich. La Mettrie verstößt damit gegen die Sitten seiner Zeit, so sehr, dass sogar sein vermeintlich freigeistiger Gönner König Friedrich II. fast alle Kopien der Schrift, derer er habhaft werden konnte, verbrennen ließ. Doch in seinem Nachruf lobt ihn der König mit dem Satz: »Er war der geborene Redner«.

La Mettrie stirbt 1751 merkwürdigerweise, während der Skandal seinen Lauf nimmt. Der in der Würdigung von »L'Art de jouir« angesprochene Gelehrte Haller aus Göttingen wehrt sich heftig gegen diese – von La Mettrie ironisch, wenn nicht geradezu boshaft ausgesprochene – Ehrerbietung, in der er sich einen »Schüler Hallers« nennt. Der von Friedrich als »Aufpasser« für La Mettrie bestallte und ihm tatsächlich feindlich gesinnte Akademiepräsident Maupertuis nimmt Haller »natürlich« in Schutz.

La Mettries Tod geht als »gastronomischer Unfall« in die Philosophiegeschichte ein, da der konsequenteste Verfechter des Lustprinzips nach dem Verzehr (manche sagen: »Verschlingen«) einer getrüffelten Fasanenpastete gestorben ist – freilich nicht an Friedrichs Tafelrunde, sondern bei einem Fest des Lord Tyrconnel in Berlin, wie Voltaire berichtet. Er erstickt wohl nicht unmittelbar daran, wie einige Autoren behaupten, sondern erst später, an dubiosen Folgen. In diesem Zusammenhang wurde nämlich auch immer wieder der Verdacht geäußert, dass es dabei nicht mit rechten Dingen zugegangen sein soll:

> Nach dem kulinarischen Unfall (war es eine Vergiftung? ein Herzinfarkt?) kuriert sich der erfahrene Arzt mit einer Unzahl von Aderlassen. Er verblutet nach allen Regeln der Kunst. Es gäbe gute Gründe von einem Selbstmord in Raten zu sprechen.

So schreibt die La Mettrie-Apologetin Ursula Pia Jauch und geht so weit, dem »lachenden Philosophen« La Mettrie einen Überdruss am Leben zu bescheinigen, aus »Heimweh, Melancholie, aber vor allem [wegen] Unverständnis seiner ›aufgeklärten‹ Umgebung«.

Tatsächlich steht hinter der Attacke La Mettries gegen Haller wohl die zu dieser Zeit stillschweigend gemachte Voraussetzung der (gelehrten) Gesellschaft, zumindest in der Öffentlichkeit, dass zwar einerseits eine durchaus materialistische Physik verfochten wurde, ein Vernunft geleitetes Leben andererseits aber ein »höchstes Wesen« anzunehmen habe und das Christentum eine Sache des irrationalen Einverständnisses des Individuums mit dieser Idee sei – das bekannte Doppelleben von wissenschaftlicher Vernunft und traditionellem Glauben. La Mettrie griff mit seinen ironischen Attacken diese widersprüchliche Einstellung an. Es ging ihm also um nichts anderes als um die Einheit der Vernunft gegen die Gelehrten seiner Zeit.

Sein Hauptwerk ist der »Mensch als Maschine«. Hinter der Maschinenmetapher steht das Uhrwerk, der Mechanismus, dessen reibungsloses Funktionieren das Staunen der Zeit erregt, »als ob« er lebendig wäre. La Mettrie zieht für seine Beispiele nur die elementaren Bedürfnisse und Nöte heran: die Ernährung und die Gefährdung (des Lebens).

> Der Körper des Menschen ist eine Maschine, die ihre Triebfedern selbst spannt, ein lebendiger Inbegriff der ewigen Bewegung. Die zugeführte Nahrung sorgt dafür, daß sie in Gang bleibt. Ohne Nahrung verliert die Seele zunehmend an Kraft, bis sie sich noch einmal kurz aufbäumt und dann an Entkräftung stirbt, so wie die Flamme einer Kerze noch einmal kurz aufflackert, bevor sie erlischt. Versorgt man den Körper jedoch mit vorzüglicher Nahrung und stärkenden Säften, so wird die Seele ebenso vorzüglich sein und stark: sie wird heldenhaften Mut entwickeln, und ein Soldat, der zuvor, als er nur Wasser bekam, schnell die Flucht ergriff, wird nun verwegen sein und frohen Herzens in den Tod marschieren. Dies geschieht mit der gleichen Gewißheit, wie das Blut durch heißes Wasser erregt und durch kaltes Wasser beruhigt wird.
>
> Welch enorme Wirkung hat doch eine gute Mahlzeit! Ein betrübtes Herz mag sie in Heiterkeit zu versetzen, in eine Stimmung, die sich auf die ganze Tischgesellschaft überträgt und sich, insbesondere bei den Franzosen, durch fröhlichen Gesang ausdrückt. Nur der Melancholiker bleibt in solcher Gesellschaft deprimiert, und Sache des Gelehrten ist sie auch nicht.
>
> Tiere, die sich von rohem Fleisch ernähren, zeigen eine gewisse Grausamkeit. Würden Menschen sich ebenso ernähren, wären sie ebenso grausam.

Die Libertins, jene »Freisinnigen« des späteren 18. Jahrhunderts, berufen sich deswegen auch auf La Mettrie, wenn es darum geht, ihren Lusttrieb zu entschuldigen. Es ist nicht unser Gegenstand, welche Ausschweifungen sich insbesondere deren Haupt, der berüchtigte Marquis de Sade, vor allem literarisch hat einfallen lassen. Aber eine späte gastrologische Nachfolge ist in dem französisch-italienischen Film: »La grand bouffe« („Das grosse Fressen", 1973) zu sehen, in dem die Protagonisten, jeder auf seine Art, durch das auf die Spitze Treiben der Lust, von kulinarischem Genuss und Sex, Selbstmord begehen. Die letzte nihilistische Konsequenz der Lust ist so gesehen die Lust am Tod.

Kaffee: die notwendige »Wachsamkeitsdroge«

Die Bewirtung durch Witz bzw. Esprit forderte von den Teilnehmern der Tafel unter den geschilderten Umständen eine eigene Form der Wachsamkeit und Klarheit. Friedrich erfreute sich an den Wortgefechten seiner »Angestellten« und schob auch selbst gern einmal nach. Er konnte jedoch schnell beleidigt sein, wenn der Witz – wenn auch höchst indirekt – ihn selbst traf. Der Kaffee schien daher das geeignete Getränk, um den Zustand von Wachheit und Wachsamkeit zu erreichen, der in Sanssouci offenbar erforderlich war. Wie La Mettrie in seinem Hauptwerk »Der Mensch als Maschine« schreibt:

> *Der Kaffee, dieser Gegenspieler des Weins, vertreibt uns durch seine*
> *anregende Wirkung sowohl Kopfschmerzen als auch Kummer,*
> *ohne sie uns, wie jenes geistige Getränk, am nächsten Tage zu bereiten.*

Nicht zufällig wurde Kaffee in Europa zunächst als Medizin verabreicht. Zu Beginn des 18. Jahrhunderts emanzipierte sich der Kaffee von seiner zunächst beschränkten Funktion als Medikament und begann, obwohl die Diskussion um Nutzen und Nachteil seiner Wirkung nicht ganz verstummte, seinen festen Platz gegenüber den herkömmlichen Getränken Wein und Bier zu erobern. Betrachtet man die europäischen Städte um 1700, so muss in diesem Zusammenhang wiederum daran erinnert werden, dass es in der Mehrzahl der Fälle nicht genug sauberes und unverseuchtes Trinkwasser gab. Deshalb waren Wein und Bier als genießbare Hauptnahrungsmittel anzusehen. Kaffee selbst schmeckt zwar bitter, doch mit Zucker oder Honig und Sahne bzw. Milch wird er zum bevorzugten Getränk immer weiterer Gesellschaftskreise.

Friedrich II. jedoch verbot 1766 als streng wirtschaftender Monarch die private Einfuhr und den privaten Handel mit Kaffee. Nur dem preußischen Staat geziemte der Handel mit Kaffee, wodurch die Staatskasse gefüllt und ein Abfluss von Kapital ins Ausland unterbunden werden sollte. Durch das Verbot wurde allerdings der Schmuggel mit Kaffeebohnen erst recht begünstigt. Im Gegenzug wurde in Preußen auch das Rösten von Kaffee für Privatleute verboten. Zur Überwachung des Verbots wurden ehemalige französische Soldaten als so genannte »Kaffeeriecher« beschäftigt. Preußen konnte seine Kaffee-»Prohibition« jedoch wegen ineffektiver Kontrollen nicht aufrechterhalten und schaffte das Staatsmonopol wieder ab.

Voltaire, der bis ins hohe Alter ein unermüdlicher Arbeiter war, schätzte den Kaffee als Wachdroge: heiß wie die Hölle, süß wie die Sünde und schwarz wie die Nacht sollte er sein. Nicht zuletzt machte seine permanente Geistesgegenwart Voltaire zum »ungekrönten König Europas«, weil er über eine neue Art von Macht verfügte, die darin bestand, die öffentliche Meinung Europas politisch und literarisch zu beherrschen.

Philosophischer Zeitvertreib

Tatsächlich zeigt die philosophische Tafelrunde Friedrichs des Großen so sehr den Geist der Zeit, der die geistreiche Konversation in ihrer intelligenten Gewitztheit und Schläue eines Voltaire auf die Spitze und dahinter reale Politik der Aufklärung treibt. Zugleich mutiert der König weder zum »Dichter« noch zum Philosophen, sondern sieht Philosophie und Dichtung als Zeitvertreib an. Mehr zieht ihn sein »absolutes Königtum« in Bann, das nicht erlauben kann, dass daran, wenn auch mit überlegenem Geist und Witz Voltaires oder mit subversivem Schalk und Ironie wie im Falle La Mettries, Kritik geübt wird. Welche Gespräche genau geführt wurden, ist nicht protokolliert, doch halten wir die *philosophische* Tafelrunde des aufgeklärten Monarchen letztlich für Attitüde.

Voltaire und La Mettrie stellen beide mit ihrer je eigenwilligen Freiheitsliebe und mit aus Geist geborener Gegnerschaft zur Macht ihres Gönners bedeutendste Liebe auf die Probe und unterliegen – auf je eigene Weise. Der Genuss von Kaffee bleibt zentral für alle. Kaffee hält die Protagonisten wach und wachsam. Das müssen sie auch sein, denn jeder weiß: Ein falsches Wort, ein Wort von falschem Geschmack und an den Falschen gerichtet und aus dem Gönner und brüderlich »gleich gestellten« Friedrich wird ein königlicher Rächer. Der bittere Kaffee ist auch eine Probe auf das Exempel des Geschmacksempfindens. Wer ihn genießt, ist auf der ästhetischen Höhe der Zeit. Doch auch der gemeinsame Genuss des Kaffees kann einen Bruch der Tafelrunde letztlich nicht verhindern, und so wird aus dem scheinbar unterjochten Kämpfer für die Freiheit, Voltaire, eine »Kanaille von einem Gott«, der über einen König und alles Hohe in der Welt mit allen zu Gebote stehenden Möglichkeiten seines Spottes herzieht. Der Bitternis des Kaffees entspricht die Bitternis, die geschmeckt werden muss, wenn der Mächtige – sei er Fürst, sei er Schriftsteller – seine Macht spüren lässt.

Die kulinarische Aufklärung

1786, kurz vor seinem Tod, ließ Friedrich II. folgendes Menü, kreiert von seinem Hofküchenmeister Noël, an seiner Tafel servieren. Wie meist verteilte der königliche Gourmet Zensuren für die einzelnen Gänge oder schlug Alternativen vor:

1. soupe auc Choux à la Fouqué   +
2. du Bœuf au pannais et carottes
3. des poules en camelon aux concombres farcis en blanc à l'Anglaise
    (der König setzte dafür »Cotelletes du papier«.)
4. de petites patés à la Romaine
5. gebratene junge Colonnen
6. du Saumon à la Dessau
7. de fîles de Volaille à la Pompadour avec langue des bœufs et croquets
8. Portugieser Kuchen (der König setzte dafür »Des Gauffres«)
9. Grüne Erbsen   +
10. Frische Heringe   +
11. Saure Gurken

»À la Pompadour, à l'Anglaise, à la Romaine« – das Odeur eines großen Wandels schwebte durch die Küchen und diesmal kam er von Westen. Schon Mitte des 17. Jahrhunderts revolutionierte einer der berühmtesten Köche nicht nur jener Zeit, Pierre de la Varenne (1618 bis 1678), der Küchenmeister des Marquis d´Uxelles, die Herstellung von Saucen und Suppen. Er erfand die Mehlschwitze, bis dahin dickte man Saucen mit Brot oder gemahlenen Mandeln ein, und bereitete damit den Weg für unzählige kulinarische Schöpfungen, wie wir sie heute noch kennen. Wird die Einbrenne, ein anderes, weniger elegantes Wort dafür, zwar in der nun für modern gehaltenen Kochkunst von Sahne, Crème fraîche und pflanzlichen rahmähnlichen Produkten immer mehr aus Töpfen und Pfannen verdrängt, so sollte die Fähigkeit, eine Mehlschwitze zubereiten zu können, was einfacher klingt als es ist, doch im Répertoire der Küchenfertigkeiten einer jeden guten Köchin oder eines jeden guten Kochs sein. Denn sie ist die Basis für einige klassische Saucen, wie die Bechámel-Sauce, die Mornay oder die Soubise sowie von Suppen und Gemüsegerichten.

Nach und nach verdrängte Klasse die Masse, die für barbarisch gehaltene Üppigkeit. Nicht mehr der ganze wilde Eber war gefragt, aus dessen Bauch gebratene Würste quollen, sondern die nach Kräutern duftende Lammkeule, auf dem automatischen Drehspieß »a point« gegart.

Der verfeinerte, differenzierte Geschmack, der Gourmet, der gerade erst geboren war, verlangt nach Fleisch, das nach Fleisch, und nach Gemüse, das nach Gemüse schmeckt. Das Streben nach natürlichen Aromen gebietet kürzere und genauere Garzeiten. Ein Zeichen von Wohlhabenheit und gehobenem Stand war es nun nicht mehr, die Speisen mit einer Fülle von Gewürzen gleichsam zu erschlagen, sondern den Geschmacksnerven einen subtilen Anreiz zu bieten mit delikaten Köstlichkeiten, mit feinen Kräutern und Fonds. Und eine Anregung der Haptik durch zartes Fleisch, samtige Saucen und Suppen, durch kunstvoll gestaltetes Aspik und duftige Nachspeisen, die auf der Zunge zergehen, wie Baisers oder Eis, das langsam aber sicher seinen Siegeszug vom Süden über Frankreich in den Norden fand. Oder die Crème Chantilly, das ist Schlagsahne, oft gesüßt und mit Brandy oder Vanille versetzt. Ihren klangvollen Namen bekam die luftige Crème von dem reizenden Schlösschen Chantilly, nördlich von Paris, in dessen Mauern angeblich das erste Mal jemand auf die Idee kam, flüssigen Rahm oder Crème fraîche steif zu schlagen. Auch der Name für die Mayonnaise, eine aus Eiern und Öl aufgeschlagene Sauce, hat Bezug zu einem Ort, dem Fort Mahon auf Menorca, denn dort soll sie sich der Leibkoch des Duc de Richelieu während einer Belagerung des Forts ausgedacht haben. Vor allem die Erfindung dieser neuen Genüsse, die ins 18. Jahrhundert fällt, obwohl es auch zahlreiche andere Entstehungsgerüchte gibt, bereicherte die kulinarische Schöpfungskunst um bedeutende Facetten. Ebenso das Bouquet garni, das Kräutersträußchen aus Petersilie, Kerbel, Estragon, Thymian, Lorbeer, Kerbel und Schnittlauch. Man entdeckte wieder, wie wertvoll und schmackhaft Kräuter aus dem eigenen Garten sind; man experimentierte mit Gemüse- und Obstzüchtungen und so wurde eine verfeinerte Form der seit Jahrtausenden bekannten Erbse, die Zuckererbse, schnell zum Modegemüse.

Die Geschenke aus der Neuen Welt, allen voran Kartoffel, Mais und Tomate, Kaffee und Kakao, deren Verbreitung und Beliebtheit recht unterschiedlich vorangingen, brachten unbekannte Aromen und Düfte. So bedingten sich die Entwicklung des Geschmacks und die Entwicklung der Kochkunst gegenseitig. Eine Entwicklung, die sich natürlich nicht in einem Jahr vollzog, sondern über Jahrzehnte und mit einiger Verzögerung von Frankreich aus auch Deutschland erreichte.

»Die Gourmetküche«, prahlte Friedrich II., »die ist mit mir in Berlin in Mode gekommen«. Der Alte Fritz entdeckte bereits als junger die feine Art zu speisen, erlesene Gerichte und elegante Tischsitten. Schon als Kronprinz kaufte er sich Silberbesteck und Porzellan. Dafür soll ihn sein Vater, der Soldatenkönig Wilhelm I., sogar geohrfeigt und sein Porzellan vor versammelter Mannschaft zerschlagen haben. Denn für die vornehmen »Allüren« seines Sohnes hatte er nichts übrig und zum Essen genügte ihm immer noch lediglich ein scharfes Messer. Als die Macht allerdings in seinen Händen lag, machte Friedrich II. die Gabel salonfähig und Berlin zur kulinarischen Weltstadt. Das Kochen wurde in den Rang einer Kunst erhoben und lukullisches Geschick war in höfischen Kreisen sogar dem der Diplomatie gleichgesetzt. So vereinte Friedrich II. bei seinen legendären Tafelrunden am Hofe von Sanssouci die Höhenflüge des Geistes mit den Wonnen des Leibes. Doch trotz allem intellektuellem und kulinarischem Anspruch brach auch manchmal der Schelm in ihm durch: Er verblüffte seine Gäste mit einem völlig versalzenen oder verzuckerten Menü – und wer wagt schon einem

König die Kritik ins Gesicht zu sagen –, bevor er die eigentlichen, exquisiten Gerichte auftragen ließ.

So lebte der Adel, und das Volk darbte. Durch Schlachtfelder, die sich quer durch Europa zogen, durch Ausbeutung und durch die Privilegien der Aristokratie, durch Unwetter und Missernten kam es zu Hungersnöten bei der Stadt- und Landbevölkerung, während die Herrenschicht in Austern und gebratenen Tauben, in Hummer und Wildbret, in Kaviar und Trüffel, in Wein und Champagner schwelgte. Und das muss man dem Alten Fritz nun zugute halten: Er war nicht nur Gourmet und Philosoph, sondern auch fürsorglicher Landesherr. Als er 1740 den Thron bestieg, beutelte eine schlimme Hungersnot seine Untertanen. Schlechte Ernten verteuerten das Getreide und die Lebensmittel wurden immer knapper. So ließ er kurzerhand die Magazine öffnen und Getreide verteilen. Sein bester Schachzug gegen den Hunger war allerdings seine, so wird erzählt, sehr listenreiche Einführung der Kartoffel, denn viele Vorurteile gegen das nützliche, nahrhafte Nachtschattengewächs ließen seine Verbreitung und seine Beliebtheit nur sehr zögerlich gedeihen. Der Alte Fritz verlieh der Pflanze trickreich eine vermeintliche Exklusivität. Rund um Berlin ließ er einige Kartoffelfelder anlegen und sie von Soldaten bewachen. So suggerierte er den Bauern, dass hier etwas ganz Besonderes wachse und weckte ihre Neugier. Ganz im Sinne des Königs, der seine Soldaten angehalten hatte bei der Wache beide Augen zuzudrücken, raubten die Bauern die Feldfrüchte und bauten sie selbst an.

Nun aber von der Legende ins Reich der belegbaren Historie: Am 24. März 1756 erließ Friedrich II. eine »Circular Ordre« an sämtliche Land- und Steuerräte, Magistrate und Beamte. Mit dieser ordnete er an die Kartoffel anzubauen und verhalf so der Knolle zum Durchbruch.

Es ist Uns in höchster Person und Unseren und andern Provintzien die Anpflanzung der sogenannten Tartoffel, als ein nützliches und so wohl für Menschen als Vieh auf sehr vielfache Art dienliches Erd Gewächse ernstlich anbefohlen.

Bereits im späten 16. Jahrhundert traf die mysteriöse Knolle in der guten Alten Welt ein. Pedro Cieza de León, ein Waffengefährte Pizarros brachte sie aus Südamerika nach Spanien. Dort wurde die

Kartoffel in den Anden schon lange in zahlreichen Sorten kultiviert. Von der iberischen Halbinsel trat sie ihre Reise über den päpstlichen Hof als botanische Novität, meist in Töpfen, als Zierpflanze, in andere europäische Länder an. Die erste botanische Tafel mit der besonderen Pflanze malte der in Wien lebende französische Gelehrte Charles de l'Ecluse und beschriftete sie übersetzt mit »Kleine Trüffel«. Auch als Nutzpflanze wurde sie erstmals in Spanien angebaut. Im Tross der Söldner während des 30-jährigen Krieges drang sie zwar immer weiter nach Norden vor, doch so recht Fuß fassen konnte sie weder in Italien noch in der Schweiz oder in Deutschland. Nur im vom Hunger gebeutelten Irland wurde sie bereits im 17. Jahrhundert unter großer Missbilligung als Elendsnahrung angepflanzt.

Warum nun nahmen die Menschen damals die Kartoffel, die heute aus der Palette unserer Nahrungsmittel in den verschiedensten Varianten von Salzkartoffeln bis Knödel, von Pommes bis Gratin, von Gnocchi bis Kartoffelbrei nicht mehr wegzudenken ist, nur an, wenn sie dem Verhungern nahe waren oder unter Zwang? Die Skepsis ist verständlich, glich sie doch nichts Bekanntem außer der Trüffel und diese war auch damals ein Luxusprodukt. Wilde Gerüchte rankten sich um die Pflanze: Den einen galt sie als giftig, hatten sie doch statt der Knollen die Blüten gegessen. In Norwegen unterstellte man ihr aphrodisierende Wirkung und die Kirche verurteilte sie anfangs als Teufelswurz. Zudem sah sie auch noch etwas anders aus als heute. Sie war sehr klein, so kam man nicht auf den Gedanken sie zu schälen, man fühlte sich aber von der Schale abgestoßen. Auch waren Beilagen im heute üblichen Sinn noch nicht gebräuchlich. Und ihr vermeintlich fader Geschmack konnte mit dem Gemüse von intensiverem Aroma wie Rüben, Kraut, Spargel, Lattich, Sauerampfer, Bohnen oder Erbsen, die von den Reichen bevorzugt wurden, nicht konkurrieren.

Vereinzelt gelang ihr zwar tatsächlich schon im 16. Jahrhundert der Weg in den Kochtopf. Das vermutlich erste Kartoffelrezept, eingedeutscht nennt er sie »Erdepfel«, findet sich im Kochbuch des »Churmaintzischen Mundkochs« Marcus Rumpolt, dessen Werk »Ein new Kochbuch« 1581 erschien. Doch erst zum Ende des 18. Jahrhunderts finden sich Zubereitungsvorschläge in verschiedenen Rezeptsammlungen und Kochbüchern. Und da taucht auch zum ersten Mal der Kartoffelkloß auf. Besonders fantasievoll bei der

Erfindung der verschiedensten Kloßvarianten, wie rohe, gekochte, grüne, seidene oder halbseidene, waren die Oberpfalz und Franken. Nicht zu vergessen ist natürlich das Nationalheiligtum der Thüringer, der »Thüringer Kartoffelkloß«.

Möglich, dass auch der Alte Fritz schon in den Genuss eines Kartoffelkloßes kam, denn unter seinen mehr als zwanzig Küchenmeistern soll auch eine bayerische Köchin gewesen sein. Der leidenschaftliche Esser und Feinschmecker, der gerne Neues auch aus anderen Ländern kennenlernte, hatte ein sehr intensives Verhältnis zu seinen Köchen, die er lobte, konstruktiv kritisierte und zu Wettbewerben animierte, um das für ihn schmackhafteste Gericht zu kreieren. Seinen langjährigen Küchenchef Noël nannte er »Newton der Kochgeschirre« oder »Meister des Bratspießes« und er widmete ihm sogar ein eigenes Gedicht, denn dieser verstand es wohl am besten die Leidenschaft des Monarchen für stark Gewürztes, Pikantes und Gehaltvolles zu befriedigen:

Wieviel Pasteten hast du schon gemeistert,
wie viele Braten kunstgerecht gespickt!
Mit wie viel leckeren Füllseln uns erquickt,
wovon mein Hof, gar oft nur zu begeistert,
wird angenehm gekitzelt und bestrickt!
Fruchtbarer Autor köstlicher Gerichte –
Noch unerschöpft von hundert Gastereien –
Die Schüsseln, die du fertigst sind Gedichte
Und stehen jedem anderen Koch im Lichte
Um einzig dir die Palme zu verleihen.

Eine Fähigkeit, die ihm Friedrich II. in späteren Jahren auch finanziell dankte. Nach 1760 war das jährliche Salär für Chefkoch Noël mit 1000 Talern etwa so hoch wie ein Ministergehalt. Die Ausgaben rund ums Essen waren zu einem der höchsten Budgetposten am königlichen Hof geworden.

In der Hofküche war der hochherrschaftliche Gourmet ein häufiger Gast, gern lupfte er die Deckel der Töpfe und schaute seinen Köchen über die Schultern, wobei ihm schon das Wasser im Munde zusammenlief in Erwartung der gestopften und gebratenen Täubchen, einer seiner Leibspeisen, derer er nicht überdrüssig wurde. Genauso erging es ihm mit frischen Austern. An manchen Tagen schlürfte er 100 davon, eine der wenigen Gemeinsamkeiten, die er mit seinem Vater teilte. Reichhaltige Suppen, mit Käse überbackene Speisen, vor allem eine Art Polenta mit Parmesan, sauren oder grünen Kohl und Teltower Rübchen mit Kastanien zählten ebenfalls zu seinen Favoriten.

Die Art zu tafeln hatte sich nach französischem Vorbild zum Fünf-Gänge-Menü hin entwickelt, wobei die Speisenfolge noch nicht unserer heutigen entsprach und ein Gang durchaus mehrere Gerichte umfassen konnte.

SUPPE *(1. Gang)*

Wildentenbrühe

2750 g Wildentenparüren (Knochen und nicht zu verwendende Fleischteile) 2 halbierte Zwiebeln (auf der Herdplatte angeröstet und mit je zwei Nelken gespickt) 500 g Suppengemüse (Möhren, Lauch, Sellerie, klein gewürfelt) 1 Bouquet garni (je ein Zweig Rosmarin, Thymian, Majoran, Liebstöckel, Lorbeerblatt) Pfefferkörner, Wacholderbeeren Salz, Zucker Muskatnuss (ein Lieblingsgewürz Friedrichs II.) je 100 g Möhren, Sellerie, Lauch (in feinste Würfel geschnitten) 1 Wildentenbrust

Wildentenparüren etwa zwei Stunden in kaltes Wasser legen, damit sie blutfrei werden, dann in einen großen Topf geben und diesen mit kaltem Wasser auffüllen. Die gespickte Zwiebel dazugeben, langsam aufkochen lassen, Schaum abschöpfen und etwa zwei Stunden köcheln lassen. Dann das Suppengemüse, Bouquet garni, Pfefferkörner und Wacholderbeeren dazugeben und weitere eineinhalb Stunden sanft kochen lassen. Nun die Suppe am besten durch ein Passiertuch abpassieren, bis zur gewünschten Geschmacksintensität einkochen lassen, in die fertige Brühe das klein gewürfelte Gemüse geben. Mit Salz, Zucker und frisch geriebener Muskatnuss abschmecken. Die Wildentenbrust auf der Haut rosa braten. In sehr feine Streifen schneiden und die Brühe damit anreichern.

Polenta-Kuchen aus »Türkischem Mehl« mit geschmolzenem Parmesan

Brühe oder Wasser mit ½ l Milch aufkochen lassen und mit Salz, Pfeffer und Muskatnuss kräftig würzen. Maisgrieß einrühren und unter Rühren etwa 45 Minuten garen.

Ein Backblech einölen, die fertige Polenta darauf streichen, abkühlen lassen und in 5 cm große Quadrate schneiden. Den Backofen auf 190 Grad vorheizen. Eine große Auslaufform, buttern, die Polentastücke dachziegelartig hineinschichten. Den geschälten und klein gewürfelten Knoblauch mit der Sahne, der restlichen Milch und der Hälfte des geriebenen Parmesan vermengen, ebenfalls mit etwas Salz, Pfeffer und Muskat würzen und über die Polentastücke gießen. Dann die restlichen 100 g geriebenen Parmesan darüber streuen und im vorgeheizten Backofen etwa 30 Minuten überbacken.

½ l Wasser oder Gemüsebrühe
¾ l Milch
Salz, Pfeffer, geriebene Muskatnuss
300 g Maisgrieß
1 Tl Öl
1 El Butter
1 Knoblauchzehe
200 g Sahne
200 g Parmesan

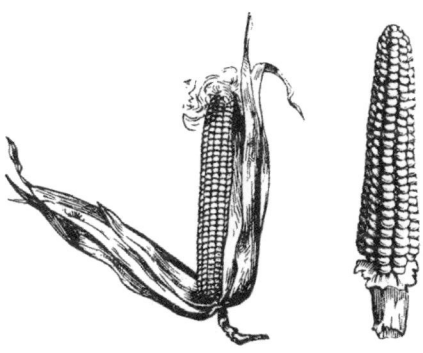

Auch den Mais brachte Christoph Kolumbus 1493 nach Europa, wo die Pflanze Anfang des 16. Jahrhunderts das erste Mal angebaut wurde. Ursprünglich beheimatet war der Mais in Mexico und Peru, wo die Getreideart schon vor 5000 bis 7000 Jahren kultiviert wurde und zu den Grundnahrungsmitteln der Mayas und Azteken gehörte. Von Spanien aus verbreitete sich der Maisanbau über Frankreich und Italien in den Balkan und bis nach China. Als Namensgeber wie »Türkischer Weizen«, »Türkisches Mehl« oder einfach nur »Türken« fungierten die Türken, da sie den Handel kontrollierten.

Gebratenes, gefülltes Täubchen

4 Täubchen, küchenfertig
Salz, Pfeffer aus der Mühle
Öl, 1 Zwiebel
½ mittlere Sellerieknolle
1 große Möhre
1 Bouquet garni
⅛ l Spätburgunder
½ l Kalbsfond

Für die Füllung:
l Milch
3 Brötchen, 1 Tag alt
1 Schalotte
etwas Butter
1 kleines Bund glatte
Petersilie
2 Eier
Salz, Pfeffer, geriebene
Muskatnuss

Für die Füllung die Milch erwärmen, über die gewürfelten Brötchen gießen. Die klein gewürfelte und in der Butter angeschwitzte Schalotte, die kleingehackte Petersilie, die zwei Eier und die Gewürze dazugeben und gut vermengen. Die Täubchen mit Salz und Pfeffer würzen, mit der Masse füllen, rundherum in einem großen Bräter in Öl anbraten, dann herausnehmen und zur Seite stellen.

In dem gleichen Topf die geputzte und kleingeschnittene Sellerieknolle, die Möhre und die Zwiebel anrösten, das Kräutersträußchen dazu geben und mit Fond und Wein aufgießen. Tauben in die Sauce legen und bei 170 Grad etwa 60 Minuten im Ofen braten, dann herausnehmen. Die Sauce durchpassieren, einreduzieren, abschmecken und zu den Täubchen servieren.

HAUPTSPEISEN *(3. Gang: Gebratenes und Gesottenes)*

Geschmorte Kalbsnuss mit Estragonsauce

1 ganze Kalbsnuss
(ca. 800 bis 1000 g)
Öl
200 bis 300 ml Kalbsfond
50 ml Weißwein
100 g Crème fraîche
1 Bund Estragon
Estragonessig
1 Tl Estragonsenf
40 g Butter
Salz, Pfeffer

Die ganze Kalbsnuss von allen Sehnen und Häuten befreien, so dass 3 Stränge schieres Fleisch übrigbleiben. Dann die Stücke in heißem Öl von allen Seiten anbraten und für 30 Minuten zur Seite stellen, damit das Fleisch rosa bleibt. Danach im selben Bratenfond bei geringer Hitze etwa 7 Minuten weiter braten, mit Weißwein und Kalbsfond ablöschen, die Fleischstücke oft wenden und weitere 7 Minuten schmoren, dann herausnehmen und warm stellen. Die Sauce mit Crème fraîche, Estragonessig und Estragonsenf aufkochen, mit etwas Salz und Pfeffer und Weißwein abschmekken, die gehackten Estragonblätter dazugeben. Die kalte Butter zum Binden einmontieren. Das Fleisch in dicke Scheiben geschnitten mit der Sauce überzogen und mit einigen frischen Estragonblättchen garniert servieren.

Wallerfilets auf Rote-Beete-Meerrettich-Sauce

Das gehäutete Wallerfilet in 4 Stücke schneiden. Gemüse waschen, putzen und kleinschneiden. Alle Zutaten mit dem Wasser aufsetzen und ca. 30 Minuten leicht kochen.

Dann das Wallerfilet im Sud ca. 10 Minuten gar ziehen lassen. Für die Sauce ½ l vom Fischsud mit dem Rote Beete Saft in einen Topf geben, zum Kochen bringen und auf die Hälfte reduzieren, Meerrettich hinzufügen und mit Zucker abschmecken. Butter und Mehl vermischen, daraus kleine Kugeln formen und nach und nach in die Sauce geben, bis die gewünschte Bindung erreicht ist. Die Butter-Mehl-Kugeln am besten schon am Vortag herstellen und im Kühlschrank aufbewahren.

Die Wallerstücke aus dem Fond nehmen, auf warmen Tellern anrichten und mit der Sauce umgießen. Mit Dillspitzen garnieren.

800 g Wallerfilets

Für den Sud:
1 Möhre. ½ Stange Lauch
½ Zwiebel
¼ Knolle Sellerie
0,1 l weißer milder Essig
(weißer Balsamico)
0,1 l trockener Silvaner
3 Lorbeerblätter
10 Wacholderbeeren
Saft von ½ Zitrone
3 Tl Salz, etwa ¾ l Wasser

Für die Sauce:
½ l Sud
⅛ l Rote Beete Saft
4 El geriebener frischer Meerrettich
1 Prise Zucker
20 g Butter, 3 El Mehl
Dillspitzen zum Garnieren

ZWISCHENGANG (4. Gang: Warmes und Kaltes, Salat, Gemüse und Pasten)

War es damals auch üblich, Gemüse und Pasteten am Schluss einer Mahlzeit als separaten Gang, vor der Nachspeise aufzutragen, denn Beilagen im heute üblichen Sinne kamen in der damaligen Speisenfolge nicht vor. So ist es dem Geschmack des heutigen Kochs überlassen wie ihm die Zusammenstellung beliebt. Teltower Rübchen favorisierte der Alte Fritz ganz besonders.

Teltower Rübchen mit Kastanien

1 kg kleine Teltower Rübchen
300 ml Gemüsebrühe
30 g Butter, 2 Tl Zucker
600 g frische Edelkastanien
200 ml Gemüsebrühe
20 g Butter
1 gehäufter Tl Zucker

Zuerst die Kastanien vorbereiten, dazu die Schale kreuzweise einschneiden, 10 Minuten in Wasser kochen, anschließend abgießen und schälen. Danach die Kastanien in der Gemüsebrühe etwa 15 Minuten weich kochen, abgießen und gut abtropfen lassen. Den Zucker in der Butter leicht karamellisieren und die Kastanien darin wenden, bis sie ganz von Butter und Zucker überzogen sind. Die ganzen geputzten Rübchen ebenfalls in Brühe etwa 15 Minuten garen, abgießen und karamellisieren. Die Rübchen in die Mitte einer Servierplatte geben und die Kastanien als Kranz um die Rübchen anrichten.

Gerollter Kartoffelknödel

1 kg Kartoffeln
250 g Mehl
2 Eier
2 mittelgroße Zwiebeln
4 El Semmelbrösel
60 g Butter

Die Kartoffeln kochen, schälen, heiß durch die Presse geben und mit dem Mehl, den Eiern und etwas Salz zu einem glatten Teig verarbeiten. Auf einem gut bemehlten Brett fingerdick ausrollen. Zwiebel würfeln, mit den Semmelbröseln in 20 g Butter anrösten und auf den ausgerollten Teig streichen. Die Teigplatte aufrollen, in eine Serviette wickeln, die Enden mit Küchengarn abbinden, in kochendes Salzwasser geben und 1 Stunde leicht köcheln. Dann die Kloßrolle in Scheiben schneiden und mit dem Rest der inzwischen zerlassenen Butter übergießen.

Da nun die ersten Knödel oder Kloßvarianten in Kochbüchern zu finden waren, ist davon auszugehen, dass man inzwischen auf die Idee gekommen war, die Kartoffel zu schälen und auch zu Brei zu verarbeiten. Bei der Vereinigung des zarten Pürees mit den verschiedensten Zutaten sind dem Variantenreichtum fast keine Grenzen gesetzt, ob vom luxuriösen Trüffel bis zu den einfachen in Butter gerösteten Brotbröseln.

Sinfonie in grün –
Erbsensalat mit frischen Kräutern

In einem Topf Salzwasser zum Kochen bringen, zuerst die Erbsen darin garen, diese herausheben, danach die Bohnen darin garen, dass sie noch etwas Biss haben. Erbsen und Bohnen in eine Schüssel geben. Die Erbsentriebe abschneiden, in kochendem Salzwasser blanchieren, abgießen und noch heiß großzügig salzen, pfeffern und mit Olivenöl, Zitronensaft, Essig und den noch warmen Erbsen und Bohnen vermischen. (Heiße Zutaten nehmen Aromen besser auf.) Ist das Gemüse etwas abgekühlt, die gehackte Minze und den Rucola darunter heben und noch einmal abschmecken. Warm oder kalt servieren.

300 g grüne Erbsen (wenn möglich frisch aus dem Garten, sonst tiefgekühlt)
300 g kleine Dicke Bohnen
1 Schale Erbsentriebe
3 El Olivenöl
Saft von 1 Zitrone
1 El Rotweinessig
ein kleines Bund Minze
1 Hand voll Rucola (Rauke), gehackt
Salz, schwarzer Pfeffer

Als Getränk zum Essen bevorzugte Friedrich II. Bergerac, den er mit Wasser mischte – eigentlich ein Sakrileg. Doch sein absoluter Favorit war ein anderer edler Tropfen: ungarischer Tokaier, der als Wein der Könige galt. So hoch achtete er den Wert seines Lieblingsweines, dass er den Bestand seines Weinkellers, je nach Verdienst und Wertschätzung, nach seinem Tod jenen vermachte, die ihm nahe standen.

NACHSPEISEN (5. Gang)

Die Einführung von Kakao und Schokolade verliehen dem süßen Abschluss eines Mahles eine völlig neue Dimension. Ursprünglich mit bitterem Geschmack wird in der Verschmelzung mit Zucker aus dem Pulver der gerösteten und gemahlenen Kakaobohnen eine süße Verführung, die zu Anfang in Europa von der Kirche als diabolisches Aphrodisiakum verteufelt wurde. Eine Vermutung, mit der die Wächter christlicher Moral nicht unbedingt verkehrt lagen, denn nach neuesten Untersuchungen britischer Wissenschaftler turnt der Genuss von Schokolade mehr an als ein Kuss. Das erregende Gefühl, wenn Schokolade im Mund schmilzt, soll, zumindest für die meisten Menschen, viermal so intensiv sein wie ein leidenschaftlicher Kuss. Um die psychoaktive Wirkung von Schokolade und Kakao wussten bereits die Mayas, etwa 600 n. Chr. Ob ihrer berauschenden, anregenden Wirkung war sie Frauen und Kindern verboten und ihr Genuss nur Kriegern, Adeligen und hochstehenden Personen erlaubt. Angebaut wurde Kakao erstmals etwa 1500 v. Chr. in Mittelamerika von den Olmeken, für die er ebenso wie für Tolteken, Azteken und Mayas ein Geschenk der Götter war. Bereits 1502 brachte Christoph Columbus Kakao von seiner vierten Reise mit nach Spanien. Zum Modegetränk entwickelte sich das bittere Getränk erst, als man anfing es mit Rohrzucker zu süßen. Im 17. Jahrhundert wurde es am spanischen Hof populär und schon bald wehte der bitter-süße Duft durch europäische Salons und eroberte vor allem die Herzen der Damen. Immer wieder durch die Jahrhunderte bis heute hatte die Schokolade ihren guten Ruf zu verteidigen, vom verteufelten Aphrodisiakum bis zum ungesunden Dickmacher wurde sie geschmäht. Doch seit einiger Zeit wird sie als Luxusprodukt wieder entdeckt und erlebt die Renaissance, die ihr gebührt. Schoko-Freaks treffen sich zur Verkostung sortenreiner Schokolade, um die ursprünglichen Aromen der verschiedenen Kakaosorten oder Kreationen zu testen, die vor keiner noch so gewagten Kombination halt machen – und da gehört die braune, zart schmelzende Versuchung mit Rosenblättern oder Weihrauch noch zu den trivialsten. Die Krönung der Schokoladenkunst war wohl die »Erfindung« der Praline, die einem unglücklichen Zufall zugeschrieben wird, der sich in Regensburg abspielte, als der Duc de Plessis Praslin in der oberpfälzischen Stadt zu Besuche weilte. Ihm zu Ehren sollte ein ganz besonderes Mahl serviert werden. Die Zubereitung der Nachspeise schlug fehl und als einem Küchenjungen im Eifer des Gefechts eine Platte mit Mandeln ausrutschte und diese in geschmolzene Schokolade fielen, wurden ihm diese serviert. Der Duc war begeistert und die Praline geboren.

Soufflée von Bitterschokolade

4 Eier
100 g Zucker
50 g Mehl
200 g Bitterkuvertüre
100 g sehr weiche Butter

Eigelbe und Zucker schaumig schlagen, Bitterkuvertüre und Butter schmelzen und vorsichtig unter die Masse heben. Eiweiß steif schlagen und mit dem Mehl ebenfalls unterheben. Souffléeförmchen gründlich mit Butter ausstreichen und mit dem Teig füllen. Etwa 8 Minuten bei 200 Grad im vorgeheizten Backofen backen. Die Soufflés auf Teller stürzen und sofort heiß servieren.

Als fruchtige Krönung zum Schokoladesoufflé mit Puderzucker bestäubte gemischte Beeren reichen – am besten Himbeeren, Brombeeren, Blaubeeren und Johannisbeeren, Beerenragout oder in Likör und Gewürzen marinierte Orangenfilets oder Ananasstücke. Diese Vorschläge munden auch ausgezeichnet zu den »Süßen Schwänen«. Eine Windbeutelart, die damals in den Salons vor allem bei den Damen ein beliebtes süßes Vergnügen war, niedlich anzuschauen und gefüllt mit der ja gerade erst entdeckten Schlagsahne.

Süße Schwäne (Windbeutel mit Schlagsahne)

Weißbier und Butter in einem Topf bis zum Kochen erhitzen. Gesiebtes Mehl auf einmal zugeben. Den Topf vom Feuer nehmen und die Masse mit dem Schneebesen glattrühren. Die Masse dann wieder aufs Feuer geben und weiter rühren, bis sich der Teig gut vom Topf löst und einen Kloß bildet. Etwas abkühlen lassen, dann nach und nach die verquirlten Eier unterrühren und die Masse erkalten lassen.

Für den Brandteig:
250 ml Weißbier
40 g Butter
150 g Mehl
3 Eier

Für die Füllung:
½ l Schlagsahne
2 Tl Vanillezucker

Auf ein gut eingefettetes oder mit Backpapier belegtes Blech den Teig in kleine Häufchen und Schwanenhälse in S-Form spritzen und etwa 40 Minuten goldgelb backen. Die Röhre in den ersten 20 Minuten nicht öffnen. Nach dem Backen die Windbeutel erkalten lassen und in der Mitte durchschneiden. Mit der steif geschlagenen und mit Vanillezucker aromatisierten Schlagsahne den unteren Teil reichlich füllen, den Deckel darauf setzen und den Schwanenhals in die Sahne stecken.

Kaffee und Pralinen

Heiß, stark und schwarz – so liebte der Alte Fritz das duftende Gebräu, von dem er schon mehrere Tassen zum Frühstück trank. Durch seine seltsame Kraft, Müdigkeit und Schlaf zu vertreiben, avancierte Kaffee in Windeseile zum Trend-Getränk von Philosophen und Intellektuellen. So wurden die Kaffeehäuser, die ab 1660 in London und Paris wie Pilze aus dem Boden schossen, quasi zur Heimat der Philosophen und ihrer Ideen. Die geistige Elite und jene, die sich dafür hielten, diskutierten die Nächte durch, was den

Kaffeestuben lästerlich den Beinamen »Klatschuniversitäten« einbrachte. Politische Zirkel trafen sich zum Informations- und Meinungsaustausch, denn dort gab es nicht nur Kaffee, sondern auch Zeitungen und Pamphlete, und ebenso der gesellschaftliche Mittelstand verbrachte einen Teil seiner neuen Musestunden an diesen Orten, die jedem offen standen, der es sich leisten konnte.

Der Aufputscheffekt führte angeblich ursprünglich zur Entdeckung des Kaffees. Etwa 850 n. Chr. fiel eines Nachts einem abessinischen Hirten das ungewöhnliche Verhalten seiner Ziegenherde auf. Meckernd, hopsend und sich anderweitig vergnügend fanden die Tiere keinen Schlaf und der Hirte führte das auf den Genuss der Kirschen eines ihm unbekannten Strauches zurück. Wie der Kaffee dann in die Tasse kam und in welchem Zustand, darum ranken sich fantasievolle Legenden, sei es nun die vom Ziegenhirten oder jene vom Derwisch, der aus der Stadt Mocha gejagt wurde, um in der Wüste zu verhungern, und dem ein Geist des Nachts befal, die Früchte des Kaffeestrauches zu pflücken, zu rösten und zu kochen.

Entdeckt wurde die Kaffeepflanze im heutigen Äthiopien in der Provinz Kaffa, ihre Kultivierung soll allerdings im Jemen begonnen haben, und dort soll man auch bereits auf die Idee gekommen sein, die Bohnen zu rösten. Andere Quellen verschieben diesen Evolutionssprung in der Kaffeezubereitung allerdings ins 16. Jahrhundert. Ob nun geröstet oder ungeröstet, als Hauptgetränk der jemenitischen Moslems galt der bittere Muntermacher bereits im 13. Jahrhundert und von dort verbreiteten ihn muslimische Pilger im ganzen Orient. Da seine Zubereitung von den osmanischen Türken verfeinert wurde, die ihn im 16. Jahrhundert über das ganze Reich verbreiteten, setzte sich der Name »Türkischer Kaffee« durch. Über Arabien und Italien, das erste europäische Kaffeehaus wurde 1645 in Venedig eröffnet, und über Wien, vor dessen Toren beim Kampf gegen die Türken mehrere hundert Säcke Kaffeebohnen erbeutet wurden, schwappte die »heiße Leidenschaft« rasant über ganz Europa hinweg. Wen wundert es da, dass Österreich wohl das heute ungekrönte Königreich der Kaffeevariationen ist, die dem Ausländer erst einmal als fast unergründbare Wissenschaft erscheinen. Heute ist Kaffee das bekannteste Getränk der Welt und neben Erdöl das meistgehandelte Produkt.

Von seiner Geburt als bitteres Gebräu aus grünen Bohnen, die in Wasser gekocht wurden, bis heute hat sich Kaffee ganz schön gemausert. Rezepte und Arten der Zubereitung mit landestypischen Besonderheiten gibt es unzählige. Die ursprünglichste Methode, deren Ergebnis unter dem Namen »Türkischer Mokka« oder »Türkischer Kaffee« bekannt ist und auch heute noch von etwa 20 Prozent der Kaffeetrinker, vom Balkan bis Indonesien bevorzugt wird, wurde bei uns bis ins 18. Jahrhundert angewendet. Dazu wird gemahlener, in früheren Zeiten mit dem Mörser zerstoßener Kaffee mit Zucker in einem Kupfer- oder Messingkännchen mit langem Stil verrührt und dann gekocht, bis sich feiner Schaum bildet. Häufig wird bei der orientalischen Variante Kardamom zugegeben, denn dieses Gewürz bindet die Säure und macht den Kaffee bekömmlicher. Gegen Ende des 18. Jahrhunderts wurde in Frankreich die Filtermethode erfunden, die sich allerdings noch grundlegend von der heutigen unterschied und eher der Zubereitung von Tee ähnelte. Denn entweder wurde das Kaffeemehl in einem Gefäß mit heißem Wasser überbrüht und dann die Flüssigkeit vor dem Trinken durch ein Sieb geschüttet oder man verwendete einen Kaffeebeutel, ähnlich einem Teebeutel. Die Filtertüte, so wie wir sie heute gebrauchen, um Filterkaffee herzustellen, der trotz des Vormarsches der Espressomaschinen noch immer an erster Stelle unter den Kaffeespezialitäten in Deutschland rangiert, wurde erst 1908 von der findigen Hausfrau Melitta Bentz erfunden.

Wie bei der Schokolade ist die Entdeckung der Kaffeekultur seit einigen Jahren absolut auf dem Vormarsch. Sortenreine Kaffees aus speziellen Anbaugebieten, schonend geröstet, liegen voll im Trend und kleine Kaffeeröstereien entstehen eine nach der anderen. So kehren die Kaffeepuristen heute zur sortenreinen Tasse, häufig ohne Milch und Zucker zurück, um die unterschiedlichen Aromen schmecken zu können, die anderen schwelgen in unzähligen Kaffeespezialitäten, ob heiß oder kalt, ob mit oder ohne Alkohol, ob bitter oder süß.

Wie nun wer seinen Kaffee zubereitet, hängt von der persönlichen Vorliebe ab, von den verschiedensten Maschinen oder Elektrogeräten, die benutzt werden, davon, ob er als Pulver oder als Bohne gekauft wird, von der Art, wie er gemahlen wird und nicht zuletzt vom Härtegrad des Wassers, mit dem er gekocht wird. Dass der Alte Fritz seinen Kaffee stark und schwarz liebte, ist hinlänglich bekannt, welche Zubereitungsmethode er bevorzugte allerdings nicht – ob er sich seine zahlreichen Tassen nach der türkischen Methode, gebrüht und abgeseiht, oder mit dem Kaffeebeutel zubereiten ließ – als neugieriger Feinschmecker wird er sie alle gekostet haben. Begeistert haben ihn sicher die neuen Porzellankreationen, die durch den Kaffee möglich und nötig waren, Kaffeekannen und Services. Mit die schönsten kamen aus der von ihm im Jahre 1763 gegründeten »Königlichen Porzellan Manufaktur«, KPM. Ob sich Friedrich II. unserer Vorliebe für das folgende Kaffeerezept angeschlossen hätte, bleibt eine unbestätigte Hoffnung, doch als wahrer Connaisseur hätte er es sicher probiert. Es eignet sich vor allem im Sommer für den erfrischenden Abschluss eines Mahles oder für einen kleinen Energiepush zwischendurch, auch wenn der Cocktail Shaker erst 1860 erfunden wurde.

Geeister Vanillekaffee

2 Tassen sehr starker Kaffee
einige Eiswürfel
½ Tl Vanillezucker
ein kräftiger Schuss
Kaffeelikör Kahlua
oder Amaretto
süße Sahne nach Belieben

Den Kaffee mit einigen Eiswürfeln, Vanillezucker, Likör und Sahne in einen Cocktail-Shaker geben, einige Zeit kräftig schütteln und dann in zwei Gläser abseihen.

Zum klassischen Abschluss eines klassischen Menüs gehört zumindest in sehr guten Restaurants der Kaffee, genauso wie die von Schleckermäulchen schon heiß ersehnte Etagère mit selbstgemachten Pralinen. Und blickt man ein wenig hinter die Kunst, die zart schmelzenden Verführungen herzustellen, dann wird dem Genießer bewusst, dass das eine oder andere Rezept ja so schwer gar nicht ist.

Kirschpralinen

500 g dunkle Schokolade
mit mindestens
60 % Kakaoanteil
200 g süße Sahne
1 Vanilleschote
35 g weiche Butter
100 ml Sherry
1 Glas Amarena-Kirschen
oder kandierte Kirschen

Schokolade fein hacken und in eine Schüssel geben. Die Vanilleschoten der Länge nach halbieren, das Mark auskratzen und mit den Schoten zur Sahne in einen Topf geben und aufkochen, sofort vom Herd nehmen, die Schoten heraus nehmen, kurz ruhen lassen und über die Schokolade gießen. Nach einigen Sekunden mit einem Schneebesen mit kreisenden Bewegungen von innen nach außen umrühren. Wenn sich die Schokolade ganz aufgelöst hat, die Butter zugeben, wieder einige Sekunden umrühren, dann den Sherry zugeben, wieder rühren und die Masse dann etwa 4 Stunden im Kühlschrank abkühlen und etwas fest werden lassen. Inzwischen die Kirschen in sehr kleine Stücke schneiden, einige Stücke zur Dekoration beiseite legen. Die Schokoladencreme im Wasserbad erwärmen, bis die Creme glatt, geschmeidig und spritzfähig ist. Nun in einen Spritzbeutel füllen mit kleiner Spritztülle füllen und kleine Papiermanschetten zur Hälfte mit der Creme füllen. Kirschstücke hineinlegen und mit einer Cremerosette bedecken. Die Pralinen nun mit je einem Kirschstückchen garnieren und an einem kühlen Ort fest werden lassen.

Von der Heiterkeit des Mahles: Immanuel Kants Mittagsgesellschaft

Ganz im Kontrast zur pseudo-brüderlichen, tatsächlich jedoch höfischen, also sozial vertikal bestimmten Tafelrunde Friedrichs II., steht der gesellige, »horizontale« Mittagstisch des Königsberger Philosophen Immanuel Kant. Das Essen und seine Tischgesellschaft bilden die Ergänzung seines intellektuellen Berufs und einen Halt in der Einsamkeit des Denkens. Sie komplettieren Kants Auffassung von der Ganzheit des Menschen. Kant bietet die konträre Haltung zu Friedrich: Der Philosoph verbittet sich Themen der Philosophie bei Tisch, ist aber zu jeder anderen geistreichen Konversation aufgelegt und in der Lage. Seine Tischgäste sind so »für ihn« da, um die Einseitigkeit und Einsamkeit seines philosophischen Geschäftes aufzufrischen und zu ergänzen. Sie profitieren von der Speisung und dem Geist und mehr noch vom Glanz des Gastgebers. Der Ernst des philosophischen Berufs erlaubt es Kant jedoch nicht, diesen zum Tischgespräch zu machen. Ein platonisches Symposion oder eine friderizianische Tafelrunde lehnt Kant ab.

Steht diese »Trennungs-Strenge« in Korrespondenz mit der Metaphysik Kants? Nach Kants Metaphysik sollen das Sinnliche und das Intelligible streng auseinandergehalten werden, um zwar erkenntnistheoretisch – transzendental – aufeinander bezogen zu sein, aber praktisch als verschiedene Dimensionen anerkannt zu sein. Verhält es sich mit seiner Philosophie vielleicht so, wie Kant selbst es mit dem anmutigen Bild der »Taube Platons« entworfen hat: Eine Taube könnte meinen, weil sie in ihrem Flug in der Luft Widerstand spürt, dass sie im luftleeren Raum »widerstandslos« schneller und leichter fliegen würde? Schon Schiller und Hegel haben gegen Kant vorgebracht, dass er eine blut- und fleischlose, daher geradezu inhumane Abstraktion entworfen habe. Haben nach Kant die Philosophie (und die Moral) und das Essen (und die sinnliche Lust, aber auch die Unlust) also nichts miteinander zu tun?

Die zahlreichen Biographen weisen als Begründung für den späterhin bekannten, asketischen Lebensstil des 1724 geborenen und 1804 gestorbenen Immanuel Kant auf seine ärmliche, pietistische Herkunft hin, die der Philosoph mit vielen Gelehrten der Aufklärungszeit teilte. Erst relativ spät in seinem Leben war der um das fünfzigste Lebensjahr zur Professur gekommene Immanuel Kant in der Lage, einen eigenen und geregelten Haushalt einzurichten. Er war nicht verheiratet, ein Diener und eine Köchin versorgten den nur noch auf die Ausführung seines einmal geplanten philosophischen Werks konzentrierten Philosophen. Sein Tagesablauf hatte die Regelmäßigkeit eines Uhrwerks derart, dass die Nachbarn ihre Uhren nach den morgendlichen Spaziergängen Kants stellten.

Um Punkt 13.00 Uhr bat er seine Gäste vom Arbeitszimmer, wo er sie empfangen hatte, ins Speisezimmer mit dem immer gleichen Satz: »Nun meine Herren!«

Ihre Anzahl lag zwischen drei und neun, denn sie sollte »nicht unter der Zahl der Grazien aber auch nicht über die der Musen sein«, wie Kant in seinen *Anthropologie*-Vorlesungen festhält. Frauen waren nicht geladen, obwohl Kant als junger Gelehrter auch als der »galante Magister« bekannt war.

Gewissenhaft besprach Immanuel Kant mit seinem Diener Lampe die Speisenfolge, die er bei seinem Mittagstisch zu servieren gedachte, doch große Abwechslung erwartete die Gäste nicht. Kants Lieblingsgericht war Schmorbraten und dieser stand, wenn auch in Variationen, in schöner Regelmäßigkeit auf der Kant'schen Tafel. Suppe, Hauptspeise, Nachspeise, mehr als drei Gänge gab es in der Regel nicht – und zu jeder Mahlzeit den vom Hausherrn eigens angerührten Senf. Denn obwohl im Kant'schen Haushalt eine Köchin in der Küche wirkte, verstand der Philosoph, man möchte es ihm gar nicht zutrauen, selbst etwas vom Kochen. Eine Flasche Rotwein fehlte ebenfalls nie; der Gelehrte verabscheute Bier, er trank lieber Wein, den aber mäßig. Einer gewissen Mäßigkeit folgte er auch beim Essen, weswegen er nach dem ausführlichen Mittagsmahl abends nicht mehr zu speisen pflegte.

Dabei musste die Unterhaltung, wie der Kantbiograph Steffen Dietzsch schreibt,

> immer drei Kreise durchlaufen: Erzählen, Räsonieren, Scherzen. Damit verboten sich Dispute über philosophische Fachfragen in diesem Kreis von selbst. Worüber aber eben gesprochen worden sein dürfte, waren Vorgänge an der Universität.

Kant hat allerdings an anderer Stelle ausführliche Reflexionen über das Essen und den Geschmack angestellt. In den seit 1778 gehaltenen Vorlesungen, »Anthropologie in pragmatischer Hinsicht«, die er erst spät in Buchform veröffentlichte, wird im Zusammenhang einer Untersuchung der Sinne auch der Geschmacks- und Geruchssinn analysiert. Kant ist klar, »wem der Geruch mangelt, der hat jederzeit nur einen stumpfen Geschmack«. Zugleich urteilt er aber über den Geruch, dass er der »undankbarste« und »entbehrlichste« sei, es lohne nicht,

> ihn zu kultivieren und zu verfeinern, um zu genießen. Denn es gibt mehr Gegenstände des Ekels [...] als der Annehmlichkeit, die er verschaffen kann und der Genuß durch diesen Sinn kann immer auch nur flüchtig und vorübergehend sein, wenn er vergnügen soll. [...] Eben dieselbe Wichtigkeit hat auch der zweite Genußsinn, nämlich der Sinn des Geschmacks, aber mit dem ihm eigentümlichen Vorzuge, daß dieser die Geselligkeit im Genießen befördert, was der vorige nicht tut, überdem auch daß er schon bei der Pforte des Eingangs der Speisen in den Darmkanal die Gedeihlichkeit derselben schon im voraus beurteilt; denn diese ist mit der Annehmlichkeit in diesem Genusse, als einer ziemlich sichern Vorhersagung der letzteren, wohl verbunden, wenn Üppigkeit und Schwelgerei den Sinn nur nicht verkünstelt hat. – Worauf der Appetit bei Kranken fällt, das pflegt ihnen auch gemeiniglich gleich einer Arznei gedeihlich zu sein.

Ganz nach dieser Auffassung referiert Kant diesen Zusammenhang von Geschmack und Förderung der Gesundheit durch die Nahrung in seiner Rekoratsrede »De Medicina Corporis, quae Philosophorum est« – »Über die Heilung des Körpers, soweit sie Sache der Philosophen ist«. Es entspricht seiner Auffassung von Aufklärung als »Ausgang des Menschen aus seiner selbstverschuldeten Unmündigkeit« in der Schrift: »Was ist Aufklärung?«, dass der Mensch durch intuitive und erworbene Kenntnis sowie entsprechendes Verhalten eine Selbstverantwortung gegenüber seinem Körper zu tragen hat. Der Körper solle weder in Unmündigkeit gegenüber dem Geist gehalten werden, noch der Körper umgekehrt eine Vormundschaft über den Geist entfalten.

Wenn der Körper unterernährt ist, kann der Körper den Geist nich tragen; wenn der Körper überernährt ist, kann der Geist nicht den Körper ertragen.

Nicht der körperliche Mechanismus, sondern die Erfahrung des Erkennens sei dabei das Entscheidende. Keine Art des gewaltsamen Eingriffs in die natürlichen Kreisläufe könne förderlich sein, wie extreme Kasteiungen oder Hungerkuren. Die »vernünftige« Umsetzung der naturnotwendigen Nahrungsaufnahme besteht für Kant letztlich darin, das Essen als gesellige und dabei vor allem heitere Veranstaltung zu organisieren. Eine freundschaftliche Auseinandersetzung und das dabei herausgeforderte Lachen sind das wesentliche Remedium der kantischen Philosophie für Körper und Geist. Dabei könne sich der Geist am ehesten von seinen Aufgaben erholen. Diese Ausführungen waren indirekt auf den jüdischen Philosophen Moses Mendelssohn gemünzt. Letzterer schreibt über sich selbst:

Übrigens bin ich nie auf einer Universität gewesen, habe auch in meinem Leben kein Kollegium lesen hören. Dieses war eine der größten Schwierigkeiten, die ich übernommen hatte, indem ich alles durch Anstrengung und eigenen Fleiß erzwingen mußte. In der Tat trieb ich es zu weit, und habe mir endlich durch Unmäßigkeit im Studieren seit Jahren eine Nervenschwäche zugezogen, die mich zu aller gelehrten Beschäftigung schlechterdings unfähig macht.

Der jüdische Gelehrte, Sohn eines armen Schullehrers, 1729 geboren und 1786 gestorben, hat die Nachteile, als Jude in Preußen geboren worden zu sein, am eigenen Leibe schmerzlich erleben müssen. Er hat aber auch die neuen Freiheiten, die Friedrich II. in Preußen schuf, für sich nutzen können und hat nicht nur den Status eines so genannten »Schutzjuden« erhalten, sondern auch an der Verbesserung der Lebensbedingungen der Juden in Preußen entscheidend mitgewirkt.

Kant schrieb an Mendelssohn über dessen Werk von 1783 »Jerusalem oder religiöse Macht und Judentum«:

> Sie haben Ihre Religion mit einem solchen Grade von Gewissensfreiheit zu vereinigen gewußt, die man ihr gar nicht zugetraut hätte und dergleichen sich keine andere rühmen kann. Sie haben zugleich die Notwendigkeit einer unbeschränkten Gewissensfreiheit zu jeder Religion so gründlich und so hell vorgetragen, daß auch endlich die Kirche unsererseits darauf wird denken müssen, wie sie alles, was das Gewissen belästigen und bedrücken kann, von der ihrigen absondert, welches endlich die Menschen in Ansehung der wesentlichen Religionspunkte vereinigen muß; denn alle das Gewissen belästigende Religionspunkte kommen uns von der Geschichte, wenn man den Glauben an deren Wahrheit zur Bedingung der Seligkeit macht.

Gerade am Beispiel dieses bedeutenden Aufklärungsphilosophen Moses Mendelssohn, der sich, ohnehin von schwächlicher Gesundheit, durch äußerste Konzentration auf seine geistige Arbeit und übermäßiges Fasten zu Tode gebracht hat, versucht Kant die Lanze der Philosophie zu brechen. Zu dieser Zeit wurde u. a. die philosophische Richtung des Spinozismus hinter Mendelssohns Tod als Grund vermutet. Die Philosophie des jüdischen Philosophen Baruch Spinoza wurde auf die Formel reduziert »deus sive natura« – »Gott oder die Natur« und mit dem philosophischen Pantheismus identifiziert. Dieser »Allgottglaube« galt als anrüchig, weil er nicht mit dem christlichen Glauben an einen über seiner Schöpfung stehenden Schöpfergott für vereinbar gehalten wurde. In Zeiten obrigkeitlicher Zensur und Verfolgung, in Verbindung mit dem durch die Aufklärung in seinem Ansehen angegriffenen Christentum, konnte ein solcher Ruf ernste Konsequenzen nach sich ziehen. Zumindest konnte es die staatliche Pension und damit die Lebensversorgung kosten.

Kant war ja nicht nur persönlich mit Mendelssohn bekannt, er ging in seinen Briefen sogar auf dessen Form der Diät ein. Kant betont dabei die Misslichkeit des notwendigen Verdauungsvorgangs, die dem geistigen Geschäft des Philosophen zuwider stünde, hebt aber ganz gemäß seiner Überzeugung und Erfahrungen die Ablenkung durch Fröhlichkeit hervor, die die Mahlzeit in Gesellschaft haben könne, um damit einen positiven Effekt der Speisen auf die Arbeit des Philosophen zu bekräftigen. Aus Vernunft nämlich müsse der Philosoph der Erhaltung seines Körpers dienlich sein wollen.

Kommt darin nicht der bereits zitierte La Mettrie wieder zum Vorschein? Dieser schreibt:

Ohne Nahrung verliert die Seele zunehmend an Kraft, bis sie sich noch einmal kurz aufbäumt und dann an Entkräftung stirbt, so wie die Flamme einer Kerze noch einmal kurz aufflackert, bevor sie erlischt. Versorgt man den Körper jedoch mit vorzüglicher Nahrung und stärkenden Säften, so wird die Seele ebenso vorzüglich sein und stark.

Zieht man diese Parallele in Betracht, könnte Kant für einen Materialisten gehalten werden. Das aber wäre ein ebensolches Missverständnis, wie La Mettrie, bei aller unterstellten Ironie, jegliche inhaltliche Einsichten jenseits eines platten Materialismus absprechen zu wollen.

Für Kant ist am anderen Ende allerdings die »Schwelgerei« ein unnötiger Aufwand, der den Geschmackssinn mit Genuss überfüllt und so zu Ekel führen muss. Die »gute Lebensart« ist, wiederum der »Anthropologie« folgend, eine

Angemessenheit des Wohllebens zur Geselligkeit (also mit Geschmack). Man sieht hieraus, dass der Luxus der guten Lebensart Abbruch tut, und der Ausdruck ,er weiß zu leben', der von einem begüterten und vornehmen Mann gebraucht wird, bedeutet die Geschicklichkeit seiner Wahl im geselligen Genuß, der Nüchternheit (Sobrietät) enthält, beiderseitig den Genuß gedeihlich macht und für die Dauer berechnet ist.

Die »Üppigkeit« sollte nach Kant dennoch nicht mit »Aufwandsverboten« belegt werden, denn im Dienste der Allgemeinheit könne sie durch ihren Aufwand die Künste beleben.

Allgemeiner noch identifiziert Kant als eine Art graduell aufeinander bezogene Kategorien für die »Vermehrung und Verminderung der Sinnesempfindungen« den Kontrast, die Neuigkeit, den Wechsel sowie die Steigerung. Wenn diese Kategorien auf die Entwicklung eines Menüs angewandt werden, könnte man zu durchaus befriedigenden, ja überraschenden Ergebnissen für Gaumen und Magen kommen.

Eine Speisenfolge könnte insofern unter Kontrast etwa die Folge von Saurem und Bitterem, den Wechsel von Weichem und Knusprigem und die Steigerung in Schärfe oder Süße als Gegenstand eines raffinierten, den Geschmack herausfordernden Mahles zum Inhalt haben. Hier wird das Können des Kochs nicht nur zum Vergnügen der Gäste, sondern zum Gegenstand einer Geschmacks-Bildung im eigentlichen Sinne.

Mitte des 18. Jahrhunderts wird der Geschmacksbegriff eine grundlegende Kategorie der Ästhetik. Dabei erfährt er eine wichtige Erweiterung: Bisher stand die Urteilsfähigkeit im Vordergrund, jetzt geht es darum, dem als Schönes erkannten auch empfundenes Vergnügen abzugewinnen. Während aber die Geschmacksprobe des Bitteren – etwa in der Form von Kaffee – an der Tafel Friedrichs II. zum vordergründigen Amüsement des Herrschers wird, ist die gegenseitige Unterhaltung zur Erheiterung des »Gemüths« an Kants Mittagstisch eine, in der sowohl der Magen als auch der Mensch als ganzer auf seine Kosten kommen soll: Das ist eine Frage der Vernunft.

Unsere schwierige Ausgangsfrage kann also bejaht und Kant gegen ungerechtfertigte Kritik in Schutz genommen werden: Die getrennten Dimensionen von Sinnlichkeit und Verstand bzw. Vernunft besitzen nach Kant in der Einbildungskraft ihre tiefe Verbindung im Menschen, die nirgends inniger und innerlicher wird als in der Verkostung von Speisen, die begleitet ist von guter Laune, erzeugt durch das Gespräch mit Gleichgesinnten.

Das Rad des Geschmacks wird jedoch noch weitergedreht: Kant bezeichnet den Geschmack auch als das »Beurteilungsvermögen alles dessen, wodurch man sogar sein Gefühl jedem anderen mitteilen kann«. Diese Ansicht steht, wie wir gesehen haben, für Sozialität und gesellige Humanität beim Essen. Mit der *Kritischen Urteilskraft* Kants aber verabschiedet sich der Geschmacksbegriff um 1800 wieder aus der ästhetischen Diskussion. Das ist mit ein Grund, dass in der Folge der Geschmack fast nur noch auf Modeerscheinungen Anwendung findet. Insofern ist die Erhöhung des Geschmacksbegriffs zum Grundgegenstand der Kultur und in metaphorischer Übertragung auf alle Lebensbereiche eine typische Erscheinung der frühen Neuzeit. Er taucht im 17. Jahrhundert auf und tritt am Ende des 18. Jahrhunderts wieder ab.

Dem in den Salons so beliebten Kaffee war der große Philosoph Kant nicht zugetan. Kant lehnte Kaffee ab, da er ihm nicht schmeckte. Einer anderen Leidenschaft frönte er allerdings mit Begeisterung, der Herstellung und dem Genuss von Senf, bei keiner Mahlzeit fehlte die scharfe Paste. Welches nun Kants Lieblingsrezept war, ist nur zu erahnen, fehlen doch gesicherte historische Quellen darüber. Doch ist die Herstellung von Senf, der seine Karriere im klassischen Griechenland nicht als Genussmittel, sondern als Heilmittel begann, nicht besonders schwer. Die Basis sind gemahlene Senfkörner, schärfere schwarze oder mildere gelbe und weiße, verrührt mit Wasser und angereichert durch andere Gewürze. Die Geschmacksvielfalt ergibt sich aus dem Hinzufügen von unterschiedlichen Gewürzen, Kräutern, Zucker, Honig oder verschiedenen Alkoholika.

Grundrezept:
Scharfer bis extrascharfer Senf

25 g gelbe Senfkörner
25 g schwarze Senfkörner
5 g Salz
30 g Weinessig
10 g Zucker
40 g Wasser

Die Schärfe des Senfs variiert je nach dem Anteil an scharfen schwarzen Senfkörnern.

Die Senfkörner zuerst gründlich mahlen, das geht heute am besten in der Kaffeemaschine. Allerdings darf das Mahlgut nie wärmer als 30 Grad werden, da sich sonst Aromastoffe verflüchtigen, so ist es notwendig in Intervallen zu mahlen und die Maschine immer wieder für mindestens 5 Minuten auszuschalten, damit sich alles abkühlen kann. Nach Kant'scher Art werden die Senfkörner im Mörser zermahlen. Das Senfmehl dann mit Wasser, Essig, Zucker und Salz verrühren und dabei ist ebenfalls Geduld angesagt, denn je länger gerührt wird, desto besser wird der Senf. Also sollte sich der Feinschmecker dafür mindestens 5 Minuten Zeit nehmen, denn das Senfmehl beginnt auch erst nach einiger Zeit zu quellen.

Gurkensuppe mit Rindfleisch

Wasser mit Gemüse, Petersilie und Gewürzen zum Kochen bringen. Das Fleisch hinein geben, einmal aufkochen, den Schaum abschöpfen, dann leicht köchelnd fertig garen.

Das Fleisch herausnehmen, mindestens 10 Minuten ruhen lassen, die eine Hälfte dann in kleinere Würfel schneiden, die andere Hälfte zu einem späteren Zeitpunkt verwenden. Die Brühe abseihen und das, was vom Gemüse noch nicht zerfallen ist, ebenfalls kleinschneiden. Mit dem Fleisch und den in kleine Würfel geschnittenen Gewürzgurken in die Brühe geben. Joghurt, Sauerrahm, Senf und mit dem Mehl und etwas von der Gewürzgurkenflüssigkeit glattrühren, in die Suppe geben, kurz aufkochen lassen, mit Salz und Pfeffer abschmecken und mit frischem Dill garniert servieren.

Dieses Grundrezept kann nun mit den unterschiedlichsten Gewürzen oder Kräutern verfeinert werden.

800 g Rindfleisch zum Sieden
½ l Wasser
1 halbe Stange Lauch
1 Möhre, Sellerieknolle
1 Zwiebel mit zwei Nelken
besteckt
1 Lorbeerblatt
einige Zweiglein Petersilie
500 g Gewürzgurken
1 Becher Sauerrahm
1 Becher Joghurt
1 Tl scharfer Senf
1 Tl Mehl
Salz, weißer Pfeffer
1 Prise Zucker
Dill

Bœuf à la mode
(Rinderschmorbraten in Rotwein)

Das Fleisch im Rotwein mit Lorbeerblättern, Nelken, Pfefferkörner und den Walnüssen zwei Tage marinieren. Dann aus der Marinade nehmen, abtrocknen und in einem Bräter in dem ausgelassenen Speck von allen Seiten anbraten. Herausnehmen und nun die kleingehackten Zwiebeln in dem Topf anrösten und diese ebenfalls wieder herausnehmen. Das Fleisch zurück in den Topf geben, mit dem Cognac flambieren, den Kalbsfuß dazugeben, mit der Marinade aufgießen, das Bouquet garni dazugeben, mit Salz und Pfeffer würzen, mit einem Deckel verschließen und im vorgeheizten Ofen etwa 2 Stunden schmoren lassen. Das Fleisch kurz herausnehmen, die Sauce passieren, in den Bräter mit dem Fleisch zurückgeben und die in dicke Scheiben oder zu Fässchen geschnittenen Karotten und die Zwiebel dazugeben und eine weitere

1½ bis 2 kg Rinderschulter
750 g Zwiebeln
4 dickere Scheiben
geräucherter,
durchwachsener Speck
evtl. 1 Kalbsfuß, gespalten
1 Flasche kräftiger Rotwein
2 Lorbeerblätter
2 Nelken, 10 Pfefferkörner
15 halbe Walnusskerne
6 cl Cognac, 1 Bouquet garni
750 g Möhren
Salz, Pfeffer

Stunde garen lassen. Danach das Fleisch und den Kalbsfuß herausnehmen, und die Rinderschulter zugedeckt an einem warmen Ort ruhen lassen. Die Sauce reduzieren und mit Salz und Pfeffer abschmecken. Das Fleisch in Scheiben schneiden, mit der Sauce napieren und mit dem Gemüse anrichten.

Sowohl die Reste des Bœuf à la mode als auch das übriggebliebene Suppenfleisch schmecken hervorragend kalt mit Senf oder mit Senfmayonnaise.

NACHSPEISE

Frisches Obst und englischer Käse

England steht ja eher im Ruf, eine kulinarische Diaspora zu sein, und die Bewohner der Insel gelten nicht als typische Feinschmecker, sind sie doch eher als Entdecker neuer Kolonien und nicht als Erfinder eines neuen Gerichtes bekannt. Und doch ist das nur ein Teil der Wahrheit. Auch auf der Insel gibt es vieles zu entdecken, was des Feinschmeckers Herz höher schlagen lässt, und außerdem verdanken wir den Engländern einige kulinarische Köstlichkeiten, wie das Steak, indirekt auch den Champagner (mehr dazu im nächsten Kapitel) und »the king of cheese«, wie der Stilton im 18. Jahrhundert genannt wurde.

Ob er Kants Favorit war, ist nicht belegt, sicher ist, dass der Philosoph englischen Käse liebte. Unter den anderen Käsesorten wie Cheddar, Chester oder Double Gloucester ist dieser Käse mit den bläulich grünen Schimmeladern und dem kräftigen Geschmack schon etwas Besonderes. Und heute der einzige herkunftsgeschützte Käse Englands, dessen Milch nur aus sieben Molkereien in Leicestershire, Derbyshire und Nottinghamshire stammen darf und der nur von fünf Betrieben erzeugt wird. Erst Mitte des 18. Jahrhunderts wurde der Stilton von Mrs. Frances Paulet in Melton Mowbray das erste Mal hergestellt.

Die klassische, traditionelle Art Stilton zu genießen, wird heute kaum mehr praktiziert. Mit einem Weinglas wurde eine Höhlung in den zylindrisch geformten Käseleib gepresst, diese dann mit

Portwein aufgefüllt und mit einem speziellen, extra langen Stiel-löffel wurde dann der Käse samt dem Portwein verspeist. Ob der Käsegenuss nun an der Kant'schen Mittagstafel auf diese Weise zelebriert wurde oder ob er einfach nur mit frischem Obst – mit Birnen oder Äpfeln mundet er ganz hervorragend – den Abschluss des Mahles bildete, bleibt der (Geschmacks-)Fantasie eines jeden selbst überlassen.

5 | Idealismus des Genusses

Nahrung als »Assimilation« nach Hegel

Immanuel Kant hat inmitten einer Zeit politisch-gesellschaftlicher Revolutionen, der Amerikanischen Revolution von 1776 und der Französischen von 1789, und völlig unabhängig davon, 1781 mit der Veröffentlichung der »Kritik der reinen Vernunft« eine »Revolution der Denkart« hervorgebracht. Diese Umwälzung bringt auf ihre Weise die deutschen Köpfe ins »Rollen«. Bedeutende, philosophische Schriftsteller bereiteten zwar schon in der Aufklärungszeit den Boden für die Entstehung neuer Gedanken, indem sie sich auf neue Weise der deutschen Sprache bedienten, um ihr mehr theoretische Ausdrucks- und Differenzierungskraft zu entlocken, als sie vorher zu besitzen schien: Lessing und Lichtenberg, Mendelssohn und Herder sowie Schiller und Goethe. In kurzer Abfolge überbieten sich aber nun, durch Kant unmittelbar angeregt, die philosophischen Systementwürfe von Fichte, Schelling und Hegel. Auch Friedrich Hölderlin gehört in diesen Kreis.

Johann Gottlieb Fichte, 1762 in pietistischer Umgebung in der Oberlausitz geboren und 1814 in Berlin gestorben, studierte Theologie und Philosophie. In seiner Begeisterung für Kants Philosophie veröffentlichte er 1792 anonym die Schrift »Versuch einer Kritik aller Offenbarung«. Kant, den man als Autor vermutete, dementierte, diese Schrift verfasst zu haben. Damit war Fichte mit einem Schlag berühmt und erhielt eine Professur für Philosophie in Jena, die er aber wegen atheistischer Thesen verlassen musste.

Die drei Tübinger Stiftszöglinge Schelling, Hölderlin und Hegel stammen alle aus zutiefst protestantischem, Württembergischen Milieu. Strenge der Lebensführung und erhebliches Selbstbewusstsein kennzeichnen diesen bürgerlichen Stand.

Friedrich Wilhelm Joseph Schelling, der 1775 geborene, jüngste der drei, war als Früh- und Hochbegabter schon mit 15 zur Universität zugelassen. Fichte übte zunächst den größten Einfluss auf ihn aus, Schelling brach aber später mit ihm wie mit Hegel. Von Goethe gefördert erhielt das junge Genie eine Professur in Jena, wo sich einige der bedeutendsten Köpfe der Zeit versammelten: neben Friedrich Schiller die Gebrüder Schlegel, Fichte und andere. Schellings Systementwürfe wechseln einander in rascher Folge ab, ohne zu einer einheitlichen, endgültigen Gestalt zu kommen, daher wurde ihm auch der Beiname eines »Proteus der Philosophie« zuteil. Einflussreich wurde er durch die Förderung der Bayerischen Könige. Ohne Erfolg allerdings wurde er 1841 an die Berliner Universität berufen, um die »Drachensaat« des Hegelianismus zu bekämpfen. Er starb 1854 in Bad Ragaz in der Schweiz, wo ihm sein früherer Zögling, der Bayerische König Maximilan II., ein Grabmal stiftete mit der Inschrift »Dem ersten Denker Deutschlands«.

Der wie Hegel 1770 geborene Friedrich Hölderlin, als einer der bedeutendsten Lyriker der deutschen Sprache berühmt, gehörte in Tübingen und einige Zeit danach zum eingeschworenen Kreis und soll das dialektische Denken Hegels durch seinen Verweis auf die fundamentalen Gegensätze bei Heraklit angeregt haben. Hölderlin, der nicht von äußerem Glück begünstigt schien, verbrachte seine Zeit von 1807 bis zu seinem Tod 1843 in geistiger Umnachtung.

Georg Wilhelm Friedrich Hegel, der wohl einflussreichste Denker des deutschen Idealismus, stammte aus einer alten Beamten- und Theologenfamilie. Auch er war wie all die anderen zunächst als Hauslehrer tätig, bis ihn 1801 eine Erbschaft relativ unabhängig und frei für die Philosophie machte. Mit der Schrift »Phänomenologie des Geistes« trat er aus dem Schatten Schellings, um später als gefeierter Philosoph in Berlin eine ganze Generation intellektuell in Bann zu ziehen.

Wenn wir heute das Wort »Idealismus« hören, so hören wir es schon gefiltert durch die Kritik und den Niedergang dieser Denkrichtung, der bald nach ihrem Aufkommen begann. Idealismus, das klingt dann nach Schwärmerei, nach hohen, unerreichbaren Zielen, nach Vergeblichkeit. Lässt sich hier überhaupt eine Verbindung zu den Niederungen von Speis' und Trank, zu den Ebenen des Geschmacks und den Tälern der Sinneslust herstellen?

Schon in den frühen Entwürfen der deutschen Idealisten – unter diesem Namen firmieren sie in der Philosophiegeschichte – wird deutlich, dass ihre reichhaltigen Konstruktionen und gewagten Universalkonzeptionen aus einem einzigen Grundgedanken, der »intellektuellen Anschauung« abgeleitet sind. Die intellektuelle Anschauung, das »absolute Ich« oder der Zusammenfall von Subjektivität und Objektivität, war allerdings der Gedanke, vor dem Kant warnte.

Wie auf die Revolution, die das Ancien Regime beseitigte, die Usurpation der politischen Geschicke durch Napoleon erfolgte und schließlich die Restauration, so entsteht der deutsche Idealismus aus der geistigen Revolte von zum staatlichen Theologenamt bestimmten Zöglingen des Tübinger Stifts und aus ihrer Not, sich ein Amt zu schaffen, was auf sehr unterschiedliche Weise gelingt. Der Idealismus steigt schließlich durch die Karrieren seiner Protagonisten zur staatstragenden Philosophie auf. Schelling wird in Bayern Prinzenerzieher und Hegel nach Berlin an die neue von Humboldt geschaffene Universität gerufen. Hegel wird zum Zentrum dieser jungen Universität, die durch ihr Bildungsideal in die ganze Welt ausstrahlt, und er wird zum Anreger einflussreicher Denkbewegungen. Zu Beginn dieser Karrieren aber herrscht neben dem unbändigen Freiheitsdrang physische Not und relative Armut, und die als Privatlehrer engagierten jungen Genies spüren nur zu deutlich: Schmalhans ist hier Küchenmeister.

Müßte das »große Ich«, was die Idealisten miteinander verbindet, nicht andererseits aber auch ein Interesse am Geschmack, am Essen, zumindest an der Selbsterhaltung gehabt haben? So einfach ist es nicht. Selbsterhaltung ist »philosophisch« schon seit Sokrates' Zeiten verpönt. Geschmack als ästhetisches Thema ist wieder »out«. Der Genuss der Nahrung zu kurzfristig, zu vermischt und »zu nah«, um ästhetisch für die Idealisten als großes Thema in Frage zu kommen.

Der Dichter Heinrich Heine, Lyriker der Romantik und ihr ironischer Überwinder, hat Hegel in den 1820er Jahren in Berlin gehört und hat sich auch mit der restlichen deutschen Philosophie luzide auseinandergesetzt. In seinem dem französischen Publikum gewidmeten Buch »Religion und Philosophie in Deutschland« schreibt er über Fichte:

> *Der Gedanke soll sich selber belauschen, während er denkt, während er allmählich warm und wärmer und endlich gar wird. Diese Operation*

mahnt uns an den Affen, der am Feuerherde vor einem kupfernen Kessel *sitzt und seinen eigenen Schwanz kocht. Denn er meinte: die wahre Koch-kunst besteht nicht darin, daß man bloß objektiv kocht, sondern auch subjektiv des Kochens bewußt wird.*

Das ist natürlich eine Verballhornung der wahren Ansichten Fichtes, dem in seinem moralischen Rigorismus nichts ferner lag als über das Kochen zu räsonieren, geschweige denn sich selbst als Gericht zu verkosten. Vielmehr sind bei ihm kernige Sätze zu finden, die ganz gut zur protestantischen Ethik passen, deren Zögling er zu Schul-pforta war:

Wer nicht arbeitet, darf wohl essen, wenn ich ihm etwas zu essen schenken will, aber er hat keinen rechtskräftigen Anspruch aufs Essen. Er darf keines andern Kräfte für sich verwenden; ist keiner so gut, es freiwillig für ihn zu tun, so wird er seine eigenen Kräfte anwenden müssen, um sich etwas auszusuchen oder zuzubereiten, oder Hungers sterben, und das von rechts wegen.

Dennoch trifft Heine in seinem Spott etwas, was selbst im Idea-lismus die Köpfe nicht von den Gedärmen, den Geist nicht von der Materie trennen kann. Der »Geschmack« der Aufklärungszeit ist überwunden und doch bleibt die große Wahrheit bestehen, dass Essen Leib und Seele zusammenhält. Wie kann das in die großen Systementwürfe eingebracht werden?

Die Nahrung im System des Idealismus

Georg Wilhelm Friedrich Hegel hat einmal notiert: »Ein großer Mann verdammt die Menschen dazu, ihn zu explizieren.« Dass wir diesen Satz erwähnen, erklärt sich sofort, wenn wir in den Notizen und Aphorismen aus Hegels Berliner Zeit weiter blättern und auf eine Bemerkung stoßen, auf die wir nur gewartet haben:

Moralität des Essens und Trinkens.

Diese Aussage wird allerdings nicht näher erläutert und hängt merk-würdig in der Luft – wie es sich eben mit Notizen manches Mal ver-hält, die uns, wenn wir sie schnell hinkritzeln, bei späterer Lektüre daran erinnern sollen, dass das kurze Aufblitzen einer Einsicht nur der Ansatz für eine zukünftige, ausführliche Ausarbeitung war. Der unmittelbar auf die zitierte Notiz folgende Absatz lautet:

> *Wenn der Mensch einmal dahin gekommen, daß er es nicht mehr besser weiß als andere, d. h. daß es ihm ganz gleichgültig ist, daß die andern es schlecht gemacht – und ihn nur dies interessiert, was sie recht gemacht –, dann ist Frieden und die Affirmation in ihn eingetreten.*

Das hilft uns auch nicht zu verstehen, was mit der ersten Bemerkung gemeint sein soll. Wir können uns nicht damit zufrieden geben, dass diese beiden Aussagen in einem räumlich(-zeitlich) engen Zusammenhang stehen. Es sei denn, dass der zweite Satz als Kommentar auf die Zubereitung des Essens durch die Hausfrau oder auf die Rolle des Gastgebers gemünzt wäre: Die »Moralität« des Gastes oder schlicht des Bekochten bestünde darin, das, was gelungen ist oder was geschmeckt hat, zu loben; was aber nicht geschmeckt hat oder misslungen ist, mit dem Mantel gütigen Schweigens zu bedecken? Aber hier befinden wir uns wahrlich in einem Feld gastrosophischer Spekulation.

Viel besser passt ein späterer Eintrag Hegels in unseren Zusammenhang:

> *Das schmeckende Ding – der schmeckende Mensch: Schmecken sowohl aktiv als passiv, in Einem das Subjektive und Objektive des Empfindens.*

So weit lag Heine also gar nicht entfernt, wenn er sagte: »die wahre Kochkunst besteht nicht darin, dass man bloß objektiv kocht, sondern auch subjektiv des Kochens bewusst wird.«

In seinen Vorlesungen zur »Ästhetik« umreißt Hegel den Bereich, den die idealistische Philosophie in der Moderne zum ersten Mal vollständig bedenkt und dem sie in ihren Systemen eine neue Bedeutung verleiht: Kultur und Gesellschaft – und das alles im Fortgang der Geschichte.

Doch die Hegel'sche Theorie der Kultur verhält sich zur Nahrungsaufnahme »äußerlich« bzw. weist sie der Naturphilosophie und dort einer im System untergeordneten, tierischen Stufe angehörig zu. Auch wenn bekannt ist, dass Hegel persönlich den Wein sehr schätzte.

Hegel hat die Philosophie mit nachhaltiger Wirkung systematisiert wie kaum ein anderer Denker. Seine Philosophie strebt auf den absoluten, sich seiner selbst bewussten Geist zu und teilt von dorther alle geistigen Phänomene ein und ordnet sie unter. Die Natur hat (noch) kein Bewusstsein, Naturschönheit »zählt« insoweit nicht für Hegel. Was zählt, sind die Produkte der Kultur, des menschlichen (Selbst-)Bewusstseins. In der »Enzyklopädie der philosophischen Wissenschaften« wird der »Ernährungsprozess« im Zusammenhang der Naturphilosophie, der »Organischen Physik«, abgehandelt. Dieser Teil aber steht weit entfernt vom Abschlusskapitel der Philosophie des Geistes im selben Werk:

> Die Assimilation ist erstlich, weil das Lebendige die allgemeine Macht seiner äußerlichen, ihm entgegengesetzten Natur ist, das unmittelbare Zusammengehen des inwendig Aufgenommenen mit der Animalität; eine Infektion mit dieser und einfache Verwandlung [...]. Zweitens als Vermittlung ist die Assimilation Verdauung, – Entgegensetzung des Subjekts gegen das Äußere, und nach dem weiteren Unterschiede als Prozeß des animalischen Wassers (des Magen- und pankreatischen Safts, animalischer Lymphe überhaupt) und des animalischen Feuers (der Galle, in welcher das Insichgekehrtsein des Organismus von seiner Konzentration aus, die es in der Milz hat, zum Fürsichsein und zur tätigen Verzehrung bestimmt ist); – Prozesse, die ebenso aber partikularisierte Infektionen sind.

Der Ernährungsprozess ist einerseits der Prozess der tierischen Assimilation. Ernährung und Stoffwechsel werden von Hegel im Sinne einer Anverwandlung von äußerer Aufnahme von Stoffen durch den tierischen ebenso wie durch den menschlichen Organismus verstanden.

Das Organische ist in der idealistischen Naturphilosophie ein »Ganzes«, das mehr ist als die Summe seiner Teile. Hegel bezeichnet die Einverleibung, den Prozess der Anverwandlung des Unorganischen in das Organische als ein »bewusstloses Begreifen«. Der »Begriff« zeigt sich auch an dieser Stelle als das theoretische Universalinstrument, das Hegel einsetzt, um die Dinge, hier: Nahrung und ihre Verdauung, *auf den Begriff* zu bringen. Wir übergehen einige kuriose Beispiele (wie die Drosseln oder Krammetsvögel, die »nach einem nebligen Morgen in der Zeit von einigen Stunden ganz fett werden; das ist eine unmittelbare Verwandlung dieser Feuchtigkeit in animalischen Stoff«), die durch empirisch-wissenschaftliche Erkenntnisse inzwischen längst widerlegt sind und vielleicht auch belegen, womit Hegels Philosophie immer wieder konfrontiert wurde. Die empirisch beobachtete Wirklichkeit liefert uns Beispiele, die nicht zur konstruierten »Wirklichkeit« des theoretischen Systems passen, worauf der Philosoph die Antwort parat gehabt haben soll, dies sei »um so schlimmer für die Wirklichkeit«!

Hegel hat mit der *Assimilation* einen grundlegenden Lebensprozess beschrieben: Der Stoffwechsel ist ein Veränderungsprozess im lebendigen Organismus, der dasjenige, was in der zugeführten Nahrung enthalten ist, so in den eigenen Körper integriert, dass das Aufgenommene sich dem Aufnehmenden angleicht und eingebaut wird – und (im gesunden Körper) das Überflüssige und Unverdauliche ausscheidet.

Die naturphilosophische Spekulation treibt Hegel allerdings weiter zu interessanten Formulierungen, die wir staunend lesen:

> Das Ganze der Verdauung besteht nun darin, daß, indem der Organismus sich *gegen* das Äußere in Zorn setzt, er sich in sich entzweit. Das letzte Produkt der Verdauung ist der Milchsaft, und das ist dasselbe, was die animalische Lymphe [ist], zu welcher der Organismus, als unmittelbar affizierend, das sich Darbietende oder was er sich selbst darbietet, verwandelt.

Ob Schillers »Wilhelm Tell« diesen Gedanken angestoßen hat, können wir nicht beweisen, eine Verwandtschaft allerdings lässt sich in den folgenden Worten des Titelhelden entdecken:

> Du hast aus meinem Frieden mich heraus
> Geschreckt, in gärend Drachengift hast du
> Die Milch der frommen Denkart mir verwandelt.

Es mutet allerdings befremdlich an, dass Hegel den »Milchsaft«, das ursprünglich menschlich Nährende schlechthin als »Produkt der Verdauung« erkannt haben will. Deutlich aber sollte geworden sein, dass bei Hegel Geist und Materie sich durchdringen sollen, besser noch: der Geist die Materie nicht nur durchdringen, sondern auch beherrschen und überformen können soll.

»Der absolute Geist« erst äußert sich in Kunst, Religion und Philosophie. Hegel trifft diesbezüglich eine strikte Unterscheidung, was die Werke der Kunst angeht. Nur, was den Seh- und Hörsinn anspricht, könne überhaupt ein *Kunstwerk* genannt werden, nicht aber die Gegenstände und Produkte der »unteren« Sinne, des Geschmacks, des Geruchs- und Tastsinnes, denn diese seien »unmittelbar« mit Materie in Berührung und gelangten daher nicht zur idealen Schönheit. Es ist also eine Frage der Distanz zwischen Wahrnehmendem und Wahrgenommenem, die bei Hegel zu theoretischer, zu idealistischer Höhe befähigt. Ob er tatsächlich Geschmack und Geruch eine »Kultivierung« zutraut, ist uns nicht direkt nachweisbar. Isoliert bleibt jene Bemerkung von der »Moralität des Essens und Trinkens« stehen.

Einer der bedeutendsten französischen Gastrosophen, Brillat-Savarin, reflektierte, etwa zeitgleich zu Hegel, die Moralität von Essen und Trinken sehr ausführlich.

Der Idealist des Genusses

Sagen Sie mir, was Sie essen, und ich sage Ihnen, was Sie sind.

Jean Anthèlme Brillat-Savarin, Richter im Senat des Pariser Appellationsgerichtshofes, war in der Geschichte einer der ersten, der Kochen und Genuss ausdrücklich philosophisch reflektierte. Er vertritt die Überzeugung – und vor allem deshalb kommt er hier vor, nicht nur wegen einer zufälligen zeitlichen Nähe zu Hegel – dass die Feinschmeckerei sich von der Kunst zur Wissenschaft weiterentwickelt habe. Die Gelehrten hätten in seiner Zeit »endlich« den »Mysterien des Stoffwechsels« nachgespürt und bemerkt, wie sich die »tote Materie« allmählich belebe.

Sie betrachteten die Diät in ihren vorübergehenden oder dauernden Wirkungen, für Tage, für Monate, für die Lebensdauer. Sie ergründeten ihren Einfluss bis ins Psychische hinein: ob die Seele von den Sinnen Eindrücke empfängt oder ob sie ohne deren Hilfe empfindet, und aus allen diesen Arbeiten bauten sie eine hohe Theorie, die den ganzen Menschen und die ganze organische Welt umschließt.

Die Feinschmeckerei umfasse nicht nur den Geschmack in allen seinen Facetten, sie frage vielmehr grundsätzlich: Wie wirkt die Ernährung auf die Moral, auf Fantasie, Geist, Urteil, auf Mut und Anschauung des Menschen, er mag nun wachen oder schlafen, handeln oder ruhn? Erhalten wir hier eine Antwort auf die fragwürdige Aussage, mit der uns Hegel zurückließ?

Brillat-Savarin hat noch kurz vor seinem Tod, 1826, in einer Zeit, in der Hegel im Zenit seiner Berliner Lehrtätigkeit stand, ein Buch veröffentlicht, an dem er fünfundzwanzig Jahre gearbeitet hat. Es trägt den beziehungsreichen Titel: »Physiologie du gout ou meditations des gastronomie transcendente« – »Physiologie des Geschmacks oder Gedanken zur transzendenten Gastronomie«. Ganz bewusst wählt er einen Titel, der eine neue Wissenschaft, nämlich die zu Beginn des 19. Jahrhunderts aufstrebende Physiologie, zum Zeugen heranzieht. Der Untertitel verknüpft zwei für unvereinbar gehaltene Begriffe: die Gastronomie und das Transzendente. Letzteres steht in der geistesgeschichtlichen Tradition für jenen Bereich, der als das »Übersinnliche« gilt, aber wörtlich auch das »Überschreiten« bedeutet. Das eigentlich »Übersinnliche« kann Brillat-Savarin dabei nicht gemeint haben, sein Werk bezieht sich eindeutig auf sehr sinnliche Erkenntnisse, Erfahrungen und Erlebnisse, auf den Genuss, und er beginnt seine Erörterung der Feinschmeckerei selbstverständlich mit den Sinnen. Das »Überschreiten« der bis dahin für möglich gehaltenen »Gastronomie«, also der Kunde vom Magen, ist aber bestimmt sein Metier. Er ist überzeugt, die Grenzen des Wissens zu überschreiten mit der Transformation der Feinschmeckerei von einer Kunst zur Wissenschaft! Ja er ist der Überzeugung, dass sich eine gastrosophische Akademie bilden wird, mit Lehrstühlen, Professoren und Ehrungen. Eine Vorhersage, die sich in unserer Gegenwart bewahrheitet hat.

Kant hatte die Fröhlichkeit bereits subjektiv gewendet, als Verdauungs- und Lebenshilfe für den Philosophen selbst, dabei hatte er aber auch die Menschheit als ganze im Auge. Brillat-Savarin definiert die Fröhlichkeit beim Essen hingegen ausdrücklich inter-subjektiv: Jemanden einzuladen heißt sich um seine Fröhlichkeit zu kümmern, und das jedes Mal, wenn er Gast ist – oder:

Das Erforschen eines neuen Gerichtes tut mehr für die menschliche Fröhlichkeit als das Erforschen eines neuen Sterns.

Brillat-Savarin argumentiert sogar »subjektiv-objektiv«, denn er fordert, wissenschaftlich genau und darin eben idealistisch, das absolute Gourmet-Subjekt. Einen Menschen, der für den richtigen Genuss die entsprechende Lebensführung verfolgt. Auch wenn die Analyse des Geschmacks heutigen Anfordernissen nicht mehr genügen mag und die Wissenschaften diesbezüglich fortgeschritten sind, was Brillat-Savarin zur Einstellung und damit zur Moral der Ernährung beigetragen hat, macht ihn unvergesslich:

> Wer seine Freunde empfängt und sorgt nicht persönlich für das Mahl, verdient keine Freunde.

Auch wenn wir ihn wegen der Adelung der Feinschmeckerei zur »Wissenschaft« hervorheben, letztlich fällt Brillat-Savarin doch in eine vor-idealistische Substanz- oder Seinsphilosophie zurück. »Jede Substanz erlangt einen Augenblick der Vollendung, in welcher ihre Essenz zutage tritt«: So steht für ihn die Bouillon als Essenz des Fleisches, als »Blut« und Lebenssaft, als »Seele der Suppe und der Sauce«, im Kern seiner Wissenschaft. Das Wort »osmazôme«, vor dem die Herausgeber Brillat-Savarins als Übersetzer kapitulieren, schreibt Gerhard Neumann, ist ein vom Chemiker Louis Jacques Thénard gefundener, von Brillat-Savarin propagierter Schlüsselbegriff für den Fleischsaft als Essenz der Esskultur und der Lebenskraft.

Im Schatten der Revolution, der idealistischen Philosophie, entsteht eine neue Wissenschaft, die Naturwissenschaft. Ganz im Stile der neuen Naturwissenschaft, der Physiologie, revolutioniert Brillat-Savarin das Kochen und den Genuss. Er fordert, dass der Genießer nicht nur selbst genießt, sondern sich dessen bewusst wird, insofern, als er nicht nur selbst kocht, sondern auch sein Leben an der richtigen Form des Genusses ausrichtet.

Muss nun der Affenschwanz doch in den Topf?

Wie kann man, im Sinne Heines, »objektiv kochen« und »subjektiv sich des Koches bewusst« werden? Wobei Heine freilich das Bild vor unsere Augen stellte, dass sich der Koch selbst in der Suppe garte, welch kannibalisches Mahl uns gar nicht bekömmlich erscheinen will. Unsere Alternative: Wir bereiten uns und unseren Gästen selbst etwas zu, was wir anschließend gemeinsam verzehren! Und das entspricht genau der Absicht unseres Buches.

Zur subjektiven, also individuellen Wahrnehmung der Welt gehören persönliche Gefühle, Interessen, Individualität, Sensibilität und Geschmack – und wer würde diese Haltung beispielhafter verkörpern als einer, der sich die Welt aneignete, indem er sie sich einverleibte: der Fixstern am gastrosophischen Himmel, Brillat-Savarin. Und so steht unser Menü ganz im Zeichen dieser großen Persönlichkeit – im wahrsten Sinne des Wortes, denn er maß tatsächlich fast zwei Meter und trug im späteren Alter den Beweis für seine Lust am Genuss sichtbar vor sich her.

Der Vorliebe Brillat-Savarins für Singvögel aller Arten mögen wir heute nicht mehr folgen. Das Zusammenwirken aber von »Osmazôme«, der Fleischessenz, die in Suppen und Soßen eine Hauptrolle spielt, dem Geflügel, dem Alkohol in Form guter Weine und als Digestif, also als Verdauungsmittel, in Form hochprozentiger Liköre, den Süßigkeiten, dem Kaffee und zum Abschluss den feinen Käsesorten – das alles im Zusammenhang mäßigen, in sich abgestimmten und klug eingeteilten Genusses – sprechen für sich als »wissenschaftlich betriebene« Feinschmeckerei. Um ihn zu ehren tragen einige kulinarische Genüsse seinen Namen, wie der »Savarin«, eine gehaltvolle Süßspeise, oder ein französischer Weichkäse, der ersterer in Gehalt und Geschmack in nichts nachsteht.

Menü im Geiste Brillat-Savarins

Ist die »Ozmazôme«, der Fleischextrakt bei Brillat-Savarin, gleichsam ein wissenschaftlicher Begriff, so ist sie für die Künstler des Kochlöffels eine aufwendige Notwendigkeit, für den Hobbykoch ein Anspruch, den er an sich stellt, und für all jene, die täglich eine hungrige Familie satt bekommen müssen, ein geschmackliches Highlight in der Alltagsküche.

Bouillon, Grundbrühe, Fond, »die« oder »das« Jus, je nach Sprache und Koch, Glace, Demiglace – all das sind jene Extrakte, ohne die eine Suppe oder Sauce »seelenlos« wäre. Sie unterscheiden sich nach Art der Fleisch-, Fisch- oder auch Gemüsebasis, in der Zubereitungsmethode – also ob einige Zutaten angeröstet werden – und nach der Kochdauer, in der Zugabe von Alkohol und nach Art des Zustands – ob flüssig oder geliert.

Für viele Gerichte findet Kalbsfond Verwendung, da der milde Geschmack dieses Extraktes mit Vielem harmoniert und selbst zarte Aromen nicht überdeckt. So eignet er sich auch am besten für den Einstieg in die »Kunst« der Fondszubereitung für den ambitionierten Koch. Zumal sich Fond portionsweise gut einfrieren lässt und sich so rasch ein leckeres »Söißchen« zaubern lässt, was den Variantenreichtum und die Flexibilität bei der kulinarischen Experimentierlust beträchtlich erhöht.

Grundrezept für Kalbsbrühe

Die Knochen kurz unter kaltem Wasser abspülen, in einem großen Topf mit Wasser bedecken, aufkochen, langsam etwa 1 Stunde weiter köcheln lassen und dabei immer wieder den Schaum abschöpfen. Das geputzte, grob gehackte Gemüse, die Zwiebeln, den Knoblauch, den Kräuterstrauß und wenig Salz zugeben, denn durch späteres Einreduzieren verstärkt sich der Salzgeschmack. Nochmals zwei Stunden sanft weiterkochen und auch in dieser Zeit noch aufsteigenden Schaum abschöpfen. Dann die Brühe durch ein Sieb gießen, das mit einem Passiertuch ausgelegt ist. Nun die Brühe so weiterverarbeiten oder noch konzentrierter einkochen. Für eine doppelte Kraftbrühe lässt man die Flüssigkeit zur Hälfte auf die benötigte Menge einreduzieren.

2–3 kg Kalbsknochen, in Stücke gehackt
1 große Möhre
¼ einer mittleren Sellerie, knolle, 1 Stange Lauch
2 bis 3 Petersilienwurzeln
5 mittelgroße Zwiebel, eine gespickt mit
3 Gewürznelken
1–2 Knoblauchzehen
1 Kräuterstrauß aus viel Petersilie, 2–3 Zweiglein Thymian, 3 Lorbeerblättern und evtl. Liebstöckel
Salz

Doppelte Kraftbrühe mit Morchelessenz (double á la essence de morilles)

Die getrockneten Morcheln etwa 20 Minuten einweichen, dann durch ein Passiertuch abgießen und die Essenz zu der Brühe geben. Die schönsten zwei Morcheln in Ringe schneiden und als Suppeneinlage zurückbehalten. Die anderen Morcheln hacken und in die Kraftbrühe geben, mit Madeira, Salz und Pfeffer abschmecken, die Morchelringe zugeben, die Suppe erwärmen und servieren.

200 ml doppelte Kalbskraftbrühe
20 g frische oder 25 g getrocknete Morcheln
1 El Madeira
Salz, Pfeffer

Gefüllter Truthahn

1 Truthahn von 5–6 kg
(davon werden
8 bis 10 Personen satt)
1 Tl Salz
½ Tl weißer Pfeffer

Für die Füllung:
1 Zwiebel
2 zarte Stangen
Staudensellerie
ca. 600 g altbackenes
Weißbrot oder Semmeln
oder Knödelbrot
Herz und Leber des Trut-
hahns, alternativ Kalbsleber
350 g Kalbsbrät
2 Eier
2 leicht säuerliche Äpfel
150 g getrocknete Apfelringe
200 ml Calvados
75 g Pinienkerne
je etwa ein Tl Thymian,
Majoran, Salbei frisch oder
getrocknet
Salz, Pfeffer
150 g zerlassene Butter zum
Braten und Bestreichen
⅛ l Geflügelfond
evtl. Mehl-Butter-Kugeln

Den Truthahn innen und außen mit Salz und Pfeffer einreiben. Die Apfelringe etwa 30 Minuten im Calvados marinieren. Für die Füllung die Zwiebel hacken, die Selleriestangen in Scheiben schneiden, das Weißbrot, die Hälfte der Apfelringe und die Äpfel klein würfeln. Das Herz und die Leber fein hacken und mit allen Zutaten und Gewürzen für die Füllung zu einem lockeren Teig vermischen. Den Truthahn mit dieser Masse nicht zu prall füllen und die Öffnung mit Küchengarn zunähen oder mit Zahnstochern zustecken. Den Truthahn gut mit Butter bestreichen und mit der Brust nach unten auf den Bratenrost über der Bratpfanne in dem auf 200 Grad vorgeheizten Backofen etwa 1 Stunde braten. Dann den Truthahn locker mit Bratfolie bedecken und während weiterer 2 Stunden Garzeit abwechselnd mit der Butter bestreichen und mit Bratensaft begießen. Dann die Bratfolie entfernen, den Vogel weitere 30 Minuten braten, umdrehen und weitere 1 ½ bis 2 Stunden braten. dabei mit der restlichen Butter bestreichen« und mehrmals mit Bratenfond und Calvados übergießen. Die letzte halbe Stunde die restlichen Apfelringe in der Bratenpfanne mitschmoren. Wird der Truthahn zu braun, wieder mit Bratfolie abdecken. Der Truthahn ist gar, wenn beim Hineinstechen klarer Bratensaft austritt. Danach im ausgeschalteten Bratrohr mindestens 20 Minuten ruhen lassen.

Die Apfelringe herausnehmen, den Bratensaft in der Pfanne mit Geflügelfond und dem restlichen Calvados loskochen und abschmecken. Zum Binden evtl. eine oder mehrere Mehl-Butter-Kugeln mit aufkochen und die Sauce getrennt zum Truthahn reichen. Diesen mit den Apfelscheiben umlegt auf einer großen Platte im Ganzen servieren.

An der Tafel wird er eigenhändig vom Hausherrn tranchiert, der sich dabei sicher nach den Überlegungen Heines über die objektive und subjektive Betrachtung des Kochens – und das bedeutet ja nicht immer nur einen Garvorgang, unter Einwirkung von Feuer – bewusst wird. Denn das fachmännische Zerteilen ist der schwierigste Part, bevor der delikate Vogel »Leib und Seele« erfreuen kann. Und zugleich handelt der Gastgeber damit ganz im Sinne Brillat-Savarins:

Wer seine Freunde empfängt und sorgt nicht persönlich für das Mahl, verdient keine Freunde.

Zum Truthahn hat der bekennende Gourmet eine ganz besondere Beziehung, er ist für ihn »das beste Geschenk aus der neuen Welt«. Die Annahme, dass der Truthahn schon im alten Rom verspeist worden sein soll, widerlegt Brillat-Savarin in seiner »Physiologie des Geschmacks« mit mehreren Argumenten.

Zum einen sei der Name »Indischer Hahn« Bürge seines Ursprungs, denn früher hieß Amerika »Westindien«. Zum anderen seine Gestalt, die offenbar ganz fremdländisch wirkt. Kein Gelehrter könne sich da täuschen. Außerdem ist Amerika das einzige Land, wo er wild und im Naturzustand zu finden ist. Seinen Siegeszug trat der große, fette und wohlschmeckende Vogel durch Heinrich IV. an. Dieser bestimmte, dass alle seine Untertanen sonntags ein Huhn im Topf haben sollten und so eroberte der Truthahn am Tag des Herrn die Töpfe des einfachen Volkes. Auch die Klosterbrüder hatten Gefallen am Wohlgeschmack des Riesenvogels gefunden und zwar vor allem die Jesuiten, die ihn sogar importiert haben sollen. Laut Brillat-Savarin haben sie ihn gezüchtet, vor allem in der Nähe von Bourges, was dem Truthahn lange den Spitznamen »Jesuit« beibrachte.

Savarin (Ringkuchen)

Das Mehl in eine Rührschüssel geben, in die Mitte eine Mulde drücken und die Hefe hineinbröckeln. Diese mit etwas Milch, einem Teelöffel Zucker und etwas Mehl zu einem flüssigen Vorteig verrühren und diesen 30 Minuten gehen lassen.

Den Vorteig mit den restlichen Teigzutaten außer der Butter zu einem lockeren, weichen Hefeteig verarbeiten. Den Teig kräftig kneten und 30 Minuten gehen lassen. Zwei kleine Savarin-Ringformen oder eine große mit Butter einfetten. Den Teig nur halbhoch in die Form füllen und nochmals an einem zugfreien Ort gut gehen lassen. Den Ringkuchen im vorgeheizten Backofen auf 200 Grad etwa 30 bis 35 Minuten goldgelb backen. Den Kuchen etwas abkühlen lassen und dann aus der Form stürzen.

Für den Teig:
350 g Mehl
15 g frische Hefe
¼ l Milch
100 g Zucker
2 Tl Vanillezucker
2 Eier
100 g Butter
Butter für die Form

Für die Füllung:
einen guten Viertelliter
Wasser
120 g Zucker
2 Gläschen Zwetschgen-
wasser
1 Gläschen Maraschino
(Kirschlikör)
750 g entkernte,
gedünstete Zwetschgen
1/4 l Schlagsahne

Für die Füllung den Zucker im Wasser 5 Minuten kochen bis er sich völlig aufgelöst hat. Vom Herd nehmen, Zwetschgenwasser und Maraschino hinzugeben. Den Kuchen von oben mehrmals mit einem Hölzchen einstechen und mit der Flüssigkeit tränken. In die Mitte des Kuchenrings die gedünsteten Zwetschgen füllen und mit einer Haube steif geschlagener Sahne garnieren.

»Ein Dessert ohne Käse gleicht einer einäugigen Schönheit.« Diese Aussage verlangt geradezu danach, ein Menü im Sinne Brillat-Savarins mit Käse zu beenden, und welcher würde sich dazu besser eignen als jener, der seinen Namen trägt. Der weiche, saftig-fette Käse mit weißer Rinde und sehr butterigem Inneren, aus Kuhmilch, stammt aus der Normandie. Frische Früchte heben sein Aroma besonders hervor und so servieren wir ihn mit frischen Früchten der Saison, seien es nun Erdbeeren, Feigen, Pfirsiche oder saftig reife Birnen. Ein Klecks Feigensenf als süßscharfer Kontrapunkt rundet die Kombination geschmacklich ab.

Welcher der zahlreichen Aphorismen des Großmeisters des Geschmacks würde besser an den Schluss dieses Kapitels, aber zugleich an den Anfang eines Mahles passen:

Wie gewählt auch die Küche, wie reich auch alle Umstände sind,
es gibt keine Tafelfreuden bei schlechtem Wein, bei wahllos zusammen
gewürfelter Gesellschaft, bei traurigen Gesichtern, bei heruntergestürzten
Mahlzeiten.

Umwertung der Werte: von der Verkostung zur Verdauung

6

»Die Vernunft beginnt bereits in der Küche«

Diese Behauptung stammt von Friedrich Nietzsche. Und Titel wie »Die Fröhliche Wissenschaft« könnten die Hoffnung nähren, dass Nietzsche der Philosoph in der langen abendländischen Geistesgeschichte wäre, der uns ins Zentrum einer bisher unentdeckt geglaubten, genuin philosophischen Ernährungslehre führt. Schon die »Einladung« zur »Fröhlichen Wissenschaft«, durchweg in Versen formuliert, scheint dafür unzweideutige Worte zu finden:

> *Wagts mit meiner Kost, ihr Esser!*
> *Morgen schmeckt sie euch schon besser*
> *Und schon übermorgen gut! [...]*

> *Ja! Mitunter mach ich Eis:*
> *Nützlich ist Eis zum Verdauen!*
> *Hättet ihr viel zu verdauen,*
> *Oh wie liebtet ihr mein Eis!*

Hier teilt uns Nietzsche eine überprüfbare Erfahrungserkenntnis mit und das genannte Produkt war jenem, welches wir heute verspeisen, sehr ähnlich, ja meist sogar wesentlich natürlicher, da es weder durch Farb- noch durch Aromastoffe verfälscht war.

Dabei ist Speiseeis nicht nur eine köstliche Erfrischung und eine Süßspeise für Leckermäuler, sondern kann auch tatsächlich eine verdauungsfördernde Wirkung entfalten. Bereits im 18. Jahrhundert wurde Eis für gewöhnlich gegen die Mitte eines Mahles aufgetragen, da man annahm, dass es das schon Verzehrte »herunterrutschen« lassen und den Magen für die Aufnahme weiterer Speisen günstig einrichten würde. Aufgrund der damals üblichen langen Menüfolgen wird verständlich, warum man Speiseeis tatsächlich als eine Art Verdauungshilfe einsetzen wollte. Das Eis, obwohl es durch Mund und Speiseröhre schon teilweise erwärmt wird, erreicht den Magen immer noch kalt genug und diese Kälte hilft, die Tätigkeit der Magensäfte anzuregen. Wird das Eis daher am Ende eines Mahles verzehrt, wirkt es sich günstig auf die Verdauung im Magen aus, während es, vor der Mahlzeit genossen, den Magen auf die Speisenaufnahme einstellt und den Appetit anregt. So hilft Eis sowohl bei Appetitlosigkeit als auch bei Verdauungsproblemen. Diese Wirkungen entfalten sich im Übrigen unabhängig davon, ob es jahreszeitlich bedingt warm oder kalt ist.

Wir lesen weiter im ersten Teil der »Fröhlichen Wissenschaft«:

Ein gut Gebiß und einen guten Magen –
Dies wünsch ich dir!
Und hast du erst mein Buch vertragen,
Verträgst du dich gewiß mit mir!

Die »Fröhliche Wissenschaft« entsteht zwischen 1881 und 1882, im Anschluss an Nietzsches ersten Aufenthalt in Sils Maria, einem damals winzigen, idyllischen (heute stetig wachsenden) Bergort im schweizerischen Oberengadin, unweit von St. Moritz. Nietzsche sollte dort einige Jahre lang die Sommermonate verbringen, um wichtige Werke zu entwerfen und zu verfassen. Das so genannte Nietzsche-Haus, das ein sehenswertes Nietzsche-Museum beherbergt, steht dort heute noch auf rund 1800 Metern, die umgebenden Berge steigen auf fast 4000 Meter Höhe über dem Meeresspiegel. Die imposante Kulisse und das Klima empfindet der kränkelnde Philosoph als Gesundbrunnen. Auf der Chasté, einer kleinen Halbinsel, die in den Silser See hineinragt, steht ein Felsen, an dem man zum Andenken an Nietzsche einen Auszug aus dem »Trunkenen Lied« des »Zarathustra« angebracht findet:

Doch alle Lust will Ewigkeit –,
will tiefe, tiefe Ewigkeit!

Nietzsches Werk ist überwiegend in einem eigenen, poetischen, geradezu erhabenen Ton verfasst, der manchmal an die Epigramme und Sentenzen vorsokratischer Philosophen erinnert. Der gesamte

»Zarathustra« ist mehr Dichtung als philosophische Abhandlung und hat nicht zuletzt deshalb bei vielen Menschen Begeisterung hervorgerufen.

Von Hegel haben wir das Wort von der »Moralität des Essens und Trinkens« zitiert, das er nicht näher erläutert hat. Dass Nietzsche Hegels Werk kannte, erklärt nicht allein, wieso der Kulturkritiker Nietzsche Sätze wie den folgenden formuliert:

> Kennt man die moralischen Wirkungen der Nahrungsmittel? Gibt es eine Philosophie der Ernährung? (Der immer wieder losbrechende Lärm für und wider den Vegetarismus beweist schon, dass es noch keine solche Philosophie gibt!)

Das ländliche Pfarrhaus im sächsischen Flecken Röcken bei Lützen ist 1844 der Geburtsort Nietzsches. Im provinziellen Naumburg wächst er auf und kommt dann nach Schulpforta, in das traditionsreiche Schulinternat, wo auch schon Johann Gottlieb Fichte gedrillt wurde. Die Ausbildung des frühreifen, kunstbesessenen Zöglings ist ganz auf die gründliche Kenntnis der Altphilologie ausgerichtet. Schon früh ist Nietzsche ein Sonderling, fühlt es und leidet darunter. Sein Studium der Altphilologie in Bonn und Leipzig ist einerseits die logische Folge seiner Schulerziehung, der junge Gelehrte hatte es sich allerdings auch als Antidot für seine romantischen Neigungen verschrieben. Ein merkwürdiges Gegengift!

Seine theologischen Interessen trieben den Pfarrerssohn mehr und mehr auf eine Kritik des Christentums hinaus. Schopenhauer mit seiner pessimistischen Philosophie und die Musik Richard Wagners beherrschen den jungen Denker. Der besonderen Förderung seines Lehrers Friedrich Wilhelm Ritschl, eines zu seiner Zeit hochgeachteten Philologen, ist es zu verdanken, dass Arbeiten des Studenten Nietzsche zur altgriechischen Dichtung veröffentlicht werden. Der frühe Ruhm verhilft Nietzsche im Alter von 25 Jahren, noch bevor er sein Studium beendete, zu einem Ruf als außerordentlicher Professor für klassische Philologie an der Universität Basel. Von seiner Leipziger Universität wird Nietzsche ohne Doktorprüfung und im Schnellverfahren habilitiert, um diesen Ruf annehmen zu können. Der junge Professor erlebt in der schweizerischen Stadt am Rhein zum ersten Mal gesellschaftliches Leben, genießt es zunächst und verschmäht es offenbar bald wieder.

Während der etwa zehn Jahre dauernden Zeit seiner Basler Professur entsteht ein Werk, mit dem der Gelehrte Furore machen sollte: »Die Geburt der Tragödie aus dem Geist der Musik«. Nietzsche mischt hier bereits Philologie mit Weltanschauung und Kulturkritik, er selbst nennt es ein »Manifest«. Er enthüllt darin den seiner Ansicht nach grundlegenden Gegensatz in der abendländischen Kultur, zwischen dem rational-szientifischen »Apollinischen« und dem natürlich-triebhaften »Dionysischen«. Wobei seine Sympathie unverhüllt der rausch- und triebhaften Welt des Dionysos zuneigt. Zwar sind die Freunde, insbesondere Richard Wagner, begeistert. Wagner sieht sich in seiner Auffassung der Tragödie verstanden und bestärkt. Ganz anders und recht befremdet aber reagiert die Fachwelt. Eine vernichtende Kritik erfährt das Buch vom späteren Star aller Altertumswissenschaftler in Deutschland, von Ulrich von Wilamowitz-Moellendorf, der die Invektive gegen die Wissenschaft nicht nur leidenschaftlich zurückweist, sondern Nietzsche unter anderem auch wissenschaftliche Unfähigkeit vorwirft. Damit sollte die früh gewonnene Reputation als Altertumswissenschaftler zerronnen und ein Schatten auf das frühzeitige Ende der Universitätskarriere Nietzsches geworfen sein. Der kulturbildende Gegensatz zwischen Dionysischem und Apollinischem aber wird eine steile Karriere, nicht nur in der Kulturkritik, erfahren.

Im Unterschied zum Triebhaften und zur starken Natur, die Nietzsche verherrlicht, wird der Denker schon als Student von körperlichen Leiden gequält – einer so genannten luetischen Infektion, vulgo: Syphilis, die u. a. zu Speiseröhrenentzündungen führt. Diese unangenehmen Entzündungen werden bei Nietzsche mit der Zeit immer stärker, schlechter werdende Augen und zunehmende Kopfschmerzen kommen dazu und zwingen ihn 1879 seine Basler Professur aufzugeben. In seinem Entlassungsgesuch vom 2. Mai 1879 geht er auf die Gründe ein:

auch habe ich keine Aussicht mehr in kürzerer Zeit auf eine Besserung
in dem chronisch gewordenen Zustande meines Kopfleidens rechnen
zu dürfen, da ich nun seit Jahren Versuche über Versuche zu seiner
Beseitigung gemacht und mein Leben auf das Strengste darnach geregelt
habe, unter Entsagungen jeder Art – umsonst wie ich mir heute ein-
gestehen muss.

Nietzsche, der bereits als Gymnasiast unter Anfällen von ungewöhnlich starken Kopfschmerzen gelitten hat, weiß zwar, dass er sich venerisch infiziert hat. Er interpretiert aber seine Leiden im Zusammenhang einerseits seiner jeweiligen Lebenssituation und andererseits mit seinen philosophischen Problemen, dabei betrachtet er sich selbst »als seinen besten Arzt«. Besonders problematisch wird Nietzsches Interpretation seines »Gesundwerdens« kurz vor dem endgültigen Zusammenbruch. Die damit verbundene Euphorie versteht er als Beginn der von ihm so bezeichneten »großen Gesundheit«.

Bis zu seinem geistigen Zusammenbruch in Turin 1889 hält sich Nietzsche vorwiegend in Norditalien, an der Côte d'Azur und in Sils Maria auf, unter – nicht nur – klimatischen Bedingungen, die er für sich als verträglich und seinem Schaffen förderlich empfindet. In diese Zeit fällt sein Versuch einer »Umwertung aller Werte«. In diese Zeit fällt auch seine erste Bekanntschaft und dauernde Wertschätzung der piemontesischen Küche.

Die Umwertung der Werte macht Nietzsche, wie es Karl Löwith einmal kurz und treffend formulierte, zu einem »umgekehrten Rousseau«. Nicht ein »Zurück« zur Natur, zum reinen Menschen, vor aller zivilisatorischen Verderbnis, sondern ein Vorwärts zu einem neuen Menschen fordert der an der eigenen Natur Zerbrochene. Nietzsches Kritik an der Kultur sieht eine dekadente Humanität am Werke, der nur eine Philosophie der Zukunft einen »Übermenschen« bringen könne, der sich »jenseits aller Moral« verhalten würde.

Anfang 1889 schließlich bricht Nietzsche in Turin auf offener Straße zusammen und verbringt seine letzten Jahre in geistiger Umnachtung bis zu seinem Tod im Jahr 1900. Seine Mutter und seine Schwester sorgen für ihn in Naumburg und zuletzt in Weimar, nicht ganz uneigennützig, wie man weiß.

Wenn wir den Zusammenhang zwischen Vernunft und Küche, den Nietzsche so salopp herstellt, ernst nehmen, so muss in der Betrachtung seines Lebens der Fokus vor allem auf das vierte Lebensjahrzehnt Nietzsches gelegt werden. Dies zeigt sich auch in einem weiteren Werk aus diesem Lebensabschnitt:

Alle antike Philosophie war auf Simplizität des Lebens gerichtet und lehrte eine gewisse Bedürfnislosigkeit. In diesem Betracht haben die wenigen philosophischen Vegetarier mehr für die Menschen geleistet als

alle neuen Philosophen, und solange die Philosophen nicht den Mut
gewinnen, eine ganz veränderte Lebensweise zu suchen und durch ihr
Beispiel aufzuzeigen, ist es nichts mit ihnen.

In der dritten Abhandlung der »Genealogie der Moral«, überschrieben »Was bedeuten asketische Ideale?«, führt Nietzsche aus, dass er
»Witterung und Instinkt für die günstigen Vorbedingungen hoher
Geistigkeit« bei Philosophen und Gelehrten erkennt, wenn sie ein
asketisches Ideal pflegen. Im Unterschied dazu bedeute Askese bei
anderen Menschen, insbesondere bei Künstlern »nichts oder zu
vielerlei«. Wie im »Zarathustra« so fasziniert Nietzsche auch hier
die persönliche, die natürliche Stärke:

> Ein starker und wohlgeratner Mensch verdaut seine Erlebnisse (Taten,
> Untaten eingerechnet), wie er seine Mahlzeiten verdaut, selbst wenn er
> harte Bissen zu verschlucken hat. Wird er mit einem Erlebnisse ›nicht
> fertig‹, so ist diese Art Indigestion so gut physiologisch wie jene andere.

Das asketische Ideal habe zwar einerseits »Gesundheit und Geschmack verdorben«, doch andererseits habe es einen Ausweg aus
der Sinnlosigkeit des menschlichen Daseins geboten:

> Es war bisher der einzige Sinn; irgendein Sinn ist besser als gar kein Sinn;
> das asketische Ideal war in jedem Betracht das ›faute de mieux‹ par
> excellence, das es bisher gab.

Nur dadurch, meint Nietzsche, sei der Wille selbst gerettet worden.

Im ganzen fasst er zusammen, dass die Askese Ausdruck des
menschlichen »horror vacui« sei: »eher will er noch das Nichts wollen als nicht wollen«. Er beantwortet so aus seiner Sicht die Grund-
frage des menschlichen Lebens nach dem Warum des Leidens: der
Mensch könne leiden wie kein anderes Wesen, aber unerträglich sei
dem Menschen ein Leiden ohne Sinn. Das asketische Ideal sei daher
eine menschliche Erfindung aus der Not, seinem Leben einen Sinn
zu geben.

Hinter dieser Analyse des asketischen Ideals steht bei Nietzsche
wiederum seine »Zweikammern«-Lehre der Hochkultur. Zwei voneinander verschiedene Formen der Kompensation im Leben erkennt
er an: Wissenschaft und analytischen Verstand auf der einen, Genuss

und Leidenschaft auf der anderen Seite. Während Wissenschaft mit dem asketischen Ideal verbunden ist, mit Institutionen, Ritualen und Sinngebungen, sind Genuss und Leidenschaft dem ursprünglichen Dionysischen verbunden, vorzivilisatorisch, Kultur, Sublimation und Sinn bedrohend.

Für Nietzsche war es selbstverständlich, dass jeder Gott – speziell der monotheistische Schöpfergott – immer nur eine Erfindung des Menschen war und ist. Darin sah Nietzsche an sich noch nichts Negatives, denn in seinen Augen ist der Mensch immer ein »Erfinder« (sogar der »Erfinder seiner Erlebnisse"). Solange die Idee »Gott« geglaubt wurde, habe sie Lebenskraft erzeugt, und in diesem Sinne »lebte« Gott. Nietzsche sei diese Idee jedoch »unglaubwürdig geworden«. Sie könne keine kulturelle Kraft mehr erzeugen, und folglich sei Gott »tot«.

Unabhängig von der Ausdrucksform ist festzustellen, dass der Atheismus unter den Intellektuellen des 19. Jahrhunderts keine ungewöhnliche Erscheinung, sondern weit eher eine Selbstverständlichkeit war. Nietzsche aber geht weiter als die meisten. Er bringt den Tod Gottes auf die Bühne, setzt ihn dramatisch und sinnlich in Szene: als Aktion, als Bewegung, als Kälte, als Lärm und als Verwesung. Er will dieses Geschehen fühl-, seh-, hör- und riechbar machen. Diese synästhetische Dramatik erst gibt Nietzsche die Möglichkeit, das Ereignis umzuwerten: vom Schrecken in die Freude, von grauer, ja grausamer Forschung in die »Fröhliche Wissenschaft«. Im gleichnamigen Werk erscheint das »Ereignis« im Dritten Buch, geschrieben 1881. Fünf Jahre später erweitert Nietzsche das Werk (das zuvor mit dem Auftritt Zarathustras geendet hatte) durch ein Fünftes Buch, betitelt »Wir Furchtlosen«. Dieses beginnt mit einer signifikanten Überschrift: »Was es mit unserer Heiterkeit auf sich hat«. Wiederum ist »das größte neuere Ereignis – dass ›Gott tot ist‹« – ein Drama, in dem die Finsternis dem Licht weichen soll.

Friedrich Nietzsche hat nun gerade auch in der »Fröhlichen Wissenschaft« über die Bedeutung von Essen und Trinken nachgedacht, aber wie bereits zu sehen war, steht die Verwendung der Nahrungsaufnahme und der Speisen eher als Metapher für geistige Zustände im Vordergrund und verbindet Kälte, Eis und Wahrheit.

Argwohn brachte er – nicht nur metaphorisch – sowohl Vegetariern, als auch dem »Allesessen« und »Allesverdauen« entgegen. Ernährung, behauptet er, sei nur abgeleitet – »das Ursprüngliche ist:

alles in sich einschließen zu wollen«. Nietzsche unterstreicht nicht nur das Feuerbach'sche Diktum »der Mensch ist, was er isst«, sondern er will den Menschen darüber hinaus daran erkennen, wie und was er verdaut!

Mensch und Leben, Denken und Lebensform müssen in enger Verbindung gesehen werden, um Friedrich Nietzsche zu verstehen. Auch sein Grundkonzept des Dionysisch-Apollinischen versteht man nicht wirklich, wenn nicht Sokrates mit in Betracht gezogen wird, den Nietzsche für sich als Gegenfigur eines reinen Apollinikers und Rationalisten darstellt. Sokrates, zumindest als literarische Figur, wie Platon sie im »Symposion« darstellt, hatte eine unverwüstliche Gesundheit und seelische Stärke, die ihn scheinbar unangreifbar gemacht haben für die Wirkungen von Alkohol, Kälte oder körperlicher Schwäche. Nietzsche hingegen als »Wiederentdecker« des Dionysischen, des rauschhaften Lebensgefühls in der abendländischen Kultur, vertrug den Wein oder überhaupt Alkohol schlecht: »ein Glas Wein oder Bier des Tags reicht vollkommen aus, mir aus dem Leben ein ›Jammertal‹ zu machen«. In Opium und Narkotika sah er weit menschenfreundlichere Genussmittel als in Bier, Wein und Branntwein.

Seine körperliche Konstitution war ja insgesamt stark angegriffen, es wurde für Nietzsche daher naheliegend und zunehmend bedeutsam, sich gut zu überlegen, was er zu sich nahm. Als die ihm selbst zuträglichste Küche sah er die piemontesische an, die er erst relativ spät kennenlernte. Der deutschen Küche warf er einen Mangel an Abwechslung und Fantasie vor. Er verabscheute die immer gleiche Suppe vor der Mahlzeit, das ausgekochte Fleisch als Hauptgang und die fett und mehlig dazu angerichteten Gemüse. Und als Getränk obendrein aufschwemmendes Bier: Das war zu viel!

> Die Suppe vor der Mahlzeit [...], die Entartung der Mehlspeise zum
> Briefbeschwerer! Rechnet man gar noch die geradezu viehischen Nachguß-
> Bedürfnisse der alten, durchaus nicht bloß alten Deutschen dazu, so
> versteht man auch die Herkunft des deutschen Geistes – aus betrübten
> Eingeweiden [...]. Der deutsche Geist ist eine Ingestion, er wird mit nichts
> fertig.

Hier lässt sich nachvollziehen, wie sich für Nietzsche Geist, Talent und Genie, unausgesprochen im lateinischen Wort Ingenium zusammengefasst, und Ingestion, der aus dem Lateinischen abgeleitete Begriff für die Aufnahme eines Stoffes mit der Nahrung bzw. über den Verdauungstrakt, ineinander verschränken.

Von seiner mageren Basler Dozentenpension lebend, konnte Nietzsche sich nur in Ausnahmefällen Fleisch leisten, nach dem er sich aber verzehrte. Zu seinen häufigen Genüssen gehörte klares Quellwasser, aber auch Kakao. Seine Mutter sandte ihm Fresspakete auch in die Sommerfrische nach Sils-Maria (wie 1888 im Juni kommentiert):

> *Ich will diesmal meinen ganzen Bedarf von Schinken aus Naumburg*
> *haben [...] Da mein Sommer die Länge von 4 Monaten ungefähr hat,*
> *so brauch ich mindestens noch 12 Pfund = 6 Kilo Lachsschinken. Es*
> *handelt sich um meine ganze Abendmahlzeit für 4 Monate. [...] Ich bin*
> *mit der kleinen Wurst fertig: sie war zu trocken, wegen ihrer Kleinheit.*
> *Die größere ist besser, doch lange nicht so gut, wie die dicke runde vom*
> *letzten Herbst. [...] Die übersandten 3 Pfund reichen etwa im Ganzen*
> *14 Tage: das heißt, ich habe noch für 6 Tage zu essen. [...] Der Honig ist*
> *mir leider sehr schlecht bekommen: ganz wie im vorigen Sommer. Es*
> *trat Erbrechen ein. Das ist Wachs-Honig: aber mein Magen weiß auf*
> *keine Art mit Wachs fertig zu werden.*

Von kaum einem Philosophen haben wir eine so eingängige Darstellung seiner Magengenüsse und Verdauungsschwierigkeiten. Ob diese Tatsache schon anderen bewusst wurde?

»Thus ate Zarathustra«

»Also aß Zarathustra« – so hat der amerikanische Filmregisseur und Autor Woody Allen, ganz im Stile eines Groucho Marx, einen (wahn-)witzigen Artikel in der amerikanischen Zeitschrift »The New Yorker« (Anfang Juli 2006) überschrieben. Er fantasiert darin auf dadaistische und zugleich bildungsgesättigte Weise von der Entdeckung eines Buches in Heidelberg mit dem Titel »Friedrich Nietzsche's Diet Book« – »Friedrich Nietzsches Buch der Ernährung«. Nur wer gute Kenntnisse und ausgebildeten Geschmack hat, kann sich souverän über beides, d. h. die wissenschaftsgestützte Überlieferung der Tradition und den Gefallen daran, hinwegsetzen und sie gelungen persiflieren. Wir zitieren aus dem englischen

Original – auch um klarzustellen, dass die im vorliegenden Buch ausgeführte Idee (die bereits im Jahr 2001 geboren war!) nicht von Woody Allen »vorgedacht« wurde:

Fett an sich ist eine Substanz oder die Essenz einer Substanz oder ein Modus dieser Essenz. Das große Problem beginnt damit, wenn es sich auf ihren Hüften ansammelt. Unter den Vorsokratikern war es Zenon, der die Ansicht vertrat, dass Gewicht eine Illusion ist und, egal, wieviel ein Mann isst, er würde immer nur halb so fett sein, wie einer, der niemals Liegestützen macht. Die Athener waren von der Frage nach dem idealen Körper besessen und in einem verlorenen Theaterstück des Aischylos bricht Klytämnestra ihren Eid, niemals zwischen den Mahlzeiten zu naschen, und weint sich die Augen aus dem Kopf, als sie bemerkt, dass sie nicht mehr in ihren Badeanzug passt.

Es brauchte den Geist eines Aristoteles, um das Gewichtsproblem in wissenschaftliche Begriffe zu fassen, und in einem frühen Fragment der ›Ethik‹ stellt er fest, dass der Umfang eines beliebigen Menschen dem seines Gürtels entspricht, multipliziert mit Pi. Das blieb so bis ins Mittelalter, als der Aquinate eine Reihe von Menüs ins Lateinische übersetzte und die ersten guten Austernbars eröffnet wurden. Zum Essen auszugehen wurde von der Kirche immer noch mit einem Stirnrunzeln quittiert und der Parkdienst galt als Todsünde.

Wie wir wissen, betrachtete Rom das Open Hot Turkey Sandwich als den Höhepunkt der Zügellosigkeit; viele Sandwichbuden wurden dazu gezwungen geschlossen zu bleiben und wurden erst nach der Reformation wieder geöffnet. Religiöse Gemälde aus dem 14. Jahrhundert zeigten erstmals die Verdammung zu Salaten und Joghurt, mit denen der Übergewichtige in die Hölle kam. Die Spanier waren besonders grausam: Während der Inquisition konnte ein Mann deshalb zum Tode verurteilt werden, weil er eine Avocado mit Krabben füllte.

Kein Philosoph kam auf die Lösung des Problems von Schuld und Gewicht, bis Descartes Körper und Geist zweiteilte, sodass der Körper sich selbst vollstopfen konnte, während der Geist dachte: Was soll's, das bin nicht ich! Die große Frage der Philosophie bleibt bestehen: Wenn das Leben sinnlos ist, was soll man mit einer Buchstabensuppe anfangen? Es war Leibniz, der als erster sagte, dass Fett aus Monaden besteht. Leibniz probierte verschiedene Diäten aus und strengte sich sportlich an, aber er konnte seine Monaden nicht los werden – zumindest nicht jene, die er auf seinen Hüften hatte. Spinoza aß im Unterschied dazu sehr sparsam, weil er glaubte, dass Gott in allem existiert und es furchteinflössend ist, ein koscheres Sandwich herunterzuschlingen, wenn man bedenkt, dass man Senf auf die Erste Ursache aller Dinge schmiert.

Gibt es eine Beziehung zwischen gesunder Ernährung und kreativem Geist? Wir müssen uns nur den Komponisten Richard Wagner anschauen, was er weggeputzt hat. Pommes frites, gegrillten Käse, Nachos – Christus, da gab es kein Halten bei dem Appetit dieses Menschen, und doch ist seine Musik erhaben. Cosima, seine Frau, kam ziemlich gut mit, aber sie lief wenigstens jeden Tag. In einer Szene aus dem »Ring«-Zyklus, entschließt sich Siegfried mit den Rheintöchtern essen zu gehen und konsumiert in heroischer Art einen Ochsen, zwei dutzend Vögel, einige Wagenräder Käse und fünfzehn Bierhumpen. Dann kommt die Rechnung und er hat nicht genügend Geld. Der Punkt dabei ist, dass man im Leben zu einem Nebengericht von Weißkraut- oder Kartoffelsalat verdammt ist und in einer gewissen Angst gewählt werden muss, dass nicht nur unsere Zeit auf Erden begrenzt ist, sondern auch die meisten Küchen schon um 10 schließen.

Die existentielle Katastrophe für Schopenhauer war weniger das Essen, als vielmehr das Kauen. Schopenhauer wandte sich gegen das ziellose Mampfen von Erdnüssen und Kartoffelchips, während man mit anderen Aktivitäten beschäftigt ist. Wenn das Mampfen einmal begonnen hat, meinte Schopenhauer, kann der Mensch sich nicht mehr wehren gegen weiteres Mampfen und das Ergebnis ist ein Universum, das überall verkrümelt ist. Nicht weniger irregeleitet war Kant, der den Vorschlag machte, dass wir ein Mittagessen in einer solchen Weise bestellen sollten, dass wenn jeder dasselbe Gericht bestellte, die Welt in einer moralischen Weise funktionieren würde. Das Problem, das Kant nicht voraussah, ist, dass wenn jeder dasselbe Gericht bestellt, in der Küche ein Zank darüber entstehen wird, wer den letzten Wolfsbarsch bekommt. »Bestelle, wie du für jedes andere menschliche Wesen auf Erden bestellen würdest«, rät Kant. Was aber ist, wenn der Mensch neben dir keine Guacamole mag? Am Ende muss festgestellt werden, dass es keine moralischen Nahrungsmittel gibt, außer wir zählen weichgekochte Eier dazu.

Um es zusammenzufassen: Unabhängig von meinen eigenen Jenseits-von-Gut-und-Böse-Pfannkuchen und der Willen-zur-Macht-Sulutsoße, von den wahrhaft großen Rezepten, die die westlichen Ideen verändert haben, war Hegels Hühnereintopf das erste, was die Linke zu bedeutungsvollen politischen Implikationen anregte. Spinozas Drehspieß-Shrimps und -Gemüse können sowohl von Atheisten wie auch von Agnostikern gleichermaßen genossen werden, während ein wenig bekanntes Rezept von Hobbes für gegrillte Baby-Backrippchen ein intellektuelles Rätsel bleiben wird.

Der Autor versäumt es auch nicht, die Ernährungsvorschläge, die er in »Nietzsches Buch der Ernährung« in Heidelberg gefunden haben will, ganz im Geiste eines absichtlich falsch verstandenen »Willens zur Macht« mitzuteilen:

Frühstück

Orangensaft
2 Streifen Bacon
Profiteroles
gebackene Muscheln
Toast, Kräutertee

Mit dem Saft der Orange ist das eigentliche Sein der Orange manifestiert und damit meine ich ihre wahre Natur und das, was ihre »Orangen-haftigkeit« ausmacht und sie daran hindert zu schmecken wie, sagen wir, ein gedünsteter Lachs oder Grütze. Für den streng Gläubigen erzeugt die Wahrnehmung von etwas anderem als Cerealien zum Frühstück Angst und Abscheu, aber mit dem Tod Gottes ist alles erlaubt und Profiteroles und Muscheln können aus freiem Willen gegessen werden und sogar frittierte Hähnchenflügel.

Mittagessen

1 Teller Spaghetti, mit Tomaten und Basilikum, Weißbrot
gestampfte Kartoffeln
Sachertorte

Die Mächtigen werden immer reichhaltige Speisen zu Mittag essen, jahreszeitlich begleitet von schweren Soßen, während die Schwachen in Hefe und Tofu herumpicken, davon überzeugt, dass ihr leidender Wille eine Belohnung in einem späteren Leben erhalten wird in Form von gegrillten Lammkoteletts. Aber wenn das Nachleben, wie ich meine, eine immerwährende Wiederholung dieses Lebens ist, dann müssen die Sanft-mütigen in Ewigkeit mit wenig Kohlehydraten und gekochtem Hähnchen bei abgezogener Haut auskommen.

Abendessen

Steak oder Würstchen
Bratkartoffel
Lobster thermidor
Eiskrem mit Schlagsahne oder Obstkuchen

Das ist ein Mahl für den Übermenschen. Lasst jene, die verwirrt sind und Angst haben vor Triglyzeriden und ungesättigten Fettsäuren, essen, um ihrem Pastor oder Ernährungsberater zu gefallen, aber der Übermensch weiß, dass marmoriertes Fleisch und cremiger Käse mit reichhaltigen Desserts und, oh ja!, mit einer Menge von Gegrilltem das ist, was Dionysos essen würde – wenn er damit keine Magenprobleme bekommt.

Nun hat sich Woody Allen für seinen Artikel offensichtlich nicht näher auf die Philosophiegeschichte eingelassen, außer, dass er die Namen richtig schreibt und sie chronologisch weitgehend korrekt zuordnet. Und das Werk und sein Zusammenhang mit den Lebensumständen Nietzsches interessieren ihn ebenso wenig wie der Umstand, dass zwar Heidelberg eine dem durchschnittlich gebildeten US-Amerikaner geläufige deutsche Stadt ist, aber mit Nietzsche herzlich wenig zu tun hat. Allen sind aber entweder selbst Zweifel an der Leidensfähigkeit seines »Nietzsche-Übermenschen« gekommen oder aber er hat es entweder von einem Goy gehört oder – weiß Gott wie – intuitiv erfasst, dass Nietzsche-Dionysos Magenprobleme und noch weit schlimmere, syphilisbedingte Speiseröhrenprobleme hatte.

Wer dennoch die vom amerikanischen Komiker vorgeschlagene »Also-aß-Zarathustra-Diät« unbedingt nachmachen möchte, dem sei am besten vorher und auf jeden Fall danach ein Besuch beim Arzt empfohlen.

Eine Diät, wie sie authentisch von Nietzsche überliefert ist, aus dem August 1881, und die er seinerzeit tatsächlich als förderlich für sein Wohlbefinden ansah, ist die folgende:

Mit meiner Nahrung bin ich sehr zufrieden: Mittag (½ 12) jedes Mal ein Fleisch, mit Maccherone, Morgens (¼ 7) ein rohes Eidotter, Thee und Aniszwieback (ländlich-kräftig), Abends (½ 7) 2 rohe Eidotter, ein Stück Polenta (wie sie alle Hirten und Bauern essen), Thee (zweiter Aufguß) und Aniszwieback.

Wo er dieses Mahl in den Augusttagen des Jahres 1881 verspeiste, lässt sich nur vermuten, da er in den Jahren zwischen 1879 und 1889 als freier Philosoph und Autor, getrieben von seinen Krankheiten, viel reiste. Wahrscheinlich war es Sils Maria, denn im Sommer hielt sich Nietzsche oft dort auf und im Winter vorwiegend in Italien und da hauptsächlich im Piemont. Offensichtlich schätze er ländlich-kräftige Küche und nach dem Genuss von Fleisch verzehrte er sich geradezu. So wird man sich nicht darüber wundern, dass er an die piemontesische Küche sein Herz verlor, deren bäuerliche Tradition sich paart mit französischem Einfluss und die reich ist an feinsten Früchten der Natur. Auf diesen drei Säulen steht die kulinarische Landschaft der norditalienischen Region und erhebt das Piemont in den Rang eines Eldorados für Genießer. Denkt man an Nietzsches langes, schweres Ende, so keimt in einem die Hoffnung auf, dass sich der von einer gewissen leidenschaftlichen Tragik umgebene Philosoph trotz Magen- und Speiseröhrenprobleme an diesen Gaumenfreuden viele Male ergötzen konnte.

»Wagt's mit meiner Kost ihr Esser« – die piemontesische, die Lieblingsküche Nietzsches

In der piemontesischen Küche wird mit Butter und Speck nicht gegeizt. Viel rohes Gemüse, eine reichliche Vielfalt von Obst und Käse, Nüsse, Kastanien und vor allem Fleisch kommt auf den Tisch. Eine besondere Spezialität ist Sanato, das Fleisch des nur mit Milch ernährten Kalbs. Und über vielen Gerichten schwebt der unvergleichliche Duft jener Knolle, die auch heute eine unendliche Zahl von Liebhabern hat, die Trüffel.

Sie ist die eigentliche Prinzessin dieser Küche. Bartolomeo Platina widmet ihr in seinem »De onesta voluptate et valetudine« – »Von der anständigen Wollüstigkeit und Gesundheit«, dem ersten Kochbuchbestseller der Renaissance, ein Kapitel mit dem Titel »Dei tartufi«!

Trüffel, die wir angebrachterweise Kalli der Erde nennen werden, haften nicht an Fasern oder Filamenten jeder Art, da sie von allen Seiten von Erde umgeben sind. Sie kommen nicht aus dem Ort, in dem sie wachsen, durch die Spalten des Bodens heraus. Sie entstehen in trockenen, sandigen und fruchtbaren Gebieten. Wenn sie ein Pfund wiegen, sind sie oft größer als eine Quitte. Es gibt zwei Sorten von Trüffeln, eine sandige und zahnschädigende Sorte und eine andere, rein und echt. Man kann sie aufgrund ihrer Farbe erkennen: außen rot und schwarz und innen weiß.

Man kocht sie in der warmen Asche, nachdem man sie mit Wein gewaschen hat. Wenn sie gar sind und mit Pfeffer bestreut, sollte man sie noch warm den Tischgästen servieren.

Es handelt sich um eine nahrhafte Speise, und sie sind ein anregendes Mittel der Unzucht. Daher werden sie häufig auf den erregenden Banketten von feinsten Herren serviert, die besser auf die Freuden der Venus vorbereitet zu sein wünschen. Wenn dies zum Zwecke der Fortpflanzung geschieht, ist es lobenswert. Wenn jedoch nur zu Lustzwecken, so wie es zahlreiche Müßiggänger und Unmäßige zu tun pflegen, ist es mehr denn je verabscheuungswürdig.

Während der Renaissance erreichte die Knolle ihre größte Verbreitung. Sie rief sogar eine Art psychologischer Abhängigkeit bei vielen italienischen Signori hervor, konnte doch auf einem Bankett das Fehlen der Trüffel nicht entschuldigt werden. In diesen Zeiten wetteiferten die besten »maestri di cucina« in der Kreation stets neuer Rezepte mit Trüffeln.

Die Trüffel, Herrscherin der Bankette in vielen Regionen und in vielen französischen Gebieten (in Frankreich wächst sie jedoch – ebenso wie in vielen anderen europäischen Ländern – in weniger wertvollen Sorten), findet in der Sorte Tuber magnatum Pico, kurz Alba-Trüffel genannt, im Piemont ihre größte Verbreitung.

Die gastronomische Literatur erlebte im 18. Jahrhundert ihren Aufschwung mit dem Werk eines anonymen piemontesischen Kochs mit dem Titel »Il cuoco piemontese perfezionato a Parigi«. Der piemontesische Koch, der in Paris Karriere machte, ist ein Zeugnis der ersten Auswirkungen des Rückflusses der französischen, gastronomischen Kultur nach Italien, die sich einst auf den Spuren der italienischen des 16. und 17. Jahrhunderts entwickelt hatte. Und die Trüffel erscheint in sehr vielen Rezepten, die mit wenigen Abänderungen noch heute gebräuchlich sind: wie zum Beispiel in der berühmten »fonduta al tartufo«, in »gnocchi di patate«, »crema di formaggio e tartufo« und im »risotto alla piemontese«, um nur einige der bekanntesten zu nennen. Aber eigentlich wird sie im

Piemont fast zu allem verwendet, so natürlich auch zu den verschiedensten Fleisch-, Wild- oder Eierspezialitäten.

Beginnen wir zuerst mit einem Gericht, das bei einem »piemontesischen Menü« ganz sicher nicht fehlen darf, und auch davor macht die Trüffel, oder besser gesagt der Trüffelfreak, nicht halt. Es ist die legendäre Sauce auf Öl-Butter-Basis mit Sardellenfilets und Knoblauch, die auf dem Tisch vor sich hin köchelt, damit man rohes oder gedämpftes Gemüse hineintauchen kann. Im Piemont wird sie auch über gegrillte rote oder gelbe Paprikaschoten gegeben.

Klassisch besteht sie aus vier Zutaten: Öl, Butter, Knoblauch, Sardellen – allerdings wurde früher statt Oliven- Walnussöl verwendet. Wohlschmeckende Variationen des Klassikers sind: einen Teil des Olivenöls durch Barolo zu ersetzen; das ist die etwas leichtere Version. Bei der gehaltvolleren wird kurz vor dem Ende der Garzeit noch eine halbe Tasse Sahne zugegeben und vor dem Verspeisen weiße Trüffel darüber gehobelt. Auch ein bis zwei Esslöffel geriebene Walnüsse machen sich gut in der Sauce.

Bagna cauda (frisches Gemüse mit heißer Sardellensauce)

¼ l feines Olivenöl
80 g Butter
6 Knoblauchzehen,
fein gehackt
125 g Sardellenfilets

Bei der Auswahl des Gemüses sind der Fantasie keine Grenzen gesetzt.

Butter in einer feuerfesten Steingutkasserolle zerlassen, den Knoblauch hinein geben und bei schwacher Hitze garen, der Knoblauch sollte sich nicht verfärben. Dann das Olivenöl dazugießen und weitere 10 Minuten bei schwacher Hitze auf dem Herd lassen. Nun die Sardellenfilets dazugeben und ebenfalls bei wenig Hitze etwa 40 Minuten weitergaren, bis sich die Sardellenfilets aufgelöst haben. Dazu regelmäßig mit einem Holzlöffel umrühren und die Sardellen am Boden zerdrücken.

Traditionell wird Bagna cauda über einem Rechaud, früher war es ein kleines Kohlebecken, in der Mitte des Tisches zubereitet und das Gemüse auf einer großen Platte dazu gereicht.

Ein weiterer Klassiker der kulinarischen, piemontesischen Freuden darf ebenfalls nicht fehlen. »Fonduata al tartufo«, meist übersetzt mit »Käsefondue mit Trüffeln«, ist eigentlich eine dicke Käsecreme, die portionsweise serviert wird. Die Spezialität stammt aus dem Aosta-Tal und deshalb sollte auch der Fortina-Käse aus dieser Region zur Zubereitung verwendet werden.

Fonduata al tartufo

Den Fortina-Käse in kleine Würfel schneiden und für einige Stunden in Milch einlegen. Dann den Käse unter ständigem Rühren, evtl. im Wasserbad schmelzen und langsam die Eigelbe und die Butter einrühren; weiterrühren, bis eine cremige Konsistenz erreicht ist. Nun auf vorgewärmte Teller verteilen, servieren und bei Tisch die frischen Trüffel darüber hobeln.

400 g Fortina-Käse
40 g Butter
4 Eigelbe
½ l Milch
weiße Trüffel

Friedrich Nietzsche schwärmte von einem Teller Maccherone und Fleisch. Und dieser Vorliebe wollen wir gerecht werden mit einem Gericht, dessen Sauce zu den Maccherone schon im 13. Jahrhundert von einem unbekannten italienischen Genießer in einer Rezeptsammlung niedergeschrieben wurde, die »Balsamella«. Nietzsches sehr empfindlichem Magen dürfte dieses Nudelgericht gut getan haben, obwohl wir nicht mit Bestimmtheit sagen können, dass er es je genossen hat.

Maccherone mit Balsamella und Gefüllte Kalbsbrust

Die Butter bei mittlerer Temperatur zerlassen und das Mehl darin anschwitzen, bis es sich mit der Butter zu einer geschmeidigen Paste verbindet. Nun nach und nach unter ständigem Rühren die Milch hinzugießen, bis aus der Masse eine milchfarbene Creme geworden ist. Nun nach Geschmack salzen und evtl. geriebenen Parmesan einrühren.

Für die Balsamella:
1 eigroßes Stück Butter
1 El Mehl
½ l Milch
Salz
evtl. geriebener Parmesan

Für die Maccherone:

*lange Maccherone,
Menge nach Personenzahl*

Butter

Milch

Salz

Die Maccherone in ausreichend Salzwasser dreiviertel gar kochen, abgießen, wieder in einen Topf geben, ein Stück Butter hinzufügen und soviel Milch hinzugießen, dass sie über kleinem Feuer weiterkochen können. Sind die Maccherone gar, die Balsamella darüber gießen und eine angemessene Menge geriebenen Parmesan daruntermischen. So zubereitete Maccherone passen gut zu gekochtem Fleisch, Schmorbraten oder Kalbsschnitten.

Gefüllte Kalbsbrust

*ca. 2,5 kg Kalbsbrust
170 g mageres Kalbfleisch
ohne Knochen
40 g fetter Speck oder
Schinken
100 g magerer Schinken
20 g Parmesan
1 Ei
1 Knoblauchzehe
einige Stängel Petersilie
Salz
Pfeffer
evtl. eine kleine Trüffel*

Die Kalbsbrust kann man bereits vom Metzger vorbereiten lassen, also ausbeinen und eine Tasche zum Füllen hineinschneiden lassen. Das Kalbfleisch und den fetten Speck sehr fein zerkleinern und mit dem ebenfalls sehr fein gehackten Knoblauch und der Petersilie, dem Parmesan, Ei, etwas Salz und Pfeffer vermischen. Hat man zufällig eine kleine Trüffel, diese ebenfalls klein hacken und zur Farce geben, das gibt dann ein besonderes Aroma. Nun die Tasche in der Kalbsbrust abwechselnd mit der Farce und dem in Scheiben geschnittenen mageren Schinken nicht zu prall füllen und die Ränder mit Küchengarn zusammennähen. Nun die Kalbsbrust mit Salz und Pfeffer würzen und in einer Kasserolle von beiden Seiten anbraten, dann immer wieder etwas Wasser zugießen und ca. 2 Stunden fertig garen. Danach etwa 10 Minuten ruhen lassen, das Garn entfernen und in Scheiben geschnitten zu den Maccherone servieren.

Brasato ist ein großartiges, herbstliches Gericht, dessen ursprünglicher Name wahrscheinlich »Bue brasato al Barol« war; auch mit Ochsenfleisch, für die Piemonteser eine der am meisten geschätzten Fleischarten, schmeckt er hervorragend.

Brasato piemontese al Barolo
(piemontesischer Schmorbraten mit Barolo)

Das Fleisch mit dünnen Speckscheiben umwickeln und diese mit Haushaltsgarn fixieren. Nun das klein gehackte Gemüse, Gewürze und Kräuter in eine Schüssel geben, den Barolo darüber gießen, das Fleisch in die Marinade legen und abgedeckt über Nacht ziehen lassen. Einen Teil der Marinade abseihen.

In einer Kasserolle Butter und Olivenöl heiß werden lassen, den Rest des Specks darin glasig werden lassen und das Fleisch im Fett bei großer Hitze anbraten, nachdem es in Mehl gewälzt wurde. Ist es rundherum schön braun angebraten, mit Salz und Pfeffer würzen und mit etwa der Hälfte der Marinade, in der das Gemüse und die Gewürze sind, ablöschen. Zugedeckt bei schwacher Hitze schmoren, nach etwa 40 Minuten, wenn die Flüssigkeit stark eingekocht ist, den Rest der Marinade dazugeben, zugedeckt etwa 2 Stunden weiterschmoren und den Braten dabei einige Male umdrehen. Das Fleisch soll sehr mürbe sein; ist dieser Zustand erreicht, den Braten herausnehmen, warm stellen, die Sauce durch ein Sieb passieren, mit Salz und Pfeffer abschmecken und getrennt zu dem in Scheiben geschnittenen Braten servieren. Dazu Polenta und Maronenpüree reichen.

ca. 800 g magerer Rinderbraten
50 g Schinkenspeck, in einige dünne Scheiben geschnitten, den Rest fein hacken
50 g Butter
Olivenöl
Mehl

Für die Marinade:
1 Flasche nicht sehr alter Barolo
2 Zwiebeln
2 Möhren
2 Selleriestangen
1 Zwiebel
1 Knoblauchzehe
1 Rosmarinzweig
2 Gewürznelken
1 Knoblauchzehe
1 Lorbeerblatt
mehrere Pfefferkörner

Nietzsches Eis

Sollten nun unsere piemontesischen Speisevorschläge keine Lust geweckt haben, so würden wir bei Appetitlosigkeit jedenfalls raten, Eis zu essen, um dann zu beobachten, ob der Appetit folgt. Wenn es Ihnen aber geschmeckt hat und der Genuss vielleicht sogar zu viel des Guten war, dann empfehlen wir das Eis – und zwar ohne Schlagsahne – auch hinterher. Denn es hat die Eigenschaft, Wärme in den Magen zu ziehen und die Verdauung zu fördern.

Nietzsches Gedicht auf den kühlen Gaumenschmeichler, dessen Wirkung auf physisches und psychisches Wohlbefinden auch heute unbestritten ist, lässt uns jedenfalls wissen, dass er Eis liebte, wohl nicht zuletzt durch die angenehm kühlende, ja fast betäubende Wirkung, die es verursacht, wenn es durch die Speiseröhre rutscht und sein je nach Gusto ausgesuchtes Aroma auf der Zunge hinterlässt und dazu noch die Augen mit mannigfachen Farben verwöhnt.

Die Vorliebe für Speiseeis teilte Nietzsche mit vielen Persönlichkeiten der Geschichte, ob Alexander der Große und Hippokrates oder römische Imperatoren. Doch über Jahrhunderte hinweg war man bei der Herstellung der kühlen Köstlichkeit auf natürliches Eis und Schnee angewiesen, welche meist von weit entfernten Bergen geholt werden mussten. Es ähnelte auch eher einem Sorbet, noch besser einer Granita, und war weit entfernt von der cremigen Konsistenz, die wir heute so lieben. Der griechische Dichter Simonides von Keos beschreibt es als Gletscherschnee mit Früchten, Honig oder Rosenwasser.

Die Möglichkeit, Speiseeis herzustellen, ohne auf die gefrorenen Gaben der Natur, also auf Eis und Schnee, angewiesen zu sein, ermöglichte erst die Entwicklung der Kältetechnik. Marco Polo lernte das Wissen um die Kühlung von Wasser durch Salpeter und die Möglichkeit, so Eis herzustellen, im 13. Jahrhundert in China kennen, und die gefrorene Mischung aus Wasser und Fruchtsaft oder -püree, man nennt es auch heute noch Granita, wurde zu einer italienischen Spezialität. Maria de Medici brachte sie dann mit nach Paris und von dort fand das eisige Vergnügen rasch den Weg an andere europäische Fürstenhöfe.

Nun sollte Speiseeis nicht nur den Adligen und oberen Schichten vorbehalten bleiben. Das Kühlverfahren, zunächst noch mit Salpeter, und die Zubereitung wurden verfeinert, und 1660 eröffnete die erste »Eisdiele« in Paris ihre Pforten – wie könnte es anders sein, durch einen Italiener, durch Francesco Procopio di Cutelli, einen ehemaligen Koch Ludwigs XIV. Der Fortschritt in der Zubereitung ist einem Physiker und Zoologen zu verdanken: Er machte sich Gedanken darüber, das Eis cremiger zu machen. Dies gelingt durch fortwährendes Schaben des Gefrorenen von den Wänden des Gefäßes, in dem es gefriert. Geschickte Zuckerbäcker und Köche perfektionierten diese Technik, und so kam es zur Erfindung der Gefrierbüchse, einem Vorläufer unserer heutigen Eismaschine. Als gegen Ende des 18. Jahrhunderts ein französischer Koch am Hofe des englischen Königs das Milcheis erfand, war man der Eiscreme, wie wir sie heute verspeisen, schon sehr nahe. Die erste Speiseeismaschine wurde 1790 in den USA erfunden und die erste Fabrik für Speiseeis begann 1851 in Baltimore ihre Produktion.

Den absoluten Durchbruch in der Kältetechnik und so auch bei der Herstellung von Speiseeis haben wir aber Carl von Linde zu verdanken. 1876 konstruierte er die erste Ammoniak-Eismaschine mit Dampfmaschinen-Kompressor. Durch seine Erfindung wurde die kalte Schlemmerei endgültig zur Massenware. Seit 1923 naschen die Amerikaner Eis am Stiel. 1925 begann dann auch die industrielle Speiseeisproduktion in Deutschland, und in dieser Zeit eröffneten ebenfalls viele italienische Eisdielen.

Einfaches Speiseeis

Den Zucker mit den Eigelben schaumig rühren, das Wasser oder die Milch dazugeben und das ausgekratzte Mark aus der Vanilleschote und die Schote ebenfalls in das Gemisch geben und auf sanfter Hitze solange rühren, bis die Creme anfängt, am Rührlöffel zu haften. Dann die Vanilleschote entfernen und die Schüssel mit der Masse auf Eis stellen, mit dem Schneebesen weiterschlagen und nun die geschlagene Sahne vorsichtig unterschlagen. Das Gemisch dann in eine entsprechende Form mit Deckel füllen und zum Gefrieren in eine dicke Packung aus Eis und Salz oder in das Gefriergerät stellen. Während des Gefrierprozesses einige Male durchrühren, um die Kristallbildung zu verhindern. Besser geht das natürlich in einer Eismaschine, die aber sicher nicht in jedem Haushalt vorhanden ist.

140 ml Wasser, besser noch Milch
50 g Zucker
4 Eigelbe
1 Vanilleschote
150 g Schlagsahne

7 Philosophie zwischen Fast und Slow Food

In unserem Gang durch die Geschichte von Philosophie und Kochrezepten haben wir einige Male das Problem der Moralität berührt. Häufig ging es um die Moral des Einzelnen – Maß zu halten, das Richtige zu essen und zu trinken etc. Diese Form des Bedenkens ist klassisch reflexiv.

Was ist demgegenüber neu im 20. und zu Beginn des 21. Jahrhunderts? Es geht nicht mehr nur darum, was und wie ich selbst esse, sondern zugleich darum, was ich darüber wissen kann, wie mein Essen zustande gekommen ist, woher es kommt, wer es mir verkauft und wie es mir präsentiert wird. Wir verfügen über völlig neue Möglichkeiten der Kommunikation und der Sammlung von Informationen. Und am Ende ist der dermaßen Informierte gefordert, ja bisweilen damit überfordert, sich über all das ein Urteil zu bilden. Der gesamte Zusammenhang von Essen und Trinken ist komplizierter geworden als zu irgendeiner anderen Zeit.

Die diagnostische Macht der Ernährung

Der antike Arzt Hippokrates beschreibt den Einfluss der Ernährung auf die Gesundheit noch so:

> *Krankheiten befallen uns nicht aus heiterem Himmel, sondern entwickeln sich aus täglichen Sünden wider die Natur. Wenn sich diese gehäuft haben, brechen sie unversehens hervor.*

In der heutigen Zeit der Reparaturmedizin scheint dieser Zusammenhang immer mehr in Vergessenheit zu geraten. Die moderne Medizin mag die Rolle früherer moralischer Vorschriften für das Verhalten übernommen haben, zugleich aber erscheint die medizinische Praxis vielfach als eine rein »chemische«. Es werden weniger

Verhaltensvorschriften für die Lebensführung insgesamt und das Essen im einzelnen bzw. die Art und Zubereitung der Speisen, als vielmehr die Verabreichung chemisch-pharmazeutischer Mittel empfohlen, die den einen oder anderen unliebsamen Folgen des Genusses Abhilfe schaffen sollen.

Der Zukunftsforscher Horx behauptet, dass sich die Kochgewohnheiten heute stark verändert haben:

> Die Menschen kochen immer weniger und wollen dadurch weniger Vorratswirtschaft, sie gehen immer mehr aus und sind ständig unterwegs. Aber die Techniker bieten uns intelligente Kühlschränke und intelligente Waschmaschinen an – wobei die Frage auch nicht geklärt ist, wer letztere belädt und entlädt.

Und die Feministin Martina Kaller-Dietrich stellt fest:

> Die Macht der Ernährung reduziert die Frage nach der Herkunft der Lebensmittel auf den Ort des Supermarkts und delegiert die Sorge über den Zustand derselben an ExpertInnen, die für den jeweiligen Körper mit seinen individuellen Katastrophen zuständig gemacht werden.

Ernährungswissenschaftler, Trophologen, sogar Ökotrophologen und Diätassistenten beraten Menschen in Fragen der Ernährung, wählen geeignete Diätkost zur Ernährung kranker oder von Krankheit bedrohter Personen aus, berechnen Nährstoff-, Mineralstoff- und Vitamingehalt der Speisen und überwachen deren Zubereitung. Sie beraten ihre Klienten und ihre nähere Umgebung über die praktische Durchführung der jeweiligen ärztlichen Diätverordnung, begleiten die Patienten entweder über die gesamte Diätzeit oder entwickeln gemeinsam mit ihnen ein individuelles Langzeitdiätprogramm.

Der soziale Wert, der mit Ernährung, Gesundheit und körperlicher Schönheit zusammenhängt, hat in der zweiten Hälfte des 20. Jahrhunderts permanent zugenommen. So sind die Repräsentanten der Ernährungswissenschaften zu einem wichtigen Teil einer medizinischen Macht geworden, die auf multinationalem Niveau wirkt, Regierungen beeinflusst und staatliche Forschungsgelder nutzt.

War die Frage nach dem »guten Leben« ursprünglich eine eminent philosophische Frage, die verschiedene Aspekte der menschlichen Lebensführung nicht voneinander trennen wollte, so wird sie in Moderne und Gegenwart verwissenschaftlicht und in verschiedene Disziplinen auseinanderdividiert. Die Frage nach dem Leben ist eine Frage der Biologie, allenfalls der Biophysik geworden; die Frage nach dem Verhalten ein Thema der Ethologie. Die Frage nach der Gesundheit, auch der seelischen Gesundheit, eine Frage der Medizin, allenfalls der Psychiatrie oder der Psychologie. Die Frage nach dem richtigen Essen aber ist inzwischen ein Thema des *Food Design*.

Die moderne Hirnforschung hat schließlich erkannt, dass es ein »Bauch-Hirn« gibt: Es befinden sich mehr Nervenzellen im Bauchgeflecht als im Rückenmark. Wir wollen aber nicht in das Horn mancher moderner Hirnforscher stoßen, die meinen, weil sie bei Versuchspersonen mit modernen bildgebenden Verfahren beobachten, wie emotionale Zentren aktiviert werden, während sie bestimmte Aufgaben lösen, deswegen schon alle moralphilosophischen Erkenntnisse vollständig für obsolet erklären zu können.

Doch hält sich hartnäckig die Behauptung, dass »Brainfood«, zu Deutsch Hirnnahrung, die Intelligenz fördere. Ohne die Tätigkeit des Lernens funktioniert das freilich nicht, aber das Lernen fällt vielleicht etwas leichter, vor allem, wenn man daran glaubt, dass entsprechende Nahrung dem Gehirn gut tut. Dazu gehören: sieben Walnüsse pro Tag, auch andere Nüsse, Mandeln sowie Avocado, Edelkastanien; an Getreide vor allem Dinkel und Hafer; Gewürze wie Kardamom, Zimt, Muskat und Safran; Zinnkrauttee, Buchweizentee und grüner Tee, denen günstige Wirkungen zugeschrieben werden; die Vitamine C, E und vor allem Vitamine der B-Gruppe. Untersuchungen wollen gezeigt haben, dass die Einnahme von Vitamin-B-Tabletten das Lernverhalten und die Konzentration von Schülern steigert. Bei verlangsamter Auffassung soll Tamarinde helfen und bei Zerstreutheit Zimt. Das ätherische Öl von Basilikum soll neue geistige Kraft geben, Gewürznelke und Thymian zu Taten anregen, Rosmarin stärken, Rose und Lavendel sollen positiv und stimmungsaufhellend wirken, und anregend sei es, an Zitrone oder Kaffee zu riechen. Schließlich wird noch der Extrakt von sibirischem Ginseng empfohlen. Ist der Philosoph ergo überflüssig geworden auf dem Felde der Ernährung, wenn er denn je »nützlich« war?

Utilitarismus und Pragmatismus

Philosophen waren vielleicht nie »nützlich«, aber sie haben natürlich auch über das Nützliche nachgedacht. Die Nützlichkeitserwägung hat vor allem durch angelsächsische Denker philosophischen Rang erhalten. Die philosophische Spielart des Utilitarismus beschränkt sich auf die Ethik, wobei sie auch Sozialphilosophie und Wirtschaftswissenschaften beeinflusst hat. Ihr Hauptgedanke lautet: »Handle so, dass das größtmögliche Maß an Nutzen oder Glück entsteht.« Das angestrebte allgemeine Glück ergibt sich aus der Summe des Glücks der einzelnen Menschen. Jeremy Bentham und John Stuart Mill haben diesen Ansatz im 18. bzw. 19. Jahrhundert entwickelt. Inzwischen repräsentiert der Utilitarismus das Denken wahrscheinlich der meisten Menschen heutzutage.

Der Pragmatismus ist ebenfalls im angelsächsischen Raum entstanden und stellt eine Methode aus der Praxis für die Praxis dar. Er verkündet keine Dogmen und keine Lehre außer seiner Methode. Für die Pragmatisten gilt, dass das »Essen der Beweis des Puddings« ist; oder wie es schon im Neuen Testament heißt: »An ihren Früchten sollt ihr sie erkennen.« Das erste und letzte Kriterium der Erkenntnis ist die Praxis. Was demgemäß nicht zur Tat werden kann, hat keinen Wert.

Am einflussreichsten wurde der Pragmatismus des von dem Amerikaner John Dewey vertretenen »Instrumentalismus«. Der empirisch-praktischen Grundrichtung des Pragmatismus entsprechend geht auch seine Ethik nicht von Prinzipien oder Normen aus, sondern von Lebenserkenntnissen. Dieser philosophische Ansatz versteht die Welt als Experiment und betrachtet deshalb die Untersuchung der gegenwärtigen Situation als Schlüssel eines möglichen Fortschritts aus dem Bewusstsein. Dewey bezieht sich in seinem Instrumentalismus vor allem auf die naturwissenschaftliche Methode als optimales Instrument der Anpassung an den beständigen Lauf des Lebens. Wissenschaftliche Erkenntnis ist hier Instrument für Zwecke, die aus der Situation menschlichen Lebens heraus bestimmt werden müssen.

Für die Pragmatisten liegt die Bedeutung eines Begriffs ganz in seinen praktischen Folgen, so dass das Handeln zum Ursprung aller Dinge wird. Dies impliziert die radikale Absage an all jene

Konzepte, die Denken als Abbild transzendenter Gegebenheiten propagieren.

Ludwig Wittgenstein, zumindest in seinem späteren Denken, war bestimmt kein »Pragmatist«, wohl auch kein »Pragmatiker«, dennoch verstand er unter Sprache Handlung und darüber hinaus sogar Sprache als Lebensform. Wenn man sich aber klarmacht, dass von Wittgenstein der Satz überliefert ist: »Es ist doch egal, was man isst. Hauptsache, es ist immer das gleiche.« Und wenn man sich nun vorstellt, dass Wittgenstein, zumindest eine Zeit lang, immer aus der gleichen Schüssel – ohne sie abzuwaschen, versteht sich – den immer gleichen Porridge gegessen haben soll...

Jedenfalls scheint uns eine derartige Lebensform wenig ergiebig als Anregung zur Gestaltung eines Mahles. Wittgenstein stammte zwar aus einem großbürgerlichen Haus, aber er schlug sein Erbe aus und pflegte aufs Einfachste zu leben. Essen musste schnell gehen und sollte ein offensichtlich missliebiges Bedürfnis stillen. Ob ihn die Erlebnisse in den Schützengräben des I. Weltkriegs, in denen er die wesentlichen Gedanken seines sehr viel später erschienenen Werks »Tractatus logico-philosophicus« fasste, darin bestärkt haben, liegt nahe, ist aber angesichts der so vielschichtigen Persönlichkeit zu einfach.

Ein ebenfalls denkwürdig gleichgültiger Esser war der französische Existentialist Jean-Paul Sartre. Der Philosoph, mütterlicherseits elsässischer Herkunft, verabscheute Muscheln, Krebse, Langusten, überhaupt alle Lieblingsgerichte der von ihm gehassten Bourgeoisie. Annie Cohen-Solal hat in ihrer Biographie aufgelistet, was Sartre innerhalb von 24 Stunden zu sich zu nehmen pflegte: Zwei Päckchen Maispapier-Zigaretten und zahlreiche Pfeifen, einen Liter Alkohol, 200 Milligramm Amphetamin, 15 Gramm Aspirin, mehrere Gramm Barbiturate, ein Röhrchen Corydran – also stimulierende, schmerzstillende und schlaffördernde Mittel. Und so habe sie ihn von seinem letzten Besuch in Straßburg her in Erinnerung:

> *fast betäubt von seiner Überdosis Aufputschmittel, Alkohol und Tabak, zusammengesunken vor einem Teller Sauerkraut in einer zweitrangigen Brasserie unweit des Kleberplatzes, achtlos ein Würstchen mit Senf bekleckernd, überragt von Simone de Beauvoir, aus deren Gesicht nicht das triumphierende Lächeln bedürfnisloser Selbstgerechtigkeit weicht.*

Ist es da ein Wunder, dass durch Sartre der »Ekel« in den Rang eines philosophischen Begriffs aufsteigen konnte? Jean-Paul Sartre befand jedenfalls ganz existenzialistisch: »Jede Nahrung ist ein Symbol.« Welche Symbolik ist bei ihm vorherrschend? Bedürfnislosigkeit in Sachen des Geschmacks? Wir können Sartre jedenfalls noch zubilligen, dass er sich erst nachhaltig betäuben musste, ehe er verkochtes Kraut und kalte Würstchen zu sich nahm.

Bedürfnislosigkeit ist an sich ein gutes Stichwort. Doch wird anhand dieser beiden Beispiele, Wittgensteins und Sartres, deutlich, dass im 20. Jahrhundert weit eher Achtlosigkeit bzw. Gleichgültigkeit vorzuherrschen scheinen als das alte asketische Ideal der sich auf Denken und Werk beschränkenden Philosophen. Schließlich ist es ein nach-, ja antimetaphysisches Denken, das nunmehr vorherrscht. »Anything goes«, sagt Paul Feyerabend. Vielleicht auch ein Ausdruck des Verlustes der Form?

Fast Food – Ausdruck moderner Gleichgültigkeit?

Nützlichkeitserwägungen, Handlungsorientierung und eine gewisse Gleichgültigkeit dem »guten Leben« gegenüber, gepaart mit dem Geruch von Fortschritt und Erfolg, das sind passende Voraussetzungen für eine Ernährungsweise im 20. Jahrhundert, die ihren beispiellosen Siegeszug über den gesamten Erdball angetreten hat. Finden wir nicht im »Fast Food« jenes Symbol der Nahrung, das durch eine sowohl vordergründige pragmatische Haltung als auch durch eine dahinter stehende antimetaphysische, existentialistische Philosophie gekennzeichnet ist?

Der Ursprung des Fast Food in der neueren Zeit scheint ein ganz praktischer gewesen zu sein. Man dachte zunächst hauptsächlich daran, die werktätige Bevölkerung mit notwendiger Nahrung zu versorgen, als im Jahre 1902 in den USA, in Philadelphia, das erste Automatenrestaurant eröffnet wurde, in dem man für wenige Cent verschiedene warme und kalte Speisen bekommen konnte. 1916 wurde die erste Hamburger-Kette eröffnet, und 1939 gründeten Richard und Maurice McDonald ihr heutiges weltweit bekanntes Imperium.

Das pragmatisch formulierte Ziel von Essen und Trinken ist die Beseitigung von Hunger und Durst. Fast Food ist auf die effiziente Erreichung des so dargestellten Ziels hin angelegt, sowohl in der

Form der Nahrungszubereitung und Darreichung als auch nach der Art des Verzehrs, der oft bewusst und mit Freuden auf traditionelle Essensriten verzichtet. Für die Zubereitung werden in der Regel industriell hergestellte Fertigprodukte verwendet.

Fast Food wird meist an Verkaufsständen, Buden und mobilen Theken angeboten, inzwischen auch häufig in Lebensmittelgeschäften, in ehemals traditionellen Metzgereien und Bäckereien, mit kleinem angegliedertem Gastraum und Stehtischen. Oft findet sich Fast Food auch in speziell eingerichteten, restaurantähnlichen Lokalen. Der Verzehr der Speisen geschieht dennoch meist im Stehen oder bereits unterwegs, im Gehen, und eigentlich immer aus der Hand. Immer weiter verbreitet ist inzwischen auch in nicht-englischsprachigen Ländern der Verkauf von Fast Food über so genannte »Drive-Ins«, speziell gestaltete Schalter, die das Essen, ohne dass man aussteigen muss, direkt ins Auto liefern, sozusagen im Vorbeifahren anbieten.

Neben der Schnelligkeit bzw. Mobilität ist es die Reduktion, die bei Fast Food im Vordergrund steht. Viele kleine Schnellrestaurants, »Imbisse«, bieten keine Sitzplätze. Damit ist die Kostenersparnis verbunden, keine Toilette zur Verfügung stellen zu müssen. Die Gäste verweilen kürzer und der Durchsatz wird gesteigert. Die von allem »störenden Beiwerk« befreite Funktionalität der Nahrungsaufnahme steht im Vordergrund.

Anbieter von Fast Food sind sowohl große multinationale Konzerne als auch kleinere Ketten, sowohl Familienbetriebe als auch selbstständige Einzelpersonen. Viele Schnellrestaurantketten sowie regionale Anbieter verwenden Fertigprodukte, die vor Ort schnell und einfach aufbereitet werden. Kleinstanbieter mit Döner- oder Gyrosbuden bieten erfolgreich individuelle Spezialitäten aus verschiedenen Kulturbereichen feil.

Die Auswahl bei großen Ketten wie auch bei kleinen, unabhängigen Anbietern ist in der Regel auf wenige Produkte reduziert und standardisiert, der Kunde kann oft sprachlos anhand von Abbildungen wählen. Es gibt kein »Speisekartenphänomen« der Verständnislosigkeit bzw. keine Missverständnisse mehr, man zeigt nur noch auf das, was man essen möchte.

Auch die Zubereitung von Fast Food erfordert keine besonderen Qualifikationen. Die Zubereitung von Fertigprodukten ist leicht erlernbar, und in der Systemgastronomie wird arbeitsteilig gearbeitet.

Das Lohnniveau ist dementsprechend niedrig. In den großen Fast-Food-Ketten arbeiten daher häufig Jugendliche, Teilzeitkräfte und ausländische Mitarbeiter. Der Essvorgang selbst geschieht in der Regel ohne jedes Hilfsmittel, Besteck oder ähnliches, allenfalls eine Papierserviette schützen Hand und Bluse oder Krawatte und Jacke vor dem Bekleckern.

Der Fast-Food-Markt ist heiß umkämpft. Besonders die großen Anbieter versuchen mit aufwändiger Werbung ihre Umsätze zu steigern und locken vor allem junge Menschen in ihre Schnellrestaurants oder zum Kauf von Fertiggerichten. Ein typisches Merkmal bei Fast-Food-Gerichten der Systemgastronomie sind die frei variierbaren Zusammenstellungen. Viele Gerichte werden in verschieden großen Portionen angeboten, anders als in konventionellen Restaurants, in denen einheitlich portionierte Komplettgerichte serviert werden. Die Fast-Food-Industrialisierung bedeutet nicht zuletzt einen enormen Preiswettbewerb, der, wenn nicht zuungunsten der Qualität, so doch zuungunsten der Mitarbeiter ausgetragen wird.

Zwar meinen sogar Ernährungsphysiologen, wenn man Pommes, Cola und Ketchup wegließe, wäre der Hamburger gesünder als die Currywurst. Nachgewiesen ist aber, dass Fast Food zu wenig Nährstoffe und kaum Vitamine hat und meistens eine Kalorienbombe darstellt. Ebenso wird man durch den andauernden Genuss von Hamburgern mit Pommes, Ketchup und Cola tatsächlich krank. Dies liegt aber vor allem daran, dass die Abwechslung beim Essen fehlt.

In unserer Zeit ist gesundes Essen so vielfältig und leicht verfügbar wie selten in der Geschichte der Menschheit. Trotzdem sind die meisten Kinder und Jugendlichen der so genannten Ersten Welt so schlecht ernährt wie noch nie, was durch die ständige Aufnahme von Fast Food erklärbar sein dürfte.

Der US-amerikanische Dokumentarfilm »Super Size Me« von Morgan Spurlock (2006) hat das Thema schließlich auch ins Kino gebracht und, wenig überraschend, dargestellt, dass die ausschließliche Ernährung mit Fast Food dick und krank macht. Spurlock unternahm den filmisch dokumentierten Selbstversuch, bei dem er sich wochenlang ausschließlich von Fast Food ernährte und am Ende an Übergewicht, einem Leberschaden, sexueller Unlust und starken Stimmungsschwankungen litt, die er erst nach weiteren 14 Monaten wieder in den Griff bekam.

Fast Food und Carnivorismus

Ein Hauptbestandteil von Fast Food ist Fleisch. Der Hintergrund für die weltweite Verbreitung von Fast Food ist Fleisch, das billig eingekauft wird und durch die so genannte »Veredelungswirtschaft« entsteht. Damit ist jene Stufe der Viehwirtschaft bezeichnet, bei der Viehhaltung nicht mehr Mittel zum Zweck, sondern zum Selbstzweck geworden ist. Die Ertragsveredelung besteht darin, Brotgetreide, Kartoffel, Mais und Ölkuchen als Futtermittel anzubauen und dann an das Vieh zu verfüttern, das den eigentlichen Ertrag bringt, in Form von Fleisch, Milch oder Eiern etc. Dies wird als die dritte Stufe der Viehhaltung und des Fleischverzehrs bezeichnet. Es ist ein Produkt des Abendlandes und steht einmalig in der Menschheitsgeschichte da, nichts Vergleichbares findet sich in alten Kulturen. Während zu Homers Zeiten, dem 8. Jahrhundert v. Chr., große Viehherden und riesige Fleischmengen, vor allem vom Adel, verzehrt wurden, sind in der klassischen perikleischen Periode, dem 5. Jahrhundert v. Chr., Getreide und Gemüse die Hauptnahrung, Soldaten erhielten etwa 750 Gramm Weizen- oder Getreidemehl und nur selten Fleisch.

In der heutigen Zeit führt die Tierhaltung zu Exzessen. Die Überproduktion führt marktgerecht zur Verbilligung von Fleischprodukten. Die Verbilligung aber auch zu unlauteren Methoden. Die immer wieder aufgedeckten Fleischskandale haben das in unserer Gegenwart deutlich dokumentiert. Noch dazu ist der vermehrte Konsum von Fleisch ein weltweites soziales Problem: »Das Vieh der Reichen frisst das Brot der Armen« – so überschrieb das Problem schon ein SPIEGEL-Artikel von 1987.

Denn um 1000 Kalorien tierischer Herkunft produzieren zu können, müssen im Durchschnitt der Fütterungsweisen mehr als 7000 Kalorien pflanzlicher Herkunft aufgewendet werden; häufig mit eiweißreicher Pflanzennahrung aus der Dritten Welt. In den USA, einem der Hauptverursacher dieser Ernährung und Produktion, gibt es dagegen aber auch ein »Bohnencredo« unter dem Schlagwort: »Bohnen statt Beef!«

Philosophie des Vegetarismus

Der Philosoph Peter Singer hat, dem Bohnencredo entsprechend, eine »Philosophie des Vegetarismus« verfasst. Der 1946 in Melbourne geborene Peter A. D. Singer ist ein australischer Philosoph österreichischer Herkunft. Seine Eltern waren Wiener Juden, die 1938 aus dem von den Nazis besetzten Österreich nach Australien flohen. Sein 1975 erschienenes Buch »Animal Liberation« gilt als Grundstein der zeitgenössischen Diskussion über den moralischen Status von Tieren in der Tierrechtsbewegung, und Singer wurde damit einer der Begründer der modernen Tierethik. In diesem Buch beschreibt er das Phänomen des »Speziesismus«, die Diskriminierung oder Ausbeutung von Tierarten aufgrund eines angenommenen Vorranges der Spezies Mensch. Peter Singer wurde insbesondere in Deutschland wegen seiner Thesen zur Euthanasie kontrovers diskutiert. Er hält das Töten einer seiner selbst bewussten Person für Unrecht, aus utilitaristischen Gründen aber das rein biologische Leben eines Menschen nicht für unbedingt schützenswert. Auch Tierrechtler, die jede Form der Tötung von Tieren prinzipiell ablehnen, kritisieren Singers präferenzutilitaristischen Ansatz bezüglich des Menschen. Singer selbst führt diese Angriffe unter anderem auf die christliche Lehre zurück, die Menschen und Tiere in ihrem Wert weit auseinanderrücke: Menschen werde eine Seele zugesprochen, Tiere aber würden als seelenlose Dinge betrachtet.

Singers »Philosophie des Vegetarismus« geht von einem berühmten Prozess gegen die Fast-Food-Kette McDonald's aus und zieht daraus die spezifischen Folgerungen für eine ethisch angemessene Ernährungsweise.

Im längsten Prozess der Britischen Rechtsgeschichte zog die McDonald's Corporation und McDonald's Restaurants Limited im Jahr 1997 gegen zwei Greenpeace-Aktivisten vor Gericht. Der »McLibel«-Prozess dauerte 515 Tage, wobei über 180 Zeugen gehört wurden. Dabei ging es um die Art und Weise, wie McDonald's Fast-Food-Produkte herstellt, verpackt, bewirbt und verkauft, außerdem um den Ernährungswert dieser Erzeugnisse, die Folgen für die Umwelt durch die Produktion und schließlich auch um die Behandlung der Tiere, deren Fleisch und Eier zu diesem Essen verarbeitet werden. Die Aktivisten hatten eine kleine Schrift herausgebracht mit dem Titel: »What's Wrong with McDonald's« – »Was ist falsch an McDonald's«. Darin wurden mit charakteristischem McDonald's-Design u.a. die Worte »McMurder« – »McMörder« und »McTorture« – »McFolter« hervorgehoben.

> Am Ende der Verhandlungen fand Richter Bell, dass der Stress, das Unangenehme und die Schmerzen, die auf einige Tiere einwirkten, ein akzeptables Maß überschritten, und stellte daher fest, dass es eine ›grausame Praxis‹ gäbe, für die McDonald's ›strafwürdig verantwortlich‹ sei.

Daher sei es nicht willkürlich gewesen, McDonald's als »McTorture« zu bezeichnen, weil diese Anklage substantiell wahr sei. Peter Singer fragt:

> Was folgt aus diesem Urteil für die moralische Einstellung, Hühner aus Intensivhaltung zu kaufen und zu essen, Schweinefleischprodukte, die aus der Stallhaltung von Säuen stammen, oder Eier, die von Hennen in Legebatteriekäfigen gelegt wurden? Sicherlich ist das dann auch falsch?

Und Singer fügt eine eigene Erfahrung hinzu:

> Dieser Anspruch sollte überprüfbar sein. Bei einem Konferenzessen vor einigen Jahren saß ich einem buddhistischen Philosophen aus Thailand gegenüber. Als wir uns am warmen Buffet selbst bedienten, vermied ich die verschiedenen Formen des angebotenen Fleischs, aber der Thai-Philosoph vermied das nicht. Als ich ihn fragte, wie er das von ihm gewählte Mahl mit der ersten buddhistischen Regel zusammenbrachte, das sagt, dass keinem empfindenden Wesen ein Leid zugefügt werden sollte sagte er mir, dass es nach der buddhistischen Tradition nur dann falsch wäre Fleisch zu essen, wenn man Gründe zur Annahme habe, dass das Tier ausschließlich für den Esser getötet worden sei. Das Fleisch der Tiere aber, das er genommen habe, stamme nicht von Tieren, die speziell für ihn getötet worden seien; diese Tiere wären so oder so getötet worden, auch wenn er ein strenger Vegetarier wäre oder er sich überhaupt nicht in dieser Stadt aufgehalten hätte. So würde er, obwohl er sie aß, diesen Tieren kein Leid zufügen.
> Ich konnte meinen Gesprächspartner nicht davon überzeugen, dass diese Verteidigung des Fleischgenusses besser in eine Zeit passte, als eine

Landbauerfamilie ein Tier getötet hat, um etwas in die Bettlerschale eines Wandermönchs tun zu können, als in die heutige Zeit. Der Makel in der Verteidigung ist das Übersehen der Verbindung zwischen dem Fleisch, das ich heute esse, und der zukünftigen Tötung von Tieren. Angenommen dass die heute im Supermarkt angebotenen eingefrorenen Hühnchen gestorben wären, auch wenn ich niemals existiert hätte. Doch das Faktum, dass ich das Hühnchen aus der Tiefkühltruhe nehme und den Tofu in dem Regal daneben ignoriere, hat etwas mit der Zahl von Hühnchen oder Tofustücken zu tun, die der Supermarkt nächste Woche bestellen wird, und auf diese, wenn auch vielleicht bescheidene Weise, wird es zum zukünftigen Wachstum oder Schwund der Hühnchen- und Tofuindustrie beitragen. Das ist es, worum es bei den Gesetzen von Angebot und Nachfrage geht.

Einige Verteidiger einer Variante der alten buddhistischen Linie werden vielleicht immer noch sagen, dass ein verkauftes Hühnchen weniger keinen wahrnehmbaren Unterschied für die Hühnchenproduzenten ausmacht, und daher kann es nicht falsch sein, Hühnchen zu kaufen. Die Teilung der moralischen Verantwortlichkeit in einer Situation dieser Art bringt einige interessante Aspekte hervor, aber es ist ein Argumentationsfehler zu sagen, dass eine Person nur dann etwas Falsches tut, wenn es wahrnehmbar ist.

Singer argumentiert weiter, dass es absurd sei zu leugnen, »dass wir alle für einen Teil der Schäden verantwortlich sind, die wir kollektiv verursachen, und das sogar, wenn jeder von uns keinen wahrnehmbaren Unterschied ausmacht«. McDonald's habe dem Einzelnen gegenüber einen sehr viel größeren Einfluss.

Aber selbst McDonald's wäre machtlos, wenn niemand in ihren Restaurants essen würde. Kollektiv gesehen sind alle Konsumenten von Tierprodukten verantwortlich für die Existenz grausamer Praktiken bei deren Produktion. Bei der Abwesenheit besonderer Umstände muss ein Anteil der Verantwortlichkeit jedem einzelnen Käufer zugewiesen werden.

Ohne in irgendeiner Weise von einer konventionellen moralischen Einstellung gegenüber Tieren abzuweichen, kommen wir zu dem Schluss, dass es falsch ist Hühnchen, Batterieeier und einige Schweineprodukte aus Intensivhaltung zu essen. Das ist freilich noch kein Argument für den Vegetarismus.

Der Richter Bell habe die Rindfleischproduktion aus diesem Teil seiner Argumentation ausdrücklich herausgehalten, weil die Zahl der Produzenten, von denen McDonald's die Produkte bezogen habe, zu groß sei. Es sei zwar deutlich, dass die Produktion nicht ohne grausame Praktiken auskomme, aber es sei durch einen Richtspruch nicht veränderbar.

> Das bedeutet nicht, dass der Prozess selbst nichts über das Leiden von Tieren im Allgemeinen zu sagen hätte. McDonald's rief als Zeugen David Walker, Vorstand von McKey Food Services Ltd., einem der Hauptlieferanten für McDonald's in Großbritannien. Im Kreuzverhör fragte Helen Steel Herrn Walker, ob es wahr sei, dass ›als ein Resultat der Fleischindustrie, das Leiden von Tieren unvermeidlich ist‹. Walker antwortete: ›Die Antwort muss lauten »Ja«.‹
>
> Walkers Zugeständnis wirft eine ernsthafte Frage über die ethischen Grundsätze der Fleischindustrie auf: Wie viel Leid sind wir berechtigt Tieren zuzufügen, um sie in Fleisch zu verwandeln oder ihre Eier und ihre Milch zu nutzen?
>
> Der Fall des Vegetarismus wird am stärksten, wenn wir ihn als moralischen Protest gegen unseren Gebrauch von Tieren als bloße Dinge sehen, ausgebeutet zu unserer Bequemlichkeit und wie auch immer billig verfügbar gemacht.

Der Richter im McDonald's-Prozess war der Meinung, dass die Rinderhaltung, speziell in Brasilien, dazu beigetragen habe, große Teile des Regenwaldes abzuholzen. Das Problem für die Greenpeace-Aktivisten habe darin bestanden, dass sie den Richter nicht davon überzeugen konnten, dass das von McDonald's verwendete Fleisch aus diesen Regionen stammte. So bleibe die Fleischindustrie im Ganzen verantwortlich für den Verlust von Teilen des Regenwaldes und für alle Konsequenzen daraus, von der globalen Erwärmung bis hin zum Tod indigener Völker, die ihre Lebensart verteidigen. Die Umweltschützer würden zunehmend begreifen, dass die Wahl unserer Ernährung ein eminentes Umweltthema ist. Singer nimmt das Thema der »Nahrungsveredelung« auf, um zu erklären, dass damit wertvolle Nahrungsgrundlagen – Land, Energie und Wasser – verschwendet würden, was angesichts der wachsenden Weltbevölkerung ein zunehmend unerschwinglicher Luxus sei. Die intensive Tierproduktion sei obendrein ein starker Verbraucher fossiler Brennstoffe und eine der Hauptquellen der Verschmutzung von Luft und Wasser. Große Mengen von Methan und anderen Treibhausgasen gerieten dabei in die Atmosphäre.

Wir riskieren unvoraussagbare Klimaveränderungen auf unserem Planeten – das heißt auch die Leben von Milliarden von Menschen, zu schweigen von der Ausrottung tausender Pflanzen- und Tierarten, die nicht in der Lage sind, sich rasch auf veränderte Bedingungen einzustellen – für ein paar zusätzliche Hamburger. Eine auf Tierprodukten, die aus intensiver Bewirtschaftung stammen, basierende Diät, ist eine Katastrophe für die Tiere, die Umwelt und die Gesundheit derer, die sie zu sich nehmen.

Dankenswerterweise hat Peter Singer seiner Argumentation auch noch selbst ein passendes Rezept hinzugefügt:

Das Rezept ist vegan, sehr einfach, nahrhaft und wohlschmeckend. Es wird von Hunderten von Millionen Menschen täglich gegessen.

Dal

2 Teelöffel Öl
1 gehackte Zwiebel
2 zerquetschte Knoblauchzehen
1 Tasse getrocknete rote Linsen
3 Tassen Wasser
1 Lorbeerblatt
1 Zimtstange
1 Teelöffel Currypulver (nach Geschmack)
1 Dose Tomaten, entsprechend frische Tomaten, kleingehackt
ein Schuss Kokossahne oder eine halbe Tasse Kokosmilch (optional)
Zitronensaft (optional)
Salz nach Geschmack

In einer tiefen Pfanne Öl mit Zwiebeln und Knoblauch erhitzen, bis sie glasig sind. Die Linsen hinzugeben und ein bis zwei Minuten rösten, dann Wasser, Lorbeerblatt, Zimt und Curry hinzugeben. Zum Kochen bringen, dann 20 Minuten lang simmern lassen, von Zeit zu Zeit Wasser hinzugeben und umrühren. Die Tomaten hinzugeben und

*weitere 10 Minuten lang simmern lassen. Die Linsen sollten nun weich
geworden sein. Kokossahne oder –milch hinzugeben sowie den Zitronensaft und das Salz. Zimtstange und Lorbeerblatt vor dem Servieren
herausnehmen.*

*Das fertige Gericht sollte nicht zu dick sein, gegebenenfalls noch
Wasser hinzugeben. Es wird üblicherweise mit Reis serviert, dazu
Limonen-Pickles und Mango-Chutney. Bananenstücke sind eine weitere
gute Beigabe – und natürlich Pappadams.*

Von der Moralität des Speisens

Nun wäre es zu einseitig, wollte man einen Verfall der Esskultur
alleine den großen Hamburgerketten zur Last legen und den Begriff
»Fast Food« eben nur mit Hamburgern, Pommes, Currywurst oder
Pizzateilchen gleichsetzen. Landläufig wird zwar genau das darunter verstanden, doch zum »schnellen Essen«, für das man nicht
wirklich Zeit aufwenden muss, um es einzukaufen und zu kochen
oder um den Tisch schön zu decken, bei dem man schon gar nicht
in Gemeinschaft ein Tischgespräch führt, das man vielmehr schnell
in der Küche aus einer Aluschale löffeln kann, gehört doch einiges
mehr: all jene Fertiggerichte oder Halbfertiggerichte, gefroren, in
Dosen, gefriergetrocknet, all' jene Pülverchen und Pasten, die zudem meist noch den Geschmack verderben durch Geschmacksver-
stärker. Sicher erleichtert vieles den Alltag, die Nahrungsbeschaffung und die Bedürfnisbefriedigung, das heißt das Stillen des Hungers. Wir wollen weder jeden Hamburger verteufeln noch in einen
Krieg gegen die Fischstäbchen ziehen, sondern die Frage der Moral
stellen.

Die Moralität des Speisens wird angesichts der Ablehnung
von Fast Food, wenn wir Peter Singer folgen, nicht nur zu einer
Frage des guten Geschmacks, des guten Benehmens und zu einer
Frage der Hochkultur und nicht zuletzt der Gesundheit, sondern
zu einer »Abstimmung zu Fuß«, wie der Soziologe Ulrich Beck sagt.
Der mündige Bürger dürfe sich nicht durch die Praktiken multi-
nationaler Konzerne in seiner Entscheidungsfreiheit beschränken
lassen, sondern müsse umgekehrt von seinem Recht Gebrauch
machen, sein Geld für andere Produkte auszugeben, die nachge-
wiesenerweise bei der Nahrungsherstellung auf Produkte aus inten-

siver, industrieller Tierhaltung verzichten. Wohlgemerkt, neben der Grausamkeit der Praktiken geht es dabei auch um die Umwelt im Ganzen.

Dabei muss aber auch die Kehrseite dieser Medaille in Betracht gezogen werden. Die Sojabohne ist der Grundstoff für Tofu, der als eiweißreicher Fleischersatz gehandelt wird. Weltweit stammt mehr als die Hälfte der Sojaproduktion von gentechnisch veränderten Pflanzen. Deutlich geringer ist der Anteil bei Mais (9 Prozent) und Raps (12 Prozent). In 16 Ländern der Welt haben nahezu 6 Millionen Landwirte gentechnisch veränderte Pflanzensorten auf ihren Feldern ausgesät. Und wir wissen aufgrund der wenigen Erfahrung mit diesen Neuerungen noch nicht, wie sich diese Veränderungen auf andere biologische Zusammenhänge auswirken können.

Auch hier greift das »Prinzip Verantwortung«. Hans Jonas hat für diese Fragen eine konsequentialistische, in die Zukunft gerichtete Ethik entworfen, die nicht allein die Nahfolgen, sondern auch die ferneren Folgen des Handelns des Einzelnen in Betracht ziehen und damit unserer durch den Komplex aus Wirtschaft, Naturwissenschaft, Technologie und Geopolitik veränderten Welt Rechnung tragen soll. Vereinfacht gesagt heißt das, wenn sich die Fachleute über die weiter entfernten Konsequenzen von Eingriffen in die Natur nicht einig sind, müsste die Politik, müsste der Gesetzgeber aus ethischen Gründen diesen Eingriff untersagen. Ähnlich wie bei der nach wie vor letztlich nicht beherrschbaren Atomkraft ist das mit gentechnischen Manipulationen nicht anders. Wir müssen zur Kenntnis nehmen, dass dies fast überall auf der Welt anders gehandhabt wird, deswegen kann aber nicht behauptet werden, dass es auch ethisch vertretbar wäre.

Fast Food jedenfalls scheint uns einer rein konsumistischen Haltung geschuldet, die aus den am eigenen Leib zu machenden Erfahrungen ebenfalls keine Konsequenzen zu ziehen scheint und auf geistigem Gebiet ihr Pendant darin hat, dass die Unterhaltung durch andere dem Selbstmachen bzw. Selbstdenken vorgezogen wird. Wenn Philosophie und Kochkunst aber ernsthaft zusammengeführt werden, dann geht es sowohl um Selbstdenken als auch um selbst zubereitetes und natürlich selbst zu verzehrendes Essen, also den »Selbstversuch« – mit allen Konsequenzen.

Neue Philosophien für Bauch und Geist

Nun kann das Rezept, das Peter Singer als vegetarische Alternative zum Fast Food vorschlägt, eine wohlschmeckende Sache sein. Ein Beispiel für »Slow Food«, auch wenn man es selbst zubereitet, kann gleichwohl Fleisch beinhalten und muss deswegen nicht gleich unmoralisch sein. Dass alles Lebendige wiederum von anderem Lebendigen lebt, ist eine für den Menschen nicht zu leugnende Tatsache, trotz seiner Möglichkeiten in Chemie, Pharmazie und Medizin.

Und trotzdem gibt es ja tatsächlich, trotz der Expansion von McDonald's und Co., von Dönerbuden und Bäckereiketten, von Tiefkühlkonzernen und Kantinengroßlieferanten, eine aufgeklärte Anzahl von Menschen, für die Nahrung, Nahrungsaufnahme, ökologisches und soziales Bewusstsein und Umwelt einen Wert darstellen. An vorderster Front sind Slow Food und die Biobewegung zu nennen.

Dass Slow Food ganz bewusst in klarem Widerspruch zu Fast Food steht, erklärt Carlo Petrini, einer der Gründerväter, die Schlüsselfigur der Bewegung und bis heute charismatischer Leiter von Slow Food, in einem persönlichen Interview:

> Die Bewegung ist – fast kann man sagen – aus einer Laune heraus entstanden. Jedenfalls um ein deutliches Zeichen zu setzen gegen die Einrichtung einer McDonald's-Filiale damals an der Spanischen Treppe in Rom. Auch gegen die damit einhergehende architektonische Verschandelung eines der schönsten Plätze der Welt. Es war ein Wortspiel: Wenn ›Fast Food‹ existiert, haben wir uns gesagt, dann gibt es auch ›Slow Food‹. Dem haben wir ein ideologisches Manifest folgen lassen über die Idee und den Wert der Langsamkeit in einer Zeit, in der alles immer schneller gehen muss. Das Resultat war, dass wir damit beachtliche Aufmerksamkeit erregten, und von diesem Moment an entwickelte sich die Bewegung mit einem breiten Spektrum von Ideen.

»Die internationale Bewegung zur Wahrung des Rechtes auf Genuss«, die Slow-Food-Bewegung, eine Vereinigung von Genießern, vor 20 Jahren erwachsen aus der linken italienischen Kulturbewegung Arcigola, will Essen und Trinken als wichtigen Bestandteil unserer Kultur verstanden wissen. Slow Food bezeichnet sich selbst als eine nicht-kommerzielle, öko-gastronomische Organisation. Slow Food wollte und will ein Gegengewicht zu Fast Food und dem (zu) schnellen Leben bilden, gegen das Verschwinden lokaler Esstraditionen und gegen das schwindende Interesse der Menschen an der Nahrung und an den Fragen, woher sie kommt, wie sie schmeckt und wie die Nahrungsentscheidungen der Menschen den Rest der Welt beeinflussen. Slow Food arbeitet dafür, die Biodiversität unserer Nahrungsmittelversorgung zu verteidigen und die Hersteller exzellenter Lebensmittel mit ihren Koproduzenten durch Events und Initiativen zu verbinden.

In der »Vereinigung der bewussten Genießer und mündigen Konsumenten« sind in 132 Ländern weit über 80 000 Mitglieder in etwa 850 »Convivien«, den lokalen Einheiten, aktiv. Slow Food gründete und unterhält in Italien sogar die erste »Universität der gastronomischen Wissenschaften« mit Niederlassungen in Pollenzo und Colorno. Der wissenschaftliche Partner in Deutschland ist die »Deutsche Akademie für Kulinaristik« in Bad Mergentheim.

Unter dem Namen Slow Food, mit einer stilisierten Schnecke als eingetragenem Markenzeichen, hat sich eine internationale Vereinigung gebildet, die sich mit der Bildung des Geschmacks auseinandersetzt, was doch auch das erklärte Ziel unseres Buches ist. Sind wir nicht nur am Ende, sondern auch tatsächlich am Ziel angelangt?

»Natürlich« muss auch die internationale Slow-Food-Vereinigung eine »Philosophie« formulieren, wer tut das heutzutage nicht.

Unsere Philosophie: Wir glauben, dass jeder das Grundrecht auf Genuss hat und in der Konsequenz die Verantwortung dafür, das Erbe von Nahrung, Tradition und Kultur zu schützen, das diesen Genuss ermöglicht. Unsere Bewegung ist in diesem Konzept der Öko-Gastronomie begründet – der Anerkennung der starken Verbindung von Teller und Erde. Slow Food ist gutes, sauberes und gerechtes Essen. Wir glauben, dass die Nahrung, die wir essen, gut schmecken sollte; dass sie auf saubere Weise erzeugt werden sollte, die weder die Umwelt, noch das Wohl von Tieren, noch unsere Gesundheit belastet und dass die Hersteller einen gerechten Ausgleich für ihre Arbeit erhalten sollten. Wir sehen uns selbst als Koproduzenten, nicht lediglich als Konsumenten an, weil wir dadurch, dass wir uns über die Art und Weise, wie unsere Nahrung hergestellt wird, informieren und jene, die sie herstellen, aktiv unterstützen, Teil und Teilhaber des Herstellungsprozesses werden.

Das ist tatsächlich die Formulierung ethischer Grundsätze, die sich – nahrungsbezogen – sehr zeitgemäß und »politically correct« anhört. Was aber auch deutlich ist: Slow Food verzichtet in keiner Weise auf Fleisch. Der Vegetarismus ist also per se nicht der Gegner von Fast Food.

Eine Slow-Food-Aktivität soll hier noch besonders hervorgehoben werden, die »Arche des Geschmacks« zur Rettung der Geschmacksvielfalt auf unserem Planeten. Denn innerhalb der letzten 100 Jahre sind auf der ganzen Welt 300 000 Pflanzenarten ausgerottet worden. Seit Beginn des 20. Jahrhunderts haben wir 75 Prozent der genetischen Vielfalt unserer landwirtschaftlichen Produkte verloren und so wird unser Speisezettel täglich ärmer.

So ist die »Arche« kein Museumsschiff, sondern eine Offensive, um die Artenvielfalt zu erhalten, einfach indem man die selten gewordenen Lebensmittel wieder nachfragt und so Produzenten und Erzeuger dazu bringt, sie wieder herzustellen, anzubauen oder zu züchten. Essen, was man retten will, das klingt paradox, doch wenn Produkte nicht mehr gegessen werden, verschwinden sie nicht nur von unserer Speisekarte, sondern auch vom Markt.

Slow Food wendet sich natürlich auch ausdrücklich gegen die Vorherrschaft von Convenience-Produkten, also Fertiggerichten, und gegen eine vollständig industrialisierte Landwirtschaft. Um die Geschmacksbildung zu erzielen, sollen die Sinne »wiedererweckt« und »trainiert« werden.

Mehr Wissen über den Geschmack, die Herkunft, die Weisen der Zubereitung und Veredelung, so meinen die Slow-Food-Enthusiasten, ganz im Sinne Brillat-Savarins, mache den Akt des Essens umso genussvoller. Daher bietet Slow Food Erziehungsprogramme für alle Altersstufen. Gemeinsame Mahlzeiten und so genannte »Taste Workshops« sollen dieses Wissen schließlich verbreiten helfen.

Kann nun die Slow-Food-Bewegung für sich reklamieren, das moralische Gegengewicht zu Fast Food darzustellen? Oder ist Slow Food, so wie es zumindest häufig zelebriert wird, vielleicht nichts anderes als ein frommer Traum von der »heilen Welt« und schlicht selbstbezogener Genuss? Oder ist es nicht nur ausschließlich ernährungsbewusst ein Eintreten für Biodiversität und Naturalisierung der Nahrung, sondern auch umwelt- und geopolitisch bewusst? Was bedeutet es, die Betonung von Nahrung als *Lebensmittel* neu zu verstehen?

Finden wir nun auch die Nahrung, die das moralische Empfinden stärkt? Und muss der Gegensatz von Fast Food und Slow Food auch als ein Streit der Philosophien begriffen werden? Pragmatismus versus Prinzip Verantwortung? Oder ist das lediglich eine vorübergehende Zeiterscheinung? Wittgenstein war zwar dem Essen gegenüber weitgehend gleichgültig, aber von ihm stammt auch der Satz: »Der Gruß unter Philosophen sollte sein: Lass Dir Zeit.«

Eine Entsprechung zu Slow Food auf dem Gebiet der Philosophie ist der 1990 ins Leben gerufene »Verein zur Verzögerung der Zeit«, womit der Gründer zu einem reflektierten Umgang mit Zeit auf kollektiver Basis anregen wollte und neue Formen des Umgangs mit dem Phänomen Zeit anstrebte. Der Vereinsname sollte durchaus als Provokation gelten, aber er sollte auch darauf hinweisen, »dass in unserer Kultur und in der heutigen Zeit der Entschleunigung wesentlich mehr Beachtung geschenkt werden sollte als der ohnehin fast automatisch auf uns eindrängenden Beschleunigung«.

Doch darf freilich angesichts all dieser Bewegungen gegen haltlose Beschleunigung, Globalisierung und Gleichmacherei auch nicht vergessen werden, dass die Philosophie es nicht nur mit Lust und Wohlergehen, sondern vor allem auch mit dem zu tun hat, was schwer zusammen zu denken ist, was Wahrheit ist. Wir können die Augen nicht davor schließen, dass die Weltbevölkerung inzwischen fast 7 Milliarden Menschen zählt, wovon weit mehr als 800 Millionen Hunger leiden. Nach Angaben der Welternährungsorganisation FAO nimmt die Zahl der Hungernden jährlich nur um 6 Millionen ab. Um das Ziel der Halbierung der Zahl der Hungernden auf etwa 400 Millionen bis 2015 zu erreichen, wäre eine Abnahme um 22 Millionen Menschen pro Jahr notwendig. Nach wie vor sterben aber jeden Tag weltweit etwa 100 000 Menschen an den Folgen von Unterernährung, das sind 36 Millionen pro Jahr. Wie sollten hier Fortschritte erzielt werden können, wenn auf wissenschaftlich-technisch-industrielle Möglichkeiten verzichtet würde? Wie könnte man ausschließlich für das den Menschen Zuträgliche an den Lebensmitteln eintreten, wenn man vergäße, dass viele Menschen gar keinen Zugang zur Nahrungsbasis haben?

Peter Bieri schreibt in seinem Buch »Das Handwerk der Freiheit« das Aufwerfen eines philosophischen Problems könne »produktiv«

sein: »Im Falle der Freiheit geben das Gewahrwerden einer gedanklichen Verwirrung und ihre Auflösung auch dem Handeln und der moralischen Sicht der Dinge zusätzliche Tiefe.«

Das Fazit, das wir philosophisch ziehen wollen, heißt weder »fast« noch »slow«, weder nützlich noch überflüssig, sondern im rechten Maß, für jeden individuell, auf keinen Fall aber gleichgültig. Freiheit will erarbeitet sein, ebenso Geschmacksbildung – und das geschieht beim Genuss von Essen und Trinken noch immer am besten, indem man es selbst macht, auch wenn man sich nicht immer wird aussuchen können, woher welche Zutat stammt.

Es gibt auch die Freiheit, etwas nicht wissen zu wollen, das allerdings muss man auch bewusst verantworten.

Genuss ohne Reue?

Noch nie waren die Möglichkeiten, sich Nahrung zuzuführen, so vielfältig. Wir scheinen über schier unbegrenzte Möglichkeiten zu verfügen. Wen wundert es da, dass unterschiedliche Gruppierungen unterschiedlichste Lebensweisen propagieren, Orientierungshilfen und Produkte schaffen unter intellektuellen, unter kulinarischen, wirtschaftlichen und wissenschaftlichen Gesichtspunkten, unter Gesundheitsaspekten, mit erhobenem Zeigefinger oder mit der Lust am Experimentieren, mit dem Anspruch modern und trendy oder gesund und fit zu sein, und das vielleicht auch noch unter Beachtung der mittlerweile wissenschaftlich erwiesenen psychoaktiven Wirkung der einzelnen Nahrungsmittel. Ein Dschungel für den »Esser« mit all seinen Irritationen, Gefahren, aber auch seiner Faszination und seiner Schönheit.

Soll er nun statt zu Rindfleisch, das ihn an den Rande des Wahnsinns bringen kann, zu Schweinefleisch greifen, welches möglicherweise seinen Hormonspiegel durcheinanderbringt und die Waage explodieren lässt? Purzeln dann die Pfunde am schnellsten wieder mit der Blutgruppen-Diät oder doch mit Trennkost? Aber vielleicht hilft ja »light« – Cola light, Käse light, Marmelade light, Leberwurst light und natürlich Süßstoff? Doch dann kommt gleich die nächste Zwickmühle. In keinem noch so modernen Kochbuch mit dessen Rezepten der ambitionierte Hobbykoch seine Gäste beeindrucken will, damit sie ihm auch wirklich abnehmen, dass er ein Gourmet sei, steht: »Man nehme 10 Tropfen Süßstoff und gebe sie zur geschmolzenen Schokolade«, damit aus dieser eine Mousse au Chocolat werden soll.

Leider leuchtet auch das große M einer bekannten Fast-Food-Kette so einladend auf dem Weg von einem Auswärtstermin zurück ins Büro. Bei der Besprechung gab es nur Kaffee, der Magen knurrt, für den nächsten Termin ist man schon fast wieder zu spät, und die Nahrungsbeschaffung wird einem trotz Auto so leicht gemacht, denn es ist ein Drive-In. Vor dieser Gewissensfrage – soll man nun den Burger essen, der ja als ungesund gilt; und ihn abends mit gesundem Salat kompensieren, den man ja eigentlich abends auch nicht essen soll, da er bläht – steht genauso oft die Hausfrau und Mutter. Der nächste Kinder-Geburtstag des jüngsten Sprösslings wird im Fast-Food-Restaurant gefeiert; und da gibt es zu jedem Maxi-Menü noch ein Spielzeugauto dazu, das »Kind« unbedingt haben muss. Da hat »Frau« nun die Wahl – als Spaßverderberin oder Gesundheitsapostel zu gelten oder mit dem schlechten Gewissen zu leben, nicht gut genug auf die Gesundheit ihres Kindes geachtet zu haben. Leider ist es auch nicht einfach, diesem Dilemma zu entfliehen, wenn »Frau« oder »Mann« selbst dafür sorgt, was zu Hause auf den Tisch kommt. Sollen es lieber die Puten-Wiener aus dem Biomarkt sein, die zugegebenermaßen teurer, aber ja ach so viel gesünder sein sollen? Nur, wo spart man das Geld wieder ein, denn die Haushaltskasse füllt sich eben nicht wieder von selbst auf. Und außerdem ist in diesem Monat noch Hochzeitstag und der Besuch in diesem schicken Lokal, wo im Liegen gegessen wird, soll auch noch finanziert werden.

Zugegebenermaßen klingt dieses Szenario etwas düster und anstrengend, so dass es einen fast vergessen lässt, wie viel Spaß doch Essen, Kochen und Genießen machen können. Denn sogar der neueste Selbstversuch der Autorin des Buches »Arm aber Bio«, die sich einen Monat lang mit dem Hartz-IV-Satz von zu diesem Zeitpunkt 4,35 Euro am Tag nur mit biologischen Lebensmitteln zu ernähren schaffte, brachte ihr trotz der vielen Anstrengung und Tüftelei auch Spaß und Genuss. So gedenken wir noch einmal Brillat-Savarins, des Großmeisters des »reflektierten« Genusses:

Die Schöpfung nötigt uns zu essen, um zu leben, der Appetit
ist die Einladung, der Genuss die Belohnung.

Mit diesem Gedanken im Bewusstsein – und im Bewusstsein sind Kochen und Essen, angeregt durch Organisationen wie Slow Food, durch die Medien und unzählige Koch-Sendungen präsenter denn je – fällt es hoffentlich leichter, sich im »Dschungel«, man kann es je nach Betrachtungsweise auch »Paradies« der Angebote nennen, zurechtzufinden, den Genuss für sich selbst und seine Lieben herauszufinden und ihn auch noch zu verantworten, kommt es doch vor allem auf die persönlichen Veranlagungen, Möglichkeiten und Vorlieben an.

Von Fast über Slow zu Cross-over

Der Inbegriff des Fast Food, der »Burger«, muss nicht immer ungesund sein, denn Fast Food bedeutet nicht automatisch auch »Junk Food«. Und so ist der Burger ungerechterweise zu seinem schlechten Ruf gekommen. Der Urvater des heutigen Hamburgers ist das »Deutsche Beefsteak zwischen Weißbrotscheiben« und als solches sollen Hamburger Auswanderer im 19. Jahrhundert dieses Gericht mit in die USA gebracht haben. Die erste gedruckte Erwähnung des »Hamburger-Steaks« fand sich schon 1884 im Boston Evening Journal. Ab 1921 schossen dann in Amerika an allen Ecken »hamburger stands« aus dem Boden und machten dieses »food« besonders »fast«, was seiner Qualität und seinem Ruf nicht eben förderlich war. Der schlechte Ruf schadete ihm allerdings nicht wirklich, denn als Luxusburger aus Lachs, Enten- oder sogar Hirschfleisch schmuggelte er sich auf edle Speisekarten, und als »Veggiburger« fand er sogar den Weg auf den Tisch absoluter Fleischgegner.

Hier eine kalorienarme Variante des »Klassikers«:

Curry-Truthahn-Burger

Truthahnhack mit Zwiebel, Salz und Pfeffer, der Hälfte des Currys und dem Ei zu einem Teig verarbeiten, 8 Fleischpatties daraus formen, gar grillen oder in der Pfanne von beiden Seiten gut anbraten. Die Salatcreme mit dem restlichen Curry verrühren, bis auf einen kleinen Rest die Creme auf die getoasteten Brötchenhälften streichen. Je ein Fleischpattie darauf legen, mit einer Scheibe Käse, je zwei Tomatenscheiben und einem Salatblatt belegen. Mit einem Klecks Currycreme garniert servieren.

1 kg Truthahn-Hackfleisch, beim Metzger frisch zubereiten lassen oder selbst durchdrehen
1 große Zwiebel, fein gehackt
1 Ei, 1 El Currypulver
Salz, Pfeffer
½ Tasse Salatcreme
8 Scheiben Schmelzkäse
8 Salatblätter
8 Tomatenscheiben
8 Hamburgerbrötchen

Fertigprodukte oder Convenience-Food müssen nicht unbedingt den Niedergang der Kochkunst bedeuten. Es sind ja nicht alle Fertiggerichte schlecht. Bei gezieltem Einsatz, vor allem bei exotischen oder aufwendigeren Produkten, können sie eine sinnvolle Erweiterung des Repertoirs sein. So ist für die richtige Mischung zu plädieren: Variatio delectat! Die Abwechslung macht's!

Gehört zur Philosophie von Slow Food, von biologischem und ökologischem Denken auch die Betonung von saisonalen und regionalen Produkten, so hat uns doch die Globalisierung die Entwicklung eines neuen Kochstils beschert, der dieser Philosophie nicht widersprechen muss.

Die »Cross-over«-Küche, also »über Kreuz«, verbindet ganz unterschiedliches Kulinarisches und Kulturelles zu oft über raschenden und ungewöhnlichen, aber erstaunlich köstlichen Geschmackserlebnissen. »Cross-over« oder »Fusion-Küche«, eben die Verschmelzung unterschiedlicher Aromen und Einflüsse, eine Kombination von Kochstilen, Lebensmitteln und Gewürzen aus den verschiedensten Teilen der Welt bringt nicht nur die delikatesten Gerichte hervor, sondern weckt ein neues Bewusstsein für Qualität und Kultur. Denn Kochen wie Essen ist letztlich ein Akt der Kultur und somit ein Spiegel unserer Lebensgewohnheiten und unserer Identität.

Den ersten Versuch, Fremdländisches in den traditionellen Spei-seplan zu integrieren startete der erste Fernsehkoch, Clemens Wil-menrod, lange bevor der Begriff Fusion-Küche geboren war. Ihm wird die Erfindung von Klassikern wie »Toast Hawaii« und Serbi-sches Reisfleisch zugesprochen, die er Mitte der 50er Jahre in seiner Sendung präsentierte. Gerichte, die in der Wirtschaftswunderzeit für die Sehnsucht nach fremden Ländern, Urlaub und Weltgewandtheit standen.

Im Selbstversuch mit einigen Freunden als Versuchskaninchen gewann geschmacklich die klassische Variante vor der Bioversion mit Dinkeltoast, frischer Ananas und Biogouda.

Toast Hawaii

4 Scheiben Toastbrot
4 Scheiben gekochter
Schinken
4 Scheiben Ananas
aus der Dose
4 Scheiben Schmelzkäse
Mayonnaise
Tomatenketchup

Die Toastbrotscheiben sehr leicht im Toaster antoasten und mit der Mayonnaise bestreichen. Mit je einer Scheibe Schinken, Ananas und Käse belegen. In die Mitte des Toasts einen Klecks Ketchup geben und im Backofen bei 160 Grad etwa 10 Minuten erhitzen.

Die Verschmelzung von Neuem und Exotischem mit Traditionellem und Gewohntem eröffnet zwei Wege, sich dem Fusion Food zu nähern: durch die Abwandlung traditioneller Rezepte mit exotischen Gewürzen und Lebensmitteln einerseits oder durch die Kreation eines völlig neuen Gerichts aus typischen Zutaten verschiedener Landesküchen andererseits.

PHILOSOPHIE ZWISCHEN FAST UND SLOW FOOD

Thunfisch-Lachs-Sashimi auf Guacamole mit Wasabicreme

Thunfisch und Lachs in zwei Finger breite Tranchen schneiden, etwa 20 Minuten in der Marinade durchziehen lassen, im Sesam wenden und kurz von jeder Seite in heißem Öl anbraten, auf jeder Seite maximal 1 ½ Minuten.

Für die Sauce die Zutaten vermischen, ebenso für die Wasabicreme. Für die Guacamole die Avocado halbieren, das Fruchtfleisch herauslösen, mit einer Gabel zerdrücken oder mit dem Pürierstab pürieren unter Zugabe der Sahne und des Zitronensaftes. Zum Schluss die kleingeschnittenen Chili-Schoten dazugeben und mit Salz und Pfeffer abschmecken. Die Thunfisch- und Lachs-Stücke auf einem Teller anrichten, die Sauce darüber träufeln und mit der Wasabicreme, der Guacamole und einer Salatgarnitur servieren.

250 g Thunfisch
250 g Lachs
50 g Sesam, weiß
50 g Sesam, schwarz
Olivenöl

Für die Marinade:
100 ml Ketjap Manis
1 El Sweet Chili Soße
Salz, Pfeffer

Für die Sauce:
4 El helle Soja Soße
1 Tl Ketjap Manis
1 Tl Haselnussöl

Für die Wasabicreme:
Wasabicreme nach
Geschmack
50 g Joghurt
Pfeffer

Für die Guacamole:
2 Acovado
1 El Sahne
frische Chili-Schoten
Zitronensaft nach Geschmack
Salz, Pfeffer

Das folgende einfache Rezept aus dem Buch »Arm aber Bio« eignet sich gut als Beilage zum vorherigen oder nachfolgenden Gericht.

Chapti
(in der Pfanne gebackenes Fladenbrot)

Mehl, Wasser, Öl und Salz in einer Schüssel mit der Gabel gut verrühren und 10 Minuten ruhen lassen. Etwas Mehl auf die Hände nehmen und den Teig kurz durchkneten. In 5 Stückchen teilen. Jedes zwischen den bemehlten Händen flachdrücken und mit den

150 g Mehl
ca. 70 ml lauwarmes Wasser
1 El Öl
1 Prise Salz

Fingern noch etwas auseinanderziehen oder auf einer bemehlten Arbeitsfläche ausrollen.

Eine Pfanne erhitzen und die Fladen darin – je nach Größe der Pfanne – gleichzeitig oder nacheinander ohne Zugabe von Fett braten, bis die Unterseite braune Flecken bekommt. Umdrehen und fertig backen.

Das Wollschwein ist eine fast ausgestorbene Schweinerasse, die auf dem Weg zu einem Slow Food-Arche Passagier ist.

Asiatische Birnen-Salsa zu gegrilltem Kotelett vom Wollschwein

4 Schweinekoteletts, vom Wollschwein
Olivenöl
Salz, Pfeffer

Für die Birnen-Salsa:
2 nicht zu reife Birnen
3 El gutes Olivenöl
Saft von 1 Limette
je 1 grüne und rote mittelscharfe Chilischote
3 Frühlingszwiebel, in feine Ringe geschnitten
1 daumengroßes Stück Ingwer, gewaschen und gerieben
einige Stängel Koriandergrün, gehackt
1 Prise brauner Zucker
Salz, Pfeffer

Die Birnen schälen, das Kerngehäuse entfernen und in ca. 1 cm große Würfel schneiden. Alle Zutaten in eine Schüssel geben, vermischen, mit Salz, Pfeffer, braunem Zucker und evtl. noch etwas Limettensaft abschmecken. Die Koteletts salzen, pfeffern und in heißem Olivenöl braten oder im Sommer grillen und die Birnen-Salsa dazu reichen.

Digestif

Er dient der guten Verdauung nach einem Mahl. Auch wir möchten einen Digestif reichen, damit Ihnen das Gelesene und auch das Gekochte und Genossene gut bekommen möge, denn allzu leichte Kost haben wir Ihnen sicher nicht vorgesetzt – weder philosophisch noch kulinarisch.

Einige der Rezepte verlangen Experimentierfreude und schon ein wenig Wissen um die Wirkung der Gewürze, über die Zusammensetzung von Zutaten und über Garmethoden und Garzeiten. Denn je nach ihrer Herkunft und dem Zeitalter, aus dem sie stammen, sind sie ohne Mengenangaben und in unterschiedlicher Diktion geschrieben.

Ungewöhnliche Kombinationen von Zutaten und unbekannte Gewürze führen zu Geschmackserlebnissen, die gleichermaßen ungewöhnlich und köstlich sein können.

Allen voran ist das ausgefallenste Gewürz sicher Asa foetida, welches in der Antike überaus reichlich verwendet wurde und das man auch heute bekommen kann. Heute wird es gelegentlich in der indischen oder ayurvedischen Küche verwendet. In Bio-Läden bekommt man es meist als Pulver mit Bockshornklee versetzt. In reiner pulverisierter Form oder flüssig mit Alkohol versetzt ist es in der Apotheke erhältlich. Das Pulver schmeckt bitterer, die Tinktur knoblauchartiger. Welche Darreichungsform man bevorzugt, wie viel davon oder gar beide zusammen, hängt von der Lust am Experimentieren ab, deshalb sind die Mengenangaben in den Rezepten sehr vorsichtig dosiert. Uns persönlich hat der Geschmack gefallen und wir waren relativ großzügig in der Beigabe von Asa foetida, denn auch für uns war das Kochen mit diesem Gewürz ein Experiment – das Ergebnis allerdings überraschend delikat.

Liquamen oder Garum, eine Fischsauce, die ebenfalls in der Antike den meisten Gerichten beigegeben wurde, ist heute ein

Standardgewürz in der Thailändischen Küche und in den unterschiedlichsten Konzentrationen in Asia-Läden oder guten Lebensmittelabteilungen zu erhalten. Die Fischsauce durch Salz zu ersetzen wäre möglich, aber auch schade, denn es beraubt das Gericht einer besonders aparten Note.

Was es sonst noch zu sagen gibt, ist vor allem ein Dankeschön an jene, die mit Geduld, Motivation, Rat und Tat bei der Entstehung des Buches mitgeholfen haben.

Quellen

Wir haben um der Lesefreundlichkeit willen auf Anmerkungen verzichtet. Aber natürlich haben wir eine Menge Anregungen aus der Literatur geholt. Hier wird die in der Reihenfolge der Kapitel des Buches zitierte und verwendete Literatur aufgelistet. Die englischen Zitate wurden von Peter M. Steiner übersetzt.

Aperitif

Michel Serres, Die fünf Sinne, Frankfurt/M. 1993

Michel de Montaigne, »Über die Menschenfresser«, in: Essais (1580), Frankfurt/M. 1998

Roger Scruton, »Eating the world: the philosophy of food«, in: http://www.opendemocracy.net/content/articles/PDF/1224.pdf, 18. 12. 2007

»Cooking Philosophy«, als Werbung eines Küchenausstatters im Internet, am 23. 12. 2006 gefunden, unter: www.fisherpaykel.com/Quantum/Philosophy, am 18. 12. 2007 war die Seite leider gelöscht, allerdings fanden sich an diesem Tag in »google« 1,5 Millionen Einträge zur Suchanfrage »cooking philosophy«!

Sabine Seufert, Andrea Back, Martin Häusler, unter Mitarb. v. Sonja Berger, E-Learning – Weiterbildung im Internet. Das »Plato-Cookbook« für internetbasiertes Lernen, Kilchberg/CH 2001

Die Philosophie und der Rausch

Platon, Werke (gr.-dt.), hg. v. M. Eigler, Darmstadt 1977

Paul Veyne, Glaubten die Griechen an ihre Mythen? Frankfurt/M. 1987

Andrew Dalby, Essen und Trinken im alten Griechenland, Stuttgart 1998

Rolf Rilinger, Leben im Antiken Griechenland, München 1990

James N. Davidson, Kurtisanen und Meeresfrüchte, Berlin 2002

Die Früchte des Lustgartens

Epikur, Philosophie der Freude, Stuttgart 1973

Willy Hochkeppel, War Epikur ein Epikureer? Aktuelle Weisheitslehren der Antike, München 1984

Reinhold Dörrzapf, Eros, Ehe, Hosenteufel. Eine Kulturgeschichte der Geschlechterbeziehung, Frankfurt/M. 1995

Flucht vor verdammter Lust?

Augustinus, Bekenntnisse (lat.-dt.), München 4. Aufl. 1980

Adolar Zumkeller, Das Mönchtum des Heiligen Augustins, Würzburg 1950

Hugo von Folieto, »De claustro animae«, in der Sammlung patristischer Literatur bei Migne, Patrologia Latina 176, S. 1017–1182

Bernhard von Clairvaux, Sämtliche Werke in 10 Bdn., hg. v. Gerhard B. Winkler, Innsbruck 1990 ff.

Bitsch J.; Ehlert T.; Ertzdorff X. v.;
   Schulz, R. (Hg.), Essen und Trinken
   im Mittelalter und der Neuzeit,
   Sigmaringen 1987
Trude Ehlert, Das Kochbuch des Mittel-
   alters, Zürich u. München 1990
Arno Borst, Lebensformen im Mittel-
   alter, Neuausg. Berlin 1997
Anselm Bilgri, Klaus Wilhelm Gérard,
   Das Kloster Andechs Fastenbuch,
   Augsburg 2002
Gabriela Herpall, Die Küche der Mönche,
   hg. v. Peter Seewald, München 2003

**Die Bildung des Geschmacks
in der Aufklärung**

Voltaire, Die Werke, Wiesbaden 1994
Briefwechsel Voltaire – Friedrich der
   Große, hg. v. Hans Pleschinski,
   München 2004
La Mettrie, Julien Offray de, Der Mensch
   als Maschine, übers. v. B. A. Laska,
   Nürnberg 1985
La Mettrie, Julien Offray de, Die Kunst,
   Wollust zu empfinden, hg. u. eingel.
   v. B. A. Lasha, Nürnberg 1987
Ursula Pia Jauch, Jenseits der Maschine.
   Philosophie, Ironie und Ästhetik bei
   Julien Offray de La Mettrie, München
   1998
Egon Friedell, Kulturgeschichte der
   Neuzeit, Bd. 1, München 1. Aufl.
   1928, ungek. Ausg. in 2 Bden. 1976
Gustav Berthold Volz, »Die Giftpillen
   Friedrichs des Großen«, in: MVGB
   (Mitteilungen des Vereins für die
   Geschichte Berlins) 46/2, 1929,
   S. 67–70
Gustav Berthold Volz, »Voltaire als
   ›Leibaffe‹ Friedrichs des Großen«,
   in: MVGB 46/4, 1929, S. 134–136
Louis Noël, »Friedrichs des Großen
   Hofküchenmeister Noël«, in: MVGB
   26/4, 1909, S. 82–85
Hans Bentzien, Ich, Friedrich II. Das
   Leben des großen Preussenkönigs,
   Berlin 2006

Peter von Peschke, Werner Feldmann,
   Zu Gast bei Kleopatra und Robin
   Hood. Eine kulinarische Zeitreise,
   Düsseldorf u. Zürich 2003
Marco Menabuoni, Cioccolato, Schoko-
   lade. Von den bittersüßen Verlok-
   kungen der Kakaobohne, München
   1995
Kant, Immanuel, Werke in sechs Bän-
   den, hg. v. W. Weischedel u. C. Ch.
   E. Schmid, 4. unveränd. Aufl. Darm-
   stadt 2005
Steffen Dietzsch, Immanuel Kant. Eine
   Biographie, Stuttgart 2003
Reinhard Brandt, »Immanuel Kant
   ›Über die Heilung des Körpers‹«,
   in: Kant-Studien 90 (1999), S. 358 ff.
Tilman Hartig, »Geschmack in der
   frühen Neuzeit«, http://rcswww.
   urz.tudresden.de/ffifrnz/trinken/
   essen4.htm, 18.12.2007
Ute Frackowiak, Der gute Geschmack.
   Studien zur Entwicklung des Ge-
   schmacksbegriffs, München 1994
Schivelbusch, Wolfgang, Das Paradies,
   der Geschmack und die Vernunft.
   Eine Geschichte der Genussmittel,
   Frankfurt/M. 1997

Idealismus des Genusses

J.G. Fichte, »Beiträge zur Berichtigung
   der Urteile des Publikums über die
   französische Revolution«, in:
   J. G. Fichte, Werke, hg. v. I.H. Fichte, Berlin 1845–1851, VI, S. 56–57
G.W.F. Hegel, Werke in zwanzig Bän-
   den, neu ed. Ausg. v. E. Molden-
   hauer u. K.M. Michel, Frankfurt/M.
   1986
G.W.F. Hegel, »Der Geist des Christentums". Schriften 1796–1800. Mit
   bislang unveröffentlichten Texten,
   hg. und eingel. v. W. Hamacher,
   Frankfurt/M., Berlin u. Wien 1978
Heinrich Heine, Über Philosophie und
   Religion in Deutschland, in: Werke,
   Bd. 3, München o. J.

Jean Anthèlme Brillat-Savarin, Die
    Physiologie des Geschmacks oder
    Betrachtungen über das höhere
    Tafelvergnügen, Frankfurt/M. 1979
Gerhard Neumann, »Essenz vom Fasan,
    auf Poesie, an Zivilisation. Köcheln,
    würzen, speisen – Alexandre Dumas
    und seine Enzyklopädie der Esskul-
    tur«, in: ursprünglich Die Zeit,
    Literatur, Oktober 2002, im Internet
    unter: http://www.france-mail-fo-
    rum.de/fmf28/lit/28neuman.htm,
    18. 12. 2007

Umwertung der Werte: von der Verkostung zur Verdauung

Friedrich Nietzsche, Werke in drei Bän-
    den, hg. v. Karl Schlechta, (Mün-
    chen 1954) Darmstadt 1994
Friedrich Nietzsche. Chronik in Bildern
    und Texten, i. A. der Stiftung
    Weimarer Klassik zusammengest.
    v. R. J. Benders u. St. Ottermann,
    u. Mitarb. v. H. Reich u. S. Spiegel,
    München u. Wien 2000
Woody Allen, »Thus ate Zarathustra«,
    The New Yorker, Juli 2006
Maria Paola Dettore, Piemont-Koch-
    buch, München 1999
Pellegrino Artusi, Von der Wissenschaft
    des Kochens und der Kunst des
    Genießens, München 1982

Philosophie zwischen Fast und Slow Food

Sylvia Englert: »Wir sind einfach ana-
    loge Wesen. Ein Interview mit dem
    Zukunftsforscher Matthias Horx
    über die Grenzen der Virtualisie-
    rung«, im Internetmagazin
    www.changex.de, 07. 03. 2002
Martina Kaller-Dietrich, »Zur diagnosti-
    schen Macht der Ernährung. Oder:
    Was lässt sich aus feministischer
    Sicht zu den Konstruktionen der
    Ernährungswissenschaften sagen?«
    In: Koryphäe. Medium für feminis-

tische Naturwissenschaft und Tech-
    nik 29 (2001), S. 32–35
Wilhelm Weischedel, Die philosophi-
    sche Hintertreppe, München 1966,
    11. Aufl. 1987
Annie Cohen-Solal, Sartre 1905–1980,
    Reinbek bei Hamburg 1988
Roger Scruton, »Eating the world:
    the philosophy of food«, in:
    http://www.opendemocracy.net/con
    tent/articles/PDF/1224.pdf,
    18. 12. 2007
Wilhelm Abel, Stufen der Ernährung,
    Göttingen 1981
Peter Singer, »A Vegetarian Philoso-
    phy«, in: Sian Griffiths, Jennifer
    Wallace (eds.), Consuming Passi-
    ons, Manchester 1998, S. 66–72;
    im Internet unter: http://www.ani-
    mal-rights-library.com/texts-m/
    singer05.htm, 14. 04. 2010
Peter Singer, Animal Liberation (1973),
    deutsch: Die Befreiung der Tiere,
    München 1976
Peter Singer, Practical Ethics (1993),
    deutsch: Praktische Ethik, Stuttgart
    2. Auflage 1993
»Das Vieh der Reichen frißt das Brot
    der Armen«, in: Der Spiegel, 49,
    30. 11. 1987
Homepage der Slow Food-Bewegung:
    http://www.slowfood.com/wel-
    come_eng.lasso, 18. 12. 2006
Homepage der Universität der gastro-
    nomischen Wissenschaften:
    http://www.unisg.it/eng/index.
    php, 18. 12. 2007
Homepage der Welternährungsorga-
    nisation FAO zum Thema Nahrung
    und Ethik: http://www.fao.org/
    ethics/index_en.htm, 18. 12. 2007
Rosa Wolf, Arm aber Bio!: Mit wenig
    Geld gesund, ökologisch und
    genussvoll speisen. Ein Selbst-
    versuch, München 2010
Hans-Ulrich Grimm, Die Ernährungs-
    lüge, München 2005

Rezeptübersicht

Namenregister